本书为中国社会科学院"'一带一路'法律风险防范与法律机制构建"大型调研项目最终成果

法治"一带一路"文库编委会

编委会总顾问

谢伏瞻

文库主编

莫纪宏

编委会成员
（以姓氏拼音为序）

崔建民	戴瑞君	韩　晗	何晶晶	蒋小红	李　华	李庆明
李　霞	李　正	廖　凡	刘洪岩	刘敬东	刘晓红	刘小妹
柳华文	罗欢欣	毛晓飞	马金星	梅向荣	莫纪宏	任宏达
沈四宝	孙南翔	孙壮志	吴　用	夏小雄	谢增毅	杨　琳
		姚枝仲	张初霞	朱伟东		

法治"一带一路"文库
文库主编 莫纪宏

中国国际商事
法庭管辖制度研究

The Research on Jurisdiction System
of the China International Commercial Court

徐梓文 著

中国社会科学出版社

图书在版编目（CIP）数据

中国国际商事法庭管辖制度研究 / 徐梓文著 . —北京：中国社会科学出版社，2023.9

（法治"一带一路"文库）

ISBN 978-7-5227-2624-3

Ⅰ.①中⋯ Ⅱ.①徐⋯ Ⅲ.①国际商事仲裁—研究—中国 Ⅳ.①D997.4

中国国家版本馆 CIP 数据核字（2023）第 184278 号

出 版 人	赵剑英
责任编辑	郭曼曼
责任校对	李 莉
责任印制	王 超

出　　版	中国社会科学出版社
社　　址	北京鼓楼西大街甲 158 号
邮　　编	100720
网　　址	http://www.csspw.cn
发 行 部	010-84083685
门 市 部	010-84029450
经　　销	新华书店及其他书店
印　　刷	北京明恒达印务有限公司
装　　订	廊坊市广阳区广增装订厂
版　　次	2023 年 9 月第 1 版
印　　次	2023 年 9 月第 1 次印刷
开　　本	710×1000　1/16
印　　张	15.75
插　　页	2
字　　数	243 千字
定　　价	85.00 元

凡购买中国社会科学出版社图书，如有质量问题请与本社营销中心联系调换
电话：010-84083683
版权所有　侵权必究

法治"一带一路"文库总序

莫纪宏[*]

  2013年9月和10月,国家主席习近平分别提出建设"新丝绸之路经济带"和"21世纪海上丝绸之路"的合作倡议。2015年3月28日,国家发展和改革委员会、外交部、商务部联合发布了《推动共建丝绸之路经济带和21世纪海上丝绸之路的愿景与行动》。"一带一路"倡议旨在借用古代丝绸之路的历史符号,高举和平发展的旗帜,积极发展与沿线国家的经济合作伙伴关系,共同打造政治互信、经济融合、文化包容的利益共同体、命运共同体和责任共同体。

  "一带一路"倡议是在党的十八大以来实行全面推进依法治国战略的历史背景下提出的,因此,作为治国理政的基本方式,在国家战略层面,法治始终与"一带一路"倡议的实施行动并肩前行,起到了很好的保驾护航的作用。习近平总书记高度重视法治在共建"一带一路"中的重要作用。在2019年11月10日给中国法治国际论坛的贺信中,习近平总书记指出,推动共建"一带一路",需要法治进行保障,中国愿同各国一道,营造良好法治环境,构建公正、合理、透明的国际经贸规则体系,推动共建"一带一路"高质量发展,更好造福各国人民。

  但也要看到,"一带一路"倡议实施以来,由于缺乏对境外法治环

---

[*] 莫纪宏,中国社会科学院法学研究所所长、研究员,中国社会科学院大学法学院院长、教授。

境状况的充分了解，中国企业和公民走出国门后面临诸多不可预测的法律风险，不仅出境后的资产面临合法性的挑战，资本正常运行的制度保障也受到各种非法因素的干扰，中国企业和公民在境外的合法权益尚未得到法治原则的有效保护，造成了一些非预期的财产损失，甚至人身权益也受到了威胁。种种迹象表明，中国企业和公民要走出国门，要保证人身权益和财产权益的安全性，必须要寻求法治的庇护。一方面，我们自己的企业和公民应有合规意识，要懂得尊重驻在国的法律制度，要学会运用驻在国法律乃至国际法来保护自己的合法权益；另一方面，对于走出国门的中国企业和公民可能面临的潜在的法律风险，必须要提早作出预判，并且要有相应的法律服务机制加以防范。对此，除了在"一带一路"倡议具体的实施行动中采取各种有针对性的法律防范措施之外，还需要从宏观层面整体把握"一带一路"倡议实施中可能遇到的法律风险，在全面和详细了解中国企业和公民走出国门后实际遇到的各种法律风险和法律问题基础上作出正确的判断、提出有效的应对之策。

为了加强对法治"一带一路"问题的系统性研究，2018年年底，时任中国社会科学院院长谢伏瞻学部委员牵头设立了中国社会科学院大型海外调研项目"'一带一路'法律风险防范与法律机制构建"（课题编号：2019YJBWT003），具体实施工作由我负责，中国社会科学院法学所、国际法所、西亚非所、世经政所、拉美所等所的相关科研人员参加。课题的主要工作就是到"一带一路"国家去调研，了解中国企业和公民走出去之后所面临的各种法律风险，研究这些法律风险形成的原因，提出解决法律风险的对策和建议。2019年课题组到近20个国家进行了深入的"海外"基层调研，走访了大量中国企业、机构、组织，掌握了大量的第一手材料，撰写了近50篇内部研究报告，很多要报反映的情况和提出的建议引起了有关领导和部门的高度重视。2020年初突发的新冠疫情使得课题原计划继续实施的海外调研工作不得不中止。但课题组对"一带一路"法律风险问题的研究并没有止步。在过去的三年中，课题组加强了对法治"一带一路"的基础理论问题研究，收集和整理了"一带一路"沿线国家和相关国家的法律制度方面的资料，进行分类研究，全面和系统地梳理了"一带一路"倡议实施行动中所面临的各种具体法律制度和法治环境的特点以及可能存在的法律风险点，既有法理上的介绍和阐释，又有法律服务和应用上的具体指导，形成了这套可以充分了解和有效防范"一带一路"法律风险的知识体系和实用性指南性质的法治"一带一路"文库。

法治"一带一路"文库作为中国社会科学院大型海外调研项目"'一带一路'法律风险防范与法律机制构建"的重要学术成果，得到了谢伏瞻院长、中国社会科学院科研局和国际合作局领导的大力支持，同时也得到了法学所、国际法所、西亚非所、世经政所、拉美所等社科院同事的倾力相助，特别是中国社会科学出版社王茵副总编、喻苗副主任对文库的面世作出了最无私的奉献，在文库出版之际，一并表示衷心感谢。正是因为各方的齐心合力，法治"一带一路"文库才能为中国企业和公民走出国门提供最有力的指导和帮助，贡献课题组的微薄之力。

2023 年 4 月于北京海淀紫竹公寓

前　言

现代意义上的国际商事法庭起源于1895年英国伦敦商事法庭。为顺利落实"一带一路"倡议的宏伟蓝图、提升中国在国际商事法治领域的影响力、维护国家主权与发展利益，中国顺应国际潮流，根据中央全面深化改革领导小组第二次会议审议通过的《关于建立"一带一路"争端解决机制和机构的意见》（2018年1月23日）设立了中国国际商事法庭（CICC）。为了有效地贯彻落实此意见中关于建立中国国际商事法庭管辖制度的各项政策要求，最高人民法院通过并公布了《关于设立国际商事法庭若干问题的规定》（2018年6月27日，以下简称《规定》）。在上述规定中，最高人民法院对中国国际商事法庭的管辖制度进行了全面系统的解释和说明，其中包括中国国际商事法庭的管辖范围、管辖权的行使方式、"一站式"纠纷解决平台的制度安排等问题。

中国国际商事法庭根据《规定》可以受理以下四种国际商事案件：一是当事人依照2021年新修订《民事诉讼法》第35条的规定，书面协议由最高人民法院管辖的、标的额超过3亿元人民币的一审国际商事案件；二是由省一级的高级人民法院申请移送最高人民法院管辖并获批准的第一审国际商事案件；三是在全国有重大影响的第一审国际商事案件；四是依照《规定》，受理"一站式"纠纷解决平台的国际商事仲裁案件的保全、撤销与申请执行等。关于国际商事案件的判断标准，《规定》列举了以下四种：一是依据当事人一方或双方的国籍来判断；二是依据当事人一方或双方的经常居所地来判断；三是依据案件标的物的所在地来判断；四是依据产生、变更或者消灭商事关系的法律事实发生地来判断。

2018年6月29日，最高人民法院在深圳和西安设立了第一、第二国际商事法庭，这标志着中国国际商事法庭的组织建设迈向成熟。2018年12月5日，最高人民法院颁布了三个关于中国国际商事法庭管辖制度的重要法律文件，分别是《最高人民法院办公厅关于确定首批纳入"一站式"国际商事纠纷多元化解决机制的国际商事仲裁及调解机构的通知》《最高人民法院国际商事法庭程序规则（试行）》《最高人民法院国际商事专家委员会工作规则（试行）》，依托上述三个重要法律文件，完善了中国国际商事法庭管辖制度的"立法体例"，为中国国际商事法庭管辖制度打下坚实的制度基础，标志着中国国际商事法庭进入正式运行阶段。

自2018年深圳和西安两个国际商事法庭设立以来，根据相关法律法规和司法解释，中国国际商事法庭积极履行自身对涉外商事案件的管辖和审理职责，处理了一批有影响的国际商事案件，在国际社会同业竞争中站稳了脚跟，赢得了同行的尊敬。但是，由于中国国际商事法庭管辖制度建立较晚，法理上的准备不足，加上中国现行法律所规定的涉外民商事案件管辖制度本身存在着诸多与国际惯例不接轨的地方，目前，CICC在涉外商事案件管辖领域仍有许多重大理论和实践问题需要深入研究。本书正是基于上述背景，在认真梳理、归纳同类先进国际商事法庭管辖制度建设经验的基础上，结合目前关于中国国际商事法庭管辖制度的各项法律法规、司法解释的规定，围绕着中国国际商事法庭管辖制度中的管辖权制度、"一审终局"审级管辖制度、协议管辖制度中的"实际联系原则"以及统筹调解、仲裁和诉讼在国际商事案件管辖中的纠纷解决功能的"一站式"平台建设等几个重点问题，从理论和实践两个层面展开了深入探讨，提出了健全和改进中国国际商事法庭管辖制度的学术方案和对策建议。

本书由导言、正文五章、结语以及三个附录共十个部分组成。导言部分主要涉及本书写作的问题，包括问题的提出、研究价值及意义、文献综述等；正文部分共分五章，分别探讨了中国国际商事法庭管辖制度的法律特征、中国国际商事法庭管辖权的制度基础、中国国际商事法庭审级管辖制度的应然取向、中国国际商事法庭协议管辖制度的优化方向、"一站式"平台管辖制度建设的方法与路径；结语部分主要是就健全和完善中国国际商事法庭管辖制度提出了几点学术建议。本书通过比较分析、实证研究、历史回顾以及案例点评等研究方法，在全面和系统地介绍中国国际商事法庭管辖制度的主要内容和重要特征基础上，提出了笔者对健全和完善中国国际商事法庭管辖制度的学术建议，许多分析结论在法学界都有首创和探索的特点。具体说，本书的主要内容如下。

第一章重点分析和介绍中国国际商事法庭管辖制度的一般法律特征，在法理上科学界定中国各级各类人民法院管辖制度的制度内涵基础上，着重介绍中国国际商事法庭管辖制度的由来及政策依据，分析中国国际商事法庭管辖制度的制度构成，在对中国国际商事法庭管辖制度与国际社会国际商事法庭管辖制度的特征比较的同时，指出本书需要重点加以研究的中国国际商事法庭管辖制度建设面临的重大法理与实践问题。第一章旨在把中国国际商事法庭管辖制度放置在整个国家司法审判管辖制度体系中来考察其制度特征，从宏观上研究和分析中国国际商事法庭管辖制度的性质、内涵、特征、构成、重点制度、发展状况、存在问题以及可以不断加以改进的发展方向。本章的研究属于基础平台性的，为全书的重要概念和范围内涵的展开奠定必要的理论基础。

第二章重点介绍和分析了中国国际商事法庭管辖权制度的法理基础，从介绍传统国际私法中的管辖权理论出发，对国际私法管辖权理论的历史脉络、属地管辖与属人管辖、协议管辖与专属管辖等重要的国际民商事管辖制度的基本法律问题进行了历史和比较分析，在此基础上对全球化背景下管辖权制度的新发展作出了预判和学术推测。在此基础上，本书着重介绍和分析了中国国际商事法庭的建立背景与重要性，对中国国际商事法庭的管辖权制度的内涵与特征作了详细分析，重点关注了中国国际商事法庭的事项管辖权制度、协议管辖权制度及其他管辖权制度，对包括一审终审、优先协议管辖、"一站式"平台建设在内的中国国际商事法庭管辖权制度的法律特征作了较为全面的剖析，并对中国国际商事法庭管辖权制度的几个问题作了简要的阐述和原因分析，指出了目前存在着国际商事案件的概念规定不完善、中国国际商事法庭的审级管辖制度安排不合理、协议管辖制度不完善，以及中国国际商事法庭诉讼、仲裁与调解的管辖权边界模糊等问题，并对相关原因进行了分析，提出了相应的学术对策和建议。

第三章对备受国内外学者关注的中国国际商事法庭一审终审审级管辖制度进行了法理和实践的利弊分析，对中国国际商事法庭管辖权一审终审审级管辖制度存在的法理依据作出了分析，指出一审终审审级管辖制度中蕴涵了程序正义与实体正义、公正价值与效率价值、审判监督与权利救济之间的冲突与平衡。接着，本书对中国国际商事法庭审级管辖制度进行了深入的利弊分析，认为目前主要存在以下问题，包括一审终审效率优先、再审发动困难、缺失司法权监督等方面，并介绍了学界对一审终审审级管辖制度利弊提出的不同学术看法，提出了笔者的学术主张。与此同时，在本章中，笔者对司法审判审级管辖制度的域外经验作出了深入分析，介绍了欧洲人权法院模式、新加坡国际商事法庭、英格兰与威尔士商事与财产法庭、迪拜国际金融中心法庭以及实施国际公约与条约的WTO专家组模式，并根据域外经验，提出了中国国际商事法庭审级管辖制度的构建方向，包括应当尊重法治原则维护当事人权利、强化司法权的内外监督以及设立上诉机构摈弃一审终审等方面的建议。

第四章侧重介绍和分析了中国国际商事法庭协议管辖制度的几个法理问题。首先对协议管辖与实际联系原则进行了理论重述，详细地分析了协议管辖的内涵与历史发展、实际联系原则与意思自治原则、实际联系的认定标准演变、域外国际商事法庭的经验等。根据本书提出的分析结论，对中国国际商事法庭实际联系原则的运用与缺陷进行了深入剖析，在分析中国国际商事法庭的规定与建设目的和介绍中国实际联系原则的制度沿革基础上，揭示了中国国际商事法庭实际联系原则在现实中存在的问题和不足，在此基础上，提出了拓展实际联系原则的理论基础的几点建议，包括对连接点概念的理论重构，加强国家主权安全原则的理论分析及维护国家发展利益原则的理论分析，同时对弱者保护原则进行科学和有效的理论分析。为此，笔者提出了实际联系原则制度改进方面的建议，包括重塑中国国际商事法庭的定位（离岸法庭）、吸收美国法域外适用法规的先行经验、扩张解释实际联系原则以及明晰连接点的概念架构与具体操作章程等。

第五章对中国国际商事法庭"一站式"平台管辖制度建设的几个实

践问题进行了深入分析，在论述"一站式"与多元化纠纷解决机制的理论基础上，对调解与诉讼、仲裁的管辖权边界，当事人意思自治原则，司法裁判终局性原则，以及仲裁、调解与诉讼的程序衔接（三者之间冲突、协调与互动的关系）进行了理论探讨，就司法对仲裁临时措施的支持、司法对调解协议的确认、司法对仲裁裁决的监督以及仲裁对调解的引入等重要问题的实践可行性作出深入探讨，最后提出了要加强管辖权统筹安排与"一站式"平台建设，尊重意思自治、方便当事人选择，出台相应规则、消除当事人顾虑，将非诉解决机制置于首要位置，达到相应的国际公约要求（《纽约公约》《海牙选择法院协议公约》《新加坡调解公约》）等学术建议。

本书结语部分主要将本书对健全和完善中国国际商事法庭管辖制度提出的各项学术建议系统归纳整理出几个方面，包括《修订人民法院组织法》《民事诉讼法》等相关法律，将中国国际商事法庭提升为专门法院，并作为省级以下各级人民法院审理涉外商事案件的上诉法庭；要对目前《民事诉讼法》等法律所规定的涉外民商事案件管辖制度中的实际联系原则进行细化；要发挥中国国际商事法庭"一站式"平台在诉讼、仲裁与调解的管辖权统筹安排中的示范作用；要紧跟国际商事法治发展潮流，增强服务于"一带一路"倡议实施的大局意识、战略意识；等等，上述方案再次凸显出笔者在本书中所提出的各项创新性学术观点和有实用价值的学术建议，以集中展现本书的学术贡献。

本书的附录部分主要为成书期间，中国国际商事法庭与其他知名国际商事法庭的判决、裁决及其制度建设状况的最新汇总，以确保本书研究的全面性与时效性，为后续研究者提供翔实的制度资料。

目 录

导 言 ………………………………………………………………（1）

第一章　中国国际商事法庭管辖制度的法律特征 ……………（20）
　第一节　中国各级各类人民法院管辖制度的内涵 ……………（21）
　　一　管辖制度的法理内涵及制度特征 ……………………（21）
　　二　管辖权制度是管辖制度的核心要义 …………………（23）
　　三　管辖制度是由各种符合法律规定的管辖要素构成的
　　　　制度体系 ……………………………………………（25）
　　四　中国各级各类人民法院司法审判管辖制度的主要特征 ……（26）
　第二节　中国国际商事法庭管辖制度的政策考量 ……………（30）
　　一　优化营商环境 …………………………………………（30）
　　二　提升司法国际化水平 …………………………………（32）
　　三　促进多元化解决机制融合发展 ………………………（34）
　第三节　中国国际商事法庭管辖制度的构成要素 ……………（36）
　　一　组织管理制度 …………………………………………（36）
　　二　事项管辖制度 …………………………………………（38）
　　三　级别管辖制度 …………………………………………（39）
　　四　管辖权的形式依据与实质依据相结合制度 …………（41）
　　五　协议管辖制度 …………………………………………（42）
　　六　统筹调解仲裁与审判管辖制度 ………………………（43）
　　七　一审终局制度 …………………………………………（45）

第四节　国内外国际商事法庭管辖制度的特征比较…………（46）
　　一　域外国际商事法庭的制度建设经验………………………（46）
　　二　中外国际商事法庭管辖制度在制度结构与功能
　　　　方面的异同……………………………………………………（52）
第五节　中国国际商事法庭管辖制度建设面临的重要问题……（54）
　　一　中国国际商事法庭管辖制度面临的重大法理问题…………（55）
　　二　中国国际商事法庭管辖制度面临的重大实践问题…………（57）
本章小结……………………………………………………………（60）

第二章　中国国际商事法庭管辖权的制度基础………………（62）
第一节　传统国际私法中的管辖权理论……………………………（64）
　　一　国际私法管辖权理论的历史脉络……………………………（65）
　　二　属地管辖与属人管辖…………………………………………（71）
　　三　专属管辖与协议管辖…………………………………………（73）
　　四　全球化趋势下管辖权制度的新发展…………………………（74）
第二节　中国国际商事法庭管辖权制度设计的背景与缘由……（77）
　　一　管辖权竞争中的国际商事法庭兴起类型与特征……………（77）
　　二　中国国际商事法庭的建立背景………………………………（79）
　　三　中国国际商事法庭的重要性…………………………………（84）
第三节　中国国际商事法庭管辖权制度的基本内容……………（86）
　　一　中国国际商事法庭的事项管辖权制度………………………（86）
　　二　中国国际商事法庭的协议管辖权制度………………………（87）
　　三　中国国际商事法庭的其他管辖权制度………………………（88）
　　四　中国国际商事法庭管辖权制度的特点………………………（90）
第四节　对中国国际商事法庭管辖权制度的评价………………（97）
　　一　国际商事案件的概念规定不完善……………………………（97）
　　二　中国国际商事法庭的审级管辖制度安排不合理 …………（102）
　　三　中国国际商事法庭的协议管辖制度不完善 ………………（104）
　　四　中国国际商事法庭诉讼仲裁与调解的衔接机制不畅 ……（107）
本章小结 …………………………………………………………（110）

第三章　中国国际商事法庭审级管辖制度的应然取向 …………（111）
第一节　中国国际商事法庭一审终审管辖制度的合理性 ………（111）
　　一　程序正义与实体正义的结合 ………………………………（111）
　　二　公正价值与效率价值的兼顾 ………………………………（113）
　　三　司法纠错与权利救济的并重 ………………………………（116）
第二节　中国国际商事法庭审级管辖制度中的价值权衡 ………（117）
　　一　一审终审管辖制度追求效率优先价值 ……………………（117）
　　二　再审程序启动机制的受限 …………………………………（119）
　　三　损害当事人上诉权益 ………………………………………（120）
第三节　审级管辖制度的域外经验 ………………………………（121）
　　一　欧洲人权法院模式 …………………………………………（121）
　　二　新加坡国际商事法庭 ………………………………………（122）
　　三　英格兰与威尔士商事与财产法庭 …………………………（123）
　　四　迪拜国际金融中心法院 ……………………………………（123）
　　五　WTO 争议解决机制 ………………………………………（124）
第四节　优化中国国际商事法庭审级管辖制度的司法价值
　　　　　导向 ………………………………………………………（126）
　　一　尊重法治原则维护当事人权利 ……………………………（126）
　　二　强化司法权的自身监督 ……………………………………（127）
　　三　设立上诉机构摒弃一审终审 ………………………………（129）
本章小结 ……………………………………………………………（132）

第四章　中国国际商事法庭协议管辖制度的优化方向 …………（133）
第一节　协议管辖与实际联系原则的理论重述 …………………（133）
　　一　协议管辖的内涵与历史发展 ………………………………（133）
　　二　实际联系原则与意思自治原则的冲突与协调 ……………（137）
　　三　实际联系的认定标准演变 …………………………………（138）
　　四　域外国际商事法庭的经验 …………………………………（140）
第二节　中国国际商事法庭实际联系原则的运用及缺陷 ………（141）
　　一　中国国际商事法庭的受案范围与管辖权行使的目标 ……（141）

二　中国国际商事法庭管辖范围采用实际联系原则的
　　　　制度优势 ………………………………………………（142）
　　三　中国国际商事法庭管辖权制度中的实际联系原则
　　　　在实践中的缺失 ………………………………………（143）
　第三节　拓展实际联系原则的理论基础 ……………………（145）
　　一　实际联系概念的理论拓展 …………………………（146）
　　二　不方便法院原则 ……………………………………（147）
　　三　维护国家发展利益原则 ……………………………（149）
　　四　弱者利益保护原则 …………………………………（150）
　第四节　实际联系原则的制度改进 …………………………（151）
　　一　重塑中国国际商事法庭的司法功能定位 …………（152）
　　二　借鉴美国法中域外适用法规的先行经验 …………（152）
　　三　扩张解释实际联系原则 ……………………………（154）
　　四　明晰连接点的概念 …………………………………（154）
　本章小结 ………………………………………………………（156）

第五章　"一站式"平台管辖制度建设的方法与路径 …………（157）
　第一节　"一站式"平台管辖制度与多元化纠纷解决机制的
　　　　　理论背景 ……………………………………………（157）
　　一　多元化纠纷解决机制的理论基础 …………………（157）
　　二　多元化纠纷解决机制的现实基础 …………………（160）
　　三　"一站式"平台建设的理论创新 ……………………（162）
　第二节　司法介入调解、仲裁的边界 ………………………（166）
　　一　诉讼、仲裁与调解的性质区别 ……………………（166）
　　二　当事人意思自治原则 ………………………………（167）
　　三　司法裁判终局性原则 ………………………………（168）
　第三节　仲裁、调解与诉讼的程序衔接 ……………………（169）
　　一　调解与仲裁的程序衔接 ……………………………（169）
　　二　调解与诉讼的程序衔接 ……………………………（171）
　　三　仲裁与诉讼的程序衔接 ……………………………（171）

第四节　司法对仲裁与调解的支持与监督 …………………（172）
  一　司法对仲裁临时措施的支持 …………………………（172）
  二　司法对调解协议的确认 ………………………………（174）
  三　司法对仲裁裁决的监督 ………………………………（174）
  四　仲裁对调解的引入 ……………………………………（175）
第五节　管辖权统筹安排与"一站式"平台建设 ……………（176）
  一　尊重意思自治方便当事人选择 ………………………（176）
  二　出台相应规则消除当事人顾虑 ………………………（177）
  三　将非诉解决机制置于首要位置 ………………………（178）
  四　达到相应的国际公约要求 ……………………………（179）
本章小结 …………………………………………………………（180）

结语　对健全和完善中国国际商事法庭管辖制度的建议 ………（181）
  一　从理念和制度层面重塑"国际性"与"商事性"的
    概念 ………………………………………………………（182）
  二　解决中国国际商事法庭的审级管辖的"一审终审"制 …（183）
  三　探索中国国际商事法庭对"离岸"案件的管辖制度 …（184）
  四　推动"一站式"平台中诉讼仲裁与调解衔接机制的
    落地 ………………………………………………………（186）
  五　为中国国际商事法庭的建设提供更充分的法律授权 …（189）

附录一 ……………………………………………………………（191）
  一　判决书 …………………………………………………（191）
  二　裁定书 …………………………………………………（197）
  三　未决案件 ………………………………………………（199）

附录二 ……………………………………………………………（202）
  一　国际商事专家委员会 …………………………………（202）
  二　诉调结合的新发展 ……………………………………（203）
  三　"一站式"争端机制的新进展 ………………………（204）

四　管辖制度的最新进展 …………………………………………（204）

附录三 …………………………………………………………………（207）
　　一　新加坡国际商事法庭 …………………………………………（207）
　　二　迪拜国际金融中心法院 ………………………………………（209）
　　三　英格兰与威尔士商事与财产法庭 ……………………………（211）

参考文献 ………………………………………………………………（214）

后　记 …………………………………………………………………（232）

导　　言

设立中国国际商事法庭（CICC）是中国积极实施"一带一路"倡议、对外扩大中国法律影响力、维护中国在全球范围内的商业利益、参与全球法治竞争、获取国际规则话语权的重要举措。同时，国际商事法庭也是近年来国际争端解决机制的重大创新实践，世界各商业强国纷纷着手建立本国的国际商事法庭（院），中国国际商事法庭的诞生可谓恰逢其时。中国国际商事法庭一经宣布成立，就吸引了世界的目光。中国国际商事法庭相较于国内人民法院的涉外法庭而言，规格更高、国际性更强。但是中国国际商事法庭毕竟处于初创阶段，在管辖制度方面仍存在理论上的缺陷与制度实践的不足，其创新力度尚不能匹配其高规格的定位。其中，最显著的是中国国际商事法庭管辖制度中的管辖权制度虽然相较于过去有所创新，但是仍存在一些不足之处，急需相应的理论与域外经验进行补充和赋能。

一　问题的提出

"谁选择了管辖权，谁就选择了法律。"——一条古老的罗马法谚如是说。在现代国际法体系中，无论是理论还是实践，管辖权问题都占据了十分重要的地位。管辖权通常被称为享有"主权"的国家的一般法律权限制度问题，管辖权为主权的一个方面，它是指司法、立法与行政权力。[①] 国家的主权包含着国家对领土内的一切人和事物行使优越管辖之权

[①] ［英］伊恩·布朗利：《国际公法原理》，曾令良、余敏友等译，法律出版社2007年版，第266页。

力,又称为属地优越权;主权亦包含着国家对一切在国内或国外的本国人行使优越管辖之权力,又称为属人优越权。① 国际民商事诉讼的管辖权,即一国法院或者具有审判权的其他司法机关受理、审判具有国际因素的民商事案件的权限。② 国际民商事诉讼管辖权不仅是国家主权(尤其是司法主权)的体现,也是国际民事诉讼面临的首要问题。一国法院在处理国际民商事案件③时,首先要解决其管辖权问题,即案件应由哪个国家的法院来审理。此外,国际民商事管辖权的确定常常关系到实体法的适用,直接影响到案件的判决结果,从而直接影响到当事人合法权益的取得和保护。因此,国际民商事管辖权受到各国立法者和司法界的关注和重视。④

随着经济全球化的推进,跨国经贸活动日益频繁,跨境金融贸易和基础设施工程、国际物流等领域的跨国纠纷与日俱增,传统内国法院在国际化、专业化程度以及国际影响力等层面均难以满足现有国际商事争端解决的需求。此外,各国在国际贸易中所涉的利益愈加宽泛,各国均有扩大本国法的适用范围以保护本国商业利益的需求。⑤ 在此背景下,全球范围的商事制度竞争拉开序幕。不仅国与国之间的商事法律参与到全球商事争议市场的竞争中,仲裁、诉讼、调解、和解等争端解决手段和机制也相互竞争市场份额。⑥ 在激烈的市场竞争中,各国开始尝试将意思自治原则、非诉争端解决方式引入本国法院,最终诞生了国际商事法庭这一新兴法院审判架构,以此扩大一国在国际商事法治领域的话语权与

---

① 周鲠生:《国际法》(上册),武汉大学出版社2009年版,第186页。
② 李浩培:《国际民事程序法概论》,法律出版社1996年版,第46页。
③ 涉外商事案件与国际商事案件这两类案件的性质没有本质区别,可以替代使用,广义上都具有"国际性",但在使用"国际商事案件"概念时,案件的来源更具有开放性。本书在阐述中国国际商事法庭管辖案件的性质时主要采用"涉外商事案件",而不是"国际商事案件",主要是根据中国目前法律法规和司法解释的习惯称谓。
④ 黄进主编:《国际商事争议解决机制研究》,武汉大学出版社2010年版,第32页。
⑤ 王淑敏、李忠操:《海南自由贸易港拟建国际商事法庭应重点聚焦国际化改革》,《政法论丛》2019年第3期。
⑥ 崔永东:《涉侨纠纷多元化解机制的理论考察、文化基础与制度构建》,《政法论丛》2020年第3期。

掌控力。①

中国国际商事法庭关于管辖制度（特别是管辖权制度）的规定主要体现在《最高人民法院关于设立国际商事法庭若干问题的规定》的第2条与第3条中。《最高人民法院关于设立国际商事法庭若干问题的规定》的第2条与第3条对中国国际商事法庭的事项管辖权、协议管辖权、移送管辖权、级别管辖权、裁量管辖权、仲裁管辖权等管辖制度作了初步的规定，基本形成了中国国际商事法庭管辖制度的制度框架。相比于传统的涉外商事审判制度而言，中国国际商事法庭的创新力度与改革决心是空前的，但是在管辖制度方面，仍有众多空缺需要弥补。具体而言，第一，针对事项管辖制度存在事项范围定义不清、遗漏案件来源的风险，具体如对"国际性"的范围定义过于狭隘、"商事性"的定义缺位等问题，当前的概念界定与中国国际商事法庭的建设目标相比，略显不足，急需相应的理论予以扩充。第二，中国国际商事法庭顺应世界商事争端解决制度的发展趋势，积极引入意思自治原则，尊重当事人的意愿，将协议管辖制度作为获取管辖权的首要来源。但是，中国国际商事法庭的规则确立仍显得较为保守，虽提倡协议管辖制度，但是又加以"实际联系"原则的限制，使得中国国际商事法庭的建设速度受到一定的牵制，"国际化"水平相对于世界上重要的国际商事法庭来说还存在较大差距。第三，根据《最高人民法院关于设立国际商事法庭若干问题的规定》的规定，中国国际商事法庭的管辖权来源还有移送管辖与级别管辖，当前中国国际商事法庭已受理的案件中，有较大部分来自省一级高院的移送管辖。虽然这样的管辖制度安排可以在短时间内使得中国国际商事法庭运转起来，但是这样的制度安排会直接导致当事人被动丧失上诉权，失去了自身的上诉利益。第四，中国国际商事法庭的一个重大的创新点在于积极建设"一站式"纠纷解决平台，尝试将诉讼、仲裁、调解三种各具特色的纠纷解决方式融为一体，为当事人提供高效率、高可执行性的法律文书。中国国际商事法庭"一站式"纠纷解决机制的建设在世界范围内尚属首次，虽然充满开拓精神，具有"统筹"国际商事案件纠纷解

---

① 张力：《中国国际商事法庭的创新实践与现实意义》，《人民司法》2020年第1期。

决机制的制度功能，但是也因为可借鉴经验过少、国内制度惯性等，存在一些可改进之处。首先，专家委员会的定位不清，与法官、仲裁员、调解员的身份存在重叠，功能存在重复，且容易造成案件信息敏感混用；其次，可供选择的专业商事仲裁机构、调解机构数量有限，且各自内部规则制度不统一，存在同案不同判的风险，而且各专业机构内部的程序衔接与《最高人民法院国际商事法庭程序规则（试行）》所期待的高效互联存在一定的差距；再次，国内司法审判管辖制度惯性过强，极易造成程序拖沓，丧失效率优势；最后，诉讼对仲裁的支持力度稍显不足，临时仲裁、紧急措施的司法支援仍需增加。

针对上述这些问题点，笔者将在本书中详细论述，尝试从法理上给出解决问题的学术方案。

二 研究价值及意义

笔者在本书中详细阐述了中国国际商事法庭关于管辖权制度的立法现状。目前中国国际商事法庭还面临着很多理论问题，诸如如何解释实际联系原则、中国国际商事法庭（CICC）的审级建设理论、诉讼仲裁调解三者之间的统筹问题、维护国家司法主权与国家发展利益的边界探析等。因此，笔者希望通过本书的研究，能为中国国际商事法庭的制度与理论发展探明可资努力的法理方向，具体而言有以下几个方面。

（一）为中国国际商事法庭管辖权制度的发展探明方向

在理论层面，通过本书的研究可以为中国国际商事法庭管辖制度的发展提供坚实的法理基础和开阔的域外视角，能初步扫清中国国际商事法庭管辖制度演进之路上的障碍。目前，国内外对中国国际商事法庭的专门研究尚显单薄，对中国国际商事法庭管辖制度的专论更是稀缺。[1] 而本书则重点论述中国国际商事法庭的管辖制度，具体包括中国国际商事法庭的组织架构、事项管辖权、移送管辖权、协议管辖权、级别管辖权与"一站式"纠纷解决平台的统筹管辖等。因此，本书的研究有助于启

---

[1] 目前可见的只有何其生主编《国际商事法院研究》一书较为系统地介绍了国际商事法庭方面的制度，参见何其生主编《国际商事法院研究》，法律出版社2019年版。

发学术界对中国国际商事法庭管辖制度（特别是管辖权制度）的关注和探讨，从而在理论层面上推动中国国际商事法庭管辖权制度向前发展。

1. 充分探索审级理论完善 CICC 的审级管辖制度

根据《最高人民法院关于设立国际商事法庭若干问题的规定》《最高人民法院国际商事法庭程序规则（试行）》的规定，中国国际商事法庭（CICC）实行"一审终审"制，当事人无上诉权。选择"一审终审"的审级管辖制度安排的原因，笔者认为有以下几个方面。一是 CICC 作为最高法院的内设机构，本身隶属于最高法院，因此其审级管辖制度安排也顺应了最高人民法院在中国审判机构中的层级特征，在不进行专门修法的前提下，CICC 只能采取"一审终审"制。二是前文中笔者提到，随着国际商事活动的增加，各国的域外利益也在逐步扩大，每个国家都在尝试扩大本国法律的域外适用范围。国际商事诉讼、国际商事仲裁、国际商事调解等多种争端解决方式相互竞争，三者之间互相吸收长处，这一点在各知名国际商事法庭的建设中显得尤为突出。[1] 传统的诉讼制度开始尊重当事人意思自治，可以允许当事人自由选择管辖权。此外，诉讼制度也开始审视自身效率低下、费时费力的缺点，向国际商事仲裁靠拢，仿照"一裁终局"使用"一审终审"的审级制度。[2] 三是在 CICC 建立初期，最高人民法院对 CICC 的实际运作，以及其和地方商事法庭的层级关系并未有清晰的认识。在 CICC 建设初期，最高人民法院采取保守的审级管辖制度是明智选择，[3] 但是"一审终审"制迫使当事人放弃了审级利益，没有二审程序作为救济程序，这是非常不利的。学界有学者建议，将再审程序作为救济程序，[4] 但是笔者认为，再审程序属于审判监督程序，不应轻易适用作为 CICC 的上诉审，而且，再审程序启动困难，并不

---

[1] 杨博超、李丹：《"一带一路"商事争端解决机制的体系建构与发展面向》，《商业研究》2022 年第 3 期。

[2] 殷敏：《"一带一路"实践下中国国际商事法庭面临的挑战及应对》，《国际商务研究》2022 年第 4 期。

[3] 张新庆：《中国国际商事法庭建设发展路径探析》，《法律适用》2021 年第 3 期。

[4] 丁祥高、陈诗华：《"一带一路"倡议下中国国际商事法庭审级制度评析》，《昆明理工大学学报》（社会科学版）2021 年第 3 期。

是每一个案件都能启动再审程序。因此，笔者认为，采用再审程序作为CICC的"上诉审"是非常不明智的，也不符合中国当下司法审判体制的特性。此外还有学者建议，中国可以仿照美国，建立"飞跃上诉"制度。① 笔者对此也不完全认可。"飞跃上诉"制度在某种程度上就是再审程序，需要最高人民法院亲自审核才能发动。再审程序存在的缺点"飞跃上诉"同样存在，而且"飞跃上诉"于民诉法无依据，贸然修改民诉法成本代价过高，且未必能如意。笔者想借本书深入分析CICC应采取的审级管辖制度，厘清国际商事诉讼中审级管辖原理，包括涉外法治原则与国际人权保护、程序正义与实体正义、公正价值与效率价值、审判监督与权利救济等理论问题，为中国国际商事法庭审级管辖制度的完善提供坚实的理论基础。

2. 充分探索实际联系原则扩张的合理性

前文中笔者提到，CICC允许当事人协议选择而获得管辖权，但是中国国际商事法庭不是离岸法庭②，在某种程度上可以说是升级版"涉外商事法庭"。究其原因就是《最高人民法院关于设立国际商事法庭若干问题的规定》第2条要求，当事人的管辖协议需要符合中国《民事诉讼法》第35条的规定，即具有实际联系的制度要求。实际联系原则是中国涉外民事诉讼制度中的一项原则，已经适用了很多年。但是笔者认为僵硬地适用民诉法第35条的规定对CICC的建设极为不利。CICC的建设目标之一就是扩大中国法律的域外影响力、掌握"一带一路"商事规则的话语权。虽然实际联系原则是中国民诉法中的一项传统原则，但是实际联系原则不利于中国国际商事法庭的建设。为何最高人民法院在中国国际商事法庭建设初期采用实际联系原则，笔者对此有两个方面的学术性推测：一是最高人民法院遵循立法先例，在制定规则时沿用了实际联系原则；二是最高人民法院在CICC建设初期，意图控制受案量。因为中国国际商事法庭的法官都来自最高人民法院，法官人数受

---

① 叶伶俐：《我国建立飞跃上诉的正当性逻辑与制度设计——以提高审级效能和统一法律适用为视角》，《山东审判》2019年第35卷。

② 离岸法庭（院）（offshore court）系指可以管辖基于当事人完全意思自治选择一国法院管辖的情形。有管辖权的法院与被管辖案件之间可能不存在任何法律上的联系。

限且初期运营经验不足,因此在 CICC 建设初期需要控制受案量以确保案件审判的效率与质量。虽然可能还存在其他方面的诸多原因,但是,笔者认为,实际联系原则不利于 CICC 的建设目标的实现。首先,各先行域外国际商事法院大多不采用实际联系原则,故在法院的"离岸"性上占有先机,国际化水平高,国际影响力深远;[①] 其次,若强制采用实际联系原则,则完全不能达到 CICC 的建设初衷,其性质由国际商事法庭变为实质上的涉外商事法庭;[②] 最后,实际联系原则存在诸多不利因素,可考虑在修订《民事诉讼法》等法律法规之前,对实际运用中的实际联系原则进行扩大解释,以增强实际联系原则的适用性。因此,本书欲详细论述实际联系原则的理论基础与困境,提出弱化或软化实际联系原则的理论必要性与现实可行性。中国国际商事法庭的建设,很大程度上可以扩大中国法的域外适用效力,维护"一带一路"建设的稳定,保护中国的国家主权利益、安全利益、发展利益不受侵害。[③] 因此,过于刻板的实际联系原则是不能满足当前需求的。笔者欲广泛深入地比较域外做法,对上述诸多概念进行深刻分析,重新架构连接点的概念,为中国法的域外适用提供理论基础。

(二) 厘清中国"一站式"纠纷解决平台的衔接机制

1. 探明"一站式"纠纷解决平台的机制建立原理

中国是"一带一路"建设的积极倡导者。CICC 的建立对提升"一带一路"的发展水平、建设国际性法律服务中心、提升中国在国际商事争端解决领域的话语权、增强法治竞争能力均具有重要意义。但是中国毕竟是法治领域和国际商事纠纷解决领域的后发国家,中国国际商事法庭的运作在组织程序、人员聘用、外籍律师、一站式保全、意思自治、诉

[①] 赵瑞罡:《建设国际商事争端解决优选地》,《前线》2021 年第 1 期。

[②] 陈斌彬、马琳琳:《论我国国际商事法庭引入国际法官的必要性与实现路径》,《海峡法学》2020 年第 1 期。

[③] 李学保:《全球化进程中的国际安全合作:理论争鸣与实践探索》,博士学位论文,华中师范大学,2006 年,第 15 页。

调关系、诉仲关系等诸多方面还处于摸索阶段。① 笔者希望对中国"一站式"纠纷解决平台进行详细分析,争取总结出"一站式"纠纷解决平台所需遵循的基本原理和原则,为中国的进一步开放和多元化纠纷解决机制提供充足的理论基础。

2. 明晰诉讼、仲裁、调解三者之间的衔接机制

党的十八届四中全会通过的《中共中央关于全面推进依法治国若干重大问题的决定》指出,要通过发展诉讼、调解、仲裁、和解、行政复议、行政诉讼等多元化纠纷解决机制,构建出一个完善发达的社会矛盾纠纷预防与解决体系。党的十九大报告在重申上述改革目标的同时,进一步要求深化司法体制改革,打造社会治理新局面。本书所探讨的"多元化纠纷解决机制"也是基于当前法学界的通说,旨在通过各种纠纷解决方式的衔接与融合,形成具有鲜明特色、不同功能、不同价值取向的多层次综合性的社会纠纷解决体系。② 深化多元化纠纷解决机制改革,对于提升社会治理的法治化、建设更高水平的平安中国具有十分重要的意义。③ 但是目前在 CICC "一站式"纠纷解决平台的建设中,还存在诉讼、仲裁、调解三者之间的关系与衔接的问题。在衔接机制的主体资格与职能、机制的衔接模式以及法庭对仲裁或调解的监督与救济三个层面存在较大的理论空白和制度衔接上的"断点"。笔者希望通过本书的深入研究,有效地厘清在 CICC 管辖制度框架下,诉讼、仲裁与调解三者之间的关系与衔接原则。

(三) 实践价值

中国是"一带一路"倡议的发起国。自 2013 年习近平总书记正式提出"一带一路"的宏伟蓝图以来,经过十年的发展,中国与"一带一路"沿线各国贸易畅通、民心相通,中国的经济发展也因"一带一路"倡议

---

① 石静霞、董暖:《我国国际商事法庭的若干核心问题》,《西安交通大学学报》(社会科学版) 2019 年第 3 期。

② 范愉:《多元化纠纷解决机制与和谐社会的构建》,经济科学出版社 2011 年版,第 35 页。

③ 周强:《深化多元化纠纷解决机制改革促进提升社会治理法治化水平》,载李少平主编《最高人民法院多元化纠纷解决机制改革意见和特邀调解规定的理解与适用》,人民法院出版社 2017 年版,第 1 页。

顺利实施收获颇丰，在官方发布的统计数据中有着直观的体现。① 虽然"一带一路"的经济成果喜人，但是相应的，商事主体范围急剧增加，跨国商事纠纷将随之增多。为了顺利推进"一带一路"倡议，营造稳定、公正、合理、高效的法治化营商环境，构建集诉讼、仲裁、调解三者之所长的多元化纠纷解决机制，提供公正、高效、具有可执行力的商事争议解决方案，赢得国际商事领域的制度竞争优势，中国顺应国际潮流，设立了中国国际商事法庭。在2018年年底，CICC以"一站式"平台建设为核心竞争优势，创造性地选取和吸纳了中国优秀的国际商事仲裁与调解服务机构，在同类国际商事法庭（院）中形成错位竞争优势。

但是，当前中国国际商事法庭仍存在些许问题，诸如前文中提到的CICC在事项管辖权、协议管辖权、级别管辖权、审级制度、实际联系原则、连接点概念、诉讼仲裁调解三者之间的衔接机制等问题上存在许多理论空白，各方意见不完全相同。因此，笔者希望通过本书的研究，为CICC建设更合理的管辖权制度，增强中国法的域外适用力和国际影响力，维护中国国家利益，保障"一带一路"行稳致远提供坚实的法理指导。

第一，通过本书对协议管辖权的细致分析，对中国当前协议管辖的基础理论进行反思，在实践中可以拓展中国国际商事法庭的管辖权范围和灵活性，解决中国国际商事法庭受案量不足的问题。同时也可以扩大中国法律的域外效力和影响力，为将中国建设成为国际商事争议解决中心添砖加瓦。

第二，通过本书对审级管辖制度的深入分析，仔细探究背后所隐含的国际民事诉讼中对当事人权利的保障以及公平正义与效率的价值衡量，最终完善中国整体性的国际商事法庭体系，将中国的国际商事法庭打造成世人心目中维护商事正义和审判正义的代名词。

第三，通过本书对"一站式"多元化纠纷解决机制的理论探索，将中国的诉调结合、诉仲结合、仲调结合的理论进一步完善并切合中国当

---

① 根据国家统计局的数据，2019年中国对"一带一路"沿线国家进出口总额为92690亿元，比2018年增长10.8%。2019年"一带一路"沿线国家对华直接投资金额84亿美元，比2018年增长30.6%。《国家统计局：共建"一带一路"成果丰硕》，中国商务部官网，http://www.mofcom.gov.cn/article/i/jyjl/e/202003/20200302940811.shtml，最新访问日期：2023年6月14日。

前的实际国情,引导中国的多元化争端解决能力跟上世界潮流,促进中国仲裁与调解制度的发展。

三 文献综述

(一)域外国际商事法庭的制度建设经验

目前,越来越多的国家为了提高自身在国际商事纠纷解决领域的竞争力,积极改革传统的国际民商事诉讼制度,设立专门的司法机构——国际商事法院或国际商事法庭,以适应现代国际商事纠纷解决的需要。[①] 截至 2021 年年底,世界上许多国家已经建立了国际商事法院或国际商事法庭,其中英美法系国家占据了主流地位,对后发的国际商事法庭(院)产生了标杆式的作用,如英国商事法院、迪拜国际金融中心法院(宪法特别立法区域内实行英美法)、美国特拉华衡平法院(美国普通法院可审理国际商事案件)、澳大利亚维多利亚州最高法院商事法院。[②] 其中,虽然阿拉伯联合酋长国、新加坡、卡塔尔等国的国际商事法庭(院)为后发跟进者,但是由于本国司法改革的成功施行,在国际商事争议争端解决领域已经拥有出色的影响力。[③] 上述国家的国际商事法庭建设经验也为中国建设和改进国际商事法庭提供了宝贵的先期经验,避免了制度资源的浪费。

从域外国际商事法庭(院)的历史发展过程来看,商事法院的出现可以依据其产生背景分为商人驱动型与国家驱动型两类。[④] 前者笔者将其归纳为内生性的国际商事法院,其背后的原因在于跨国商品经济的发展,催生出了对专业化的商事审判的现实要求,商人要求本国法官具备更出色的专业办案能力。英国商事法院和法国商事法院都属于这一范畴。后

---

① 朱伟东:《国际商事法庭:基于域外经验与本土发展的思考》,《河北法学》2019 年第 10 期。
② 蔡伟:《国际商事法庭:制度比较、规则冲突与构建路径》,《国际法研究》2018 年第 5 期。
③ 丁凤玲:《"一带一路"建设中创设中国国际商事法庭的理论探索》,《南京大学学报》(哲学·人文科学·社会科学)2018 年第 5 期。
④ 何其生课题组:《当代国际商事法院的发展——兼与中国国际商事法庭比较》,《经贸法律评论》2019 年第 2 期。

者笔者则将其归纳为后发性的国际商事法院,其背后动因在于一国为促进本国的经济发展、维护自身的主权与商业利益、扩大国际影响力,而吸纳他国的先进经验,采取立法与行政改革手段而设立本国的国际商事法庭(院)。大多数新的国际商事法庭(院)都属于这一类,如新加坡国际商事法院和迪拜国际金融中心法院。

（二）域外学者对国际商事法庭管辖权的研究

国际商事法庭由来已久,但在国际商事纠纷处置制度优势不断竞争的背景下,国际商事法庭再次成为热门研究对象。笔者通过 Heinonline 数据库以"international commercial court"为关键词进行检索,一共得到各类期刊论文 95 篇,其中以新加坡国际商事法庭(SICC)和中国国际商事法庭(CICC)为研究对象的学术成果最多,从中可以看出中国国际商事法庭的建设在国际上的巨大影响力。除新加坡国际商事法庭和中国国际商事法庭以外,域外学者也将研究对象扩展至后发的阿斯塔纳国际商事法庭等。现有的学术成果主要可以分为三大类:一类是介绍某一地区国际商事法庭的诞生历史与经验,可用于指导本国国际商事法庭的建设;一类是对各国管辖权制度的特征评述,可作为借鉴材料;一类则是着重论述国际商事法庭中国际商事仲裁与调解之间的程序衔接问题。

针对第一类学术成果,域外学者主要将目光集中在中国国际商事法庭(CICC)、新加坡国际商事法庭(SICC)与迪拜国际金融中心法院(DIFC)这三个国际商事法庭(院)上。论述的主要内容为介绍性质,具体涉及上述国际商事法庭(院)的成立历史、主要特点、制度突破(尤其是中国国际商事法庭与迪拜国际金融中心法院)以及判决的执行力问题。这一类学术成果的最终目的是呼吁建立本国的国际商事法庭,并参与到全球的商事纠纷规则制定权的争夺中。Lawrence Teh 详细阐释了新加坡国际商事法庭的起步、特点、运作程序以及判决的上诉与执行程序,对新加坡国际商事法庭在国际商事争议解决中的突出贡献作出了高度评价。[①] 著名国际律师陶景洲也依此思路,详细介绍中国国际商事法庭的诞

---

① Lawrence Teh,"The Singapore International Commercial Court", *Dispute Resolution International*, Vol. 11, No. 2 (October 2017), pp. 143 – 150.

生历史，并依据已经出台的《最高人民法院关于设立国际商事法庭若干问题的规定》，将中国国际商事法庭的基础制度安排和中国参与国际商事规则竞争的决心传达给国际商事法学界。作者着重介绍了"一站式"纠纷解决平台（One-stop Solution Platform）的建设，认为它是中国国际商事法庭的核心竞争优势。作者认为虽然"一站式"平台的建设早期还有诸多不确定之处，但是中国国际商事法庭的成立就已经是巨大的成功。[①] Firew Tiba 详细列举了亚洲已有的各类国际商事法庭的建设模式，包括 OHADA 模式、海湾地区模式与新加坡模式，从管辖权（Jurisdiction）、法官构成（Judges）、适用法（Applicable Laws）、程序与证据规则（Rules of Procedure and Evidence）、外国律师出庭（Legal Representation）、上诉（Appeal）、判决的执行（Enforcement of Judge）等角度充分论述了各国际商事法庭。作者高度称赞了亚洲国家在国际商事纠纷解决中的努力。[②] Andrew Godwin、Ian Ramsay 与 Miranda Webster 也从管辖权、法官构成、适用法、程序与证据规则、外国律师出庭、上诉、判决的执行等角度详细论述了新加坡国际商事法庭的优势，认为新加坡国际商事法庭的成功经验为其他司法管辖区如何改变自己的专业商事法庭或建立新的"国际商事法庭"提供了有用的见解。[③] Andrew Henderson 以迪拜国际金融中心法院为研究对象，详细阐释了迪拜国际金融中心法院的建设历史以及其在伊斯兰法区域施行英美法的成功经验，值得欧洲大陆国家推广。[④] Jean-Francois Le Gal 与 Iris Raynaud 在 "The Success of the DIFC Courts: When Common Law Makes Its Way into a Civil Law Region" 中也表达了同样的观

---

① Jingzhou Tao, Mariana Zhong, "The China International Commercial Court (CICC): A New Chapter for Resolving International Commercial Disputes in China", *Dispute Resolution International*, Vol. 13, No. 2 (October 2019), pp. 153 – 172.

② Firew Tiba, "The Emergence of Hybrid International Commercial Courts and the Future of Cross Border Commercial Dispute Resolution in Asia", *Loyola University Chicago International Law Review*, Vol. 14, No. 1 (2016 – 2017), pp. 31 – 54.

③ Andrew Godwin, Ian Ramsay, Miranda Webster, "International Commercial Courts: The Singapore Experience", *Melbourne Journal of International Law*, Vol. 18, No. 2 (December 2017), pp. 219 – 259.

④ Andrew Henderson, "Limiting the Regulation of Islamic Finance: Lessons from Dubai", *Law and Financial Markets Review*, Vol. 1, No. 3 (May 2007), pp. 213 – 220.

点，盛赞迪拜国际金融中心法院的改革魄力。① Stephan Rammeloo 在分析对比了中国、新加坡、迪拜、卡塔尔等国际商事法庭（院）后，认为若要维持欧洲国家的制度竞争优势、更好地服务商业发展，欧洲大陆需要建立一个多边的常设国际商事法庭。② 类似的学术成果还有 Jeremy J. Kingsley 与 Melinda Heap 所作的 "Dubai: Creating a Global Legal Platform"③；Ilias Bantekas 所作的 "The Rise of Transnational Commercial Courts: The Astana International Financial Centre Court"④；Marc J. Goldstein 与 Andrea K. Bjorklund 所作的 "International Commercial Dispute Resolution"⑤；Zain Al Abdin Sharar 与 Mohammed Al Khulaifi 所作的 "The Courts in Qatar Financial Centre and Dubai International Financial Centre: A Comparative Analysis"；等等。⑥

总的来说，第一类学术成果更多的是比较与介绍某一个国际商事法庭，着重于历史与诉讼程序分析。

第二类学术成果主要有，新加坡首席大法官桑德雷斯·梅农（Sundaresh Menon）在《新加坡国际商事法庭与法治》一文中指出新加坡国际商事法庭以法治原则为核心，在尊重当事人意思自治方面所做出的努力与突破。该诉讼管辖协议可以体现在争议发生后达成的临时协议中，

---

① Jean-Francois Le Gal, Iris Raynaud, "The Success of the DIFC Courts: When Common Law Makes Its Way into a Civil Law Region", *International Business Law Journal*, No. 4 (2017), pp. 289 – 304.

② Stephan Rammeloo, "Cross-Border Commercial Litigation-do We Need a Permanent European Commercial Court", *Law Series of the Annals of the West University of Timisoara*, No. 1 (2019), pp. 19 – 34.

③ Jeremy J. Kingsley, Melinda Heap, "Dubai: Creating a Global Legal Platform", *Melbourne Journal of International Law*, Vol. 20, No. 1 (July 2019), pp. 277 – 291.

④ Ilias Bantekas, "The Rise of Transnational Commercial Courts: The Astana International Financial Centre Court", *Pace International Law Review*, Vol. 33, No. 1 (Winter 2020), pp. 1 – 42.

⑤ Marc J. Goldstein, Andrea K. Bjorklund, "International Commercial Dispute Resolution", *International Lawyer (ABA)*, Vol. 36, No. 2 (Summer 2002), pp. 401 – 422.

⑥ Zain Al Abdin Sharar, Mohammed Al Khulaifi, "The Courts in Qatar Financial Centre and Dubai International Financial Centre: A Comparative Analysis", *Hong Kong Law Journal*, Vol. 46, No. 2 (2016), pp. 529 – 556.

也可以体现在主合同内的法院选择条款中。① Denise H. Wong 在《国际商事法院的兴起：是什么和干什么？》一文中详细分析了各国际商事法庭在管辖制度方面的共性与特色，强调协议管辖的重要性。② Gerald Lebovits 与 Delphine Miller 在《卡塔尔国际法庭的诉讼》中，详细论述了卡塔尔国际商事法庭的组织架构，着重强调了卡塔尔国际商事法庭的组织管理、人员构成、庭审制度、案件来源与上诉纠错制度。其中对于当事人的协议管辖与二审终审的法庭构成作了细致阐述。③ 这些研究成果对中国的审级管辖制度安排具有重要的借鉴意义。

总的来说，第二类域外学术成果更多地关注某一特定国际商事法庭（院）的管辖权制度，并作出评价。其中关于审级管辖制度、审判监督与实际联系原则的突破对本书的研究具有重要的参考意义。

第三类学术成果更注重分析在某一特定国际商事法庭（院）的框架下，先行的国际商事法庭（院）是如何将国际商事诉讼与非诉讼纠纷解决程序（ADR）有机结合，共同服务于国际商事活动。在这类学术成果中，有几位域外学者对中国国际商事法庭"一站式"纠纷解决平台的建设格外关注，对本书的学术研究思路的有效开展提供了助力。Michael Stash 高度评价了"一带一路"倡议提出后，中国商事仲裁制度的发展，并详细介绍了中国国际商事法庭"一站式"纠纷解决平台的设立规范和重要意义，但是同时他也认为，在"一站式"纠纷解决平台建设的初期，关于管辖权、法官的遴选、诉讼与仲裁的衔接、调解员与仲裁员的身份转换等问题方面，中国国际商事法庭还有很长的路要走。尽管目前中国国际商事法庭"一站式"纠纷解决平台的建设尚存不足，但是中国国际商事法庭的建立已经对整个亚洲的国际商事纠纷解

---

① Sundaresh Menon, The Rule of Law and the SICC, https：//www.sicc.gov.sg/docs/default-source/modules-document/news-and-article/b_58692c78-fc83-48e0-8da9-258928974ffc.pdf, Nov. 1, 2018.

② Denise H. Wong, "The Rise of the International Commercial Court: What is it and Will it Work?", *Melbourne Journal of International Law*, Vol. 18, No. 2（December 2017）, pp. 219 – 259.

③ Gerald Lebovits, Delphine Miller, "Litigating in the Qatar International Court", *International Law Practicum*, Vol. 28, No. 2（2015）, pp. 54 – 64.

决产生了重要影响并将持续下去。①Zachary Mollengarden 同样从"一带一路"倡议出发，高度赞扬了"一带一路"倡议对整个亚洲乃至世界经济复苏的重要意义。作者认为中国国际商事法庭"一站式"纠纷解决平台的建设中，中国仲裁法的仲裁机构主义、对临时仲裁的限制以及封闭的仲裁员名册制度将会对"一站式"纠纷解决平台造成制度性困扰。另外，作者还认为虽然中国是调解文化的发源地，但是当前中国的商事调解制度并未建立，更无从谈起"诉调结合""仲调结合"。最后，作者建议中国国际商事法庭在建设"一站式"纠纷解决平台时，多吸收新加坡国际商事法庭的改革经验（尤其是宪法授权的模式），为中国国际商事法庭的建设扫清制度障碍。②Patrick M. Norton 认为，中国国际商事法庭"一站式"纠纷解决平台的建设中，存在如下问题：一是管辖权的范围不清，数额难以确定；二是外国当事人很可能不信任、不熟悉中国的《民事诉讼法》；三是专家委员会的名单范围过小、职责范围不清；四是调解程序前置可能导致"诉调衔接"困难；五是中国仲裁制度发展落后于国际水平，仍存在强烈的行政主义和机构主义。③Julien Chaisse 与 Xu Qian 也认为，虽然"一站式"概念的提出符合国际商事法庭发展的最新潮流，但是当下因为中国现有的法治缺陷使得这更像是一个概念，具体到落实还需要更多地参考域外的实际运作经验。④

除针对中国国际商事法庭"一站式"纠纷解决平台的专项研究之外，域外学者也将目光集中在新加坡国际商事法庭的"诉仲结合"与"仲调结合"方面。因为新加坡国际商事法庭成立时间早，已作出相关判决，

---

① Michael Stash, "The New Silk Road: The Chinese Supreme People's Court's 'International Commercial Court' and Opportunities for Alternative Dispute Resolution", *Ohio State Journal on Dispute Resolution*, Vol. 35, No. 1 (2019), p. 109.

② Zachary Mollengarden, "One-Stop Dispute Resolution on the Belt and Road: Toward an International Commercial Court with Chinese Characteristics", *UCLA Pacific Basin Law Journal*, Vol. 36, No. 1 (Spring 2019), pp. 65 – [iii].

③ Patrick M. Norton, "Conflicts on the Belt & Road: China's New Dispute Resolution Mechanism", *Indian Journal of Arbitration Law*, Vol. 8, No. 1 (2019), pp. 82 – 105.

④ Julien Chaisse, Xu Qian, "Conservative Innovation: The Ambiguities of the China International Commercial Court", *AJIL Unbound*, Vol. 115 (2021), pp. 17 – 21.

域外学者结合判例具体分析新加坡国际商事法庭的程序优势。Stephan Wilske 认为，因为新加坡国际商事法庭在程序上的灵活性和开放性，尤其是允许外国法官承担审判职务、允许外国律师出庭辩护、广泛包容仲裁与调解、积极与境内外仲裁调解组织合作，使得新加坡国际商事法庭可以说是全球最优秀的国际商事法庭之一，其判决在东南亚具有很好的执行力。[①] Gary F. Bell 在比较了新加坡国际商事法庭与其他国际商事法庭后，认为新加坡国际商事法庭在管辖权获取、域外法官聘用、诉讼程序和证据制度灵活、多元化纠纷解决机制等方面具有突出优势。作者还认为，新加坡国际商事法庭的出现代表着国际商事纠纷解决机制的发展方向，好过单一的国际商事仲裁或国际商事调解。[②] Lawrence Teh 以及 Hwee Teh 与 Justin Yeo 也持相同观点。[③]

总的来说，当前域外学者对国际商事法庭的研究成果和研究深度及对国际商事审判的影响力总体上是超过中国学者的，无论是对各国际商事法庭（院）的建设历史、政治意义、主要特征、制度突破还是对各国际商事法庭（院）在实际运作中的管辖权取得方式、协议管辖的效力、协议管辖的排他性、国际性与商事的概念定义、对实际联系的弱化与拓展、诉讼仲裁调解三者的管辖权分配等方面的研究，都比中国学者研究得更为深入。目前随着诸如新加坡国际商事法庭、迪拜国际金融中心法院、卡塔尔国际商事法庭等后起商事法庭（院）的成功运作，域外学者的研究将会更加丰富，更加集中于以某一具体案例出发，论证其得失。

（三）中国学者对国际商事法庭管辖制度及其管辖权问题的研究

笔者在中国知网上，以"国际商事法庭"为关键词，搜索 2018 年后

---

① Stephan Wilske, "International Commercial Courts and Arbitration-alternatives, Substitutes or Trojan Horse", *Contemporary Asia Arbitration Journal* (*CAA Journal*), Vol. 11, No. 2 (November 2018), pp. 153 – 192.

② Gary F. Bell, "The New International Commercial Courts-competing with Arbitration The Example of the Singapore International Commercial Court", *Contemporary Asia Arbitration Journal* (*CAA Journal*), Vol. 11, No. 2 (November 2018), pp. 193 – 216.

③ Lawrence Teh, "The Singapore International Commercial Court", *Dispute Resolution International*, Vol. 11, No. 2 (October 2017), pp. 143 – 150; Hwee Teh, Justin Yeo, "The Singapore International Commercial Court in Action", *Singapore Academy of Law Journal*, Vol. 28, No. 2 (September 2016), pp. 692 – 722.

的所有学术成果，不论期刊级别，共计101篇（排除硕士学位论文）①。接着笔者又以"多元化争议解决"为关键词，检索2005年后所有学术成果，经挑选得145篇。

对于国际商事法庭的研究方面，因为中国国际商事法庭（CICC）属于新生事物，所以在各个方面均存在较多的改进之处。学界对CICC的研究论述，大概可以分为两个阶段。

第一阶段是论证CICC的重要性和必然性，赞同国际商事法庭的建立。这些论文的发表时间都较早，大多在正式发布《最高人民法院关于设立国际商事法庭若干问题的规定》之前，属于国际商事法庭建立前的理论准备。如谷浩、林玉芳的《中国国际商事法庭构建初探》一文，将国际商事法庭的兴起与背后动因作了深刻分析，强调国际商事法庭对于一国在商业版图中的独特作用，也对中国国际商事法庭的产生背景作了阐释。② 同类型的学术论文还有张勇健教授发表的《国际商事法庭的机制创新》③，杜涛、叶珊珊的《国际商事法庭：一个新型的国际商事纠纷解决机构》④ 以及何其生课题组的《论中国国际商事法庭的构建》。⑤ 上述论文的发表时间较早，主要是论述国际商事法庭在"一带一路"建设中的重要地位，并不涉及具体的制度分析和前景展望，其代表着国内学界对国际商事法庭的殷切期待。

第二阶段可以概括为对国际商事法庭的具体制度和发展模式的具体分析，这类论文数量更多，其学术价值对本书的启发和参考作用更高。在第二阶段的研究中，可以按研究方法的取舍将现有学术成果分为以下两类。

第一类主要采用比较分析法的视角，通过研究和列举域外先行的国

---

① 截至2022年8月23日。
② 谷浩、林玉芳：《中国国际商事法庭构建初探》，《大连海事大学学报》（社会科学版）2018年第4期。
③ 张勇健：《国际商事法庭的机制创新》，《人民法院报》2018年7月14日，第2版。
④ 杜涛、叶珊珊：《国际商事法庭：一个新型的国际商事纠纷解决机构》，《人民法院报》2018年7月10日，第2版。
⑤ 何其生课题组：《论中国国际商事法庭的构建》，《武大国际法评论》2018年第3期。

际商事法庭的成功经验，来指导 CICC 的构建与发展。这一类论文的数量最多，但是出于方法论的原因，得出结论大多为形而上的指导性意见，主要发力于中国国际商事法庭的定位、现存问题和长期发展方面，对具体的实践操作问题触及相对较少。比如何其生课题组的《当代国际商事法院的发展——兼与中国国际商事法庭比较》一文就是此类学术成果的代表作。① 在该文中，作者先将数目繁多的国际商事法庭（院）进行分类，将其分为商人驱动型和国家驱动型两类，然后重点论述了英国、法国、美国、新加坡以及迪拜这 5 个国家的国际商事法院。相同类型的论文还有沈伟的《国际商事法庭的趋势、逻辑和功能——以仲裁、金融和司法为研究维度》②、覃华平的《"一带一路"倡议与中国国际商事法庭》③、杨临萍的《"一带一路"国际商事争端解决机制研究——以最高人民法院国际商事法庭为中心》④、蔡伟的《国际商事法庭：制度比较、规则冲突与构建路径》⑤、朱伟东的《国际商事法庭：基于域外经验与本土发展的思考》⑥、毛晓飞的《独特的德国国际商事法庭模式——解析〈联邦德国引入国际商事法庭立法草案〉》等不一而足⑦。

第二类学术成果则主要是以规范分析法为主要研究方法，立足于中国国情，基于现有的司法制度与最高人民法院已出台的关于 CICC 的规定，对当前 CICC 的管辖制度（特别是管辖权制度）缺陷提出制度性思考。此类学术成果中域外视角不显，主要是进行法教义学、法社会学的

---

① 何其生课题组：《当代国际商事法院的发展——兼与中国国际商事法庭比较》，《经贸法律评论》2019 年第 2 期。

② 沈伟：《国际商事法庭的趋势、逻辑和功能——以仲裁、金融和司法为研究维度》，《国际法研究》2018 年第 5 期。

③ 覃华平：《"一带一路"倡议与中国国际商事法庭》，《中国政法大学学报》2019 年第 1 期。

④ 杨临萍：《"一带一路"国际商事争端解决机制研究——以最高人民法院国际商事法庭为中心》，《人民司法》2019 年第 25 期。

⑤ 蔡伟：《国际商事法庭：制度比较、规则冲突与构建路径》，《环球法律评论》2018 年第 5 期。

⑥ 朱伟东：《国际商事法庭：基于域外经验与本土发展的思考》，《河北法学》2019 年第 10 期。

⑦ 毛晓飞：《独特的德国国际商事法庭模式——解析〈联邦德国引入国际商事法庭立法草案〉》，《国际法研究》2018 年第 6 期。

分析。但是该类学术成果较少，有分量的更不多见。朱怡昂的《中国国际商事法庭管辖权研究》一文详细论述了国际性与商事性的定义、提级管辖、协议管辖与仲裁司法审查管辖这几个焦点问题。吴永辉的《论国际商事法庭的管辖权——兼评中国国际商事法庭的管辖权配置》一文也是具有广泛学术影响力的文章，在该文中，作者认为，协议管辖中的实际联系原则必须被淡化或弃用。杜涛、叶珊珊在《论我国国际商事法庭管辖权制度的完善》一文中，仔细探讨了协议管辖权、提级管辖、诉讼与仲裁调解的管辖权分配问题。谷浩和林玉芳在《中国国际商事法庭构建初探》一文中认为，中国国际商事法庭的管辖制度受历史惯性的影响较大，强制性色彩过浓，对当事人的意思自治重视不够。他们认为，国际商事法庭应借鉴仲裁、调解的长处，尽可能地减少强制性规定，尊重当事人的主管意愿，这对中国国际商事法庭的未来发展很有必要。①

在对CICC"一站式"纠纷解决平台中的诉讼、仲裁、调解三者之间的衔接机制的统筹管辖方面的代表成果也不多，学术成果的典型代表有薛源、程雁群的《以国际商事法庭为核心的中国"一站式"国际商事纠纷解决机制建设》。②作者认为CICC的核心建设要点有二：一是尊重当事人意思自治，尽可能多地将国际商事纠纷纳入其管辖范围使其进一步国际化；二是"一站式"平台的建设是中国国际商事法庭特有的错位竞争优势。作者还认为中国现有的调解制度（如《人民调解法》）是不能满足国际商事调解的需求的，应尽快建立中国的专属商事调解法。另外，作者也对《新加坡调解公约》的生效抱有强烈的期待，认为中国"一站式"平台应该抓紧这个机遇。此外，梁文才在《论国际商事法庭多元化纠纷解决机制——兼评我国国际商事法庭"一站式"机制的运行》一文中，对诉讼、仲裁与调解的三者衔接提出了独特的制度设想。③

---

① 谷浩、林玉芳：《中国国际商事法庭构建初探》，《大连海事大学学报》（社会科学版）2018年第4期。

② 薛源、程雁群：《以国际商事法庭为核心的我国"一站式"国际商事纠纷解决机制建设》，《政法论丛》2020年第1期。

③ 梁文才：《论国际商事法庭多元化纠纷解决机制——兼评我国国际商事法庭"一站式"机制的运行》，《海外投资与出口信贷》2019年第4期。

第一章　中国国际商事法庭管辖制度的法律特征

根据最高人民法院公布的《关于设立国际商事法庭若干问题的规定》，中国国际商事法庭是最高人民法院设立的专门处理国际商事纠纷的常设审判机构。2019年新修订的《人民法院组织法》第27条规定：人民法院根据审判工作需要，可以设必要的专业审判庭。因此，从法律性质上来看，中国国际商事法庭属于最高人民法院设立的专业审判庭，在法律职能上具体履行最高人民法院依法享有的司法审判职能。作为最高人民法院下设的专业审判庭，中国国际商事法庭管辖制度在司法审判制度上属于最高人民法院管辖制度的一部分，其管辖制度的法律特征在法律性质上必须与最高人民法院管辖制度保持一致。所以，在法理上全面和系统地研究中国国际商事法庭管辖制度，应当将《宪法》和法律所规定的人民法院一般性管辖制度与最高人民法院所实施的特殊管辖制度有机结合起来，才能科学地认识中国国际商事法庭管辖制度的法律内涵和法律特征，从而更好地从司法审判制度上宏观和整体地把握中国国际商事审判法庭管辖制度的特点。[①] 本书第一章在考察中国国际商事法庭管辖制度的内涵和特征时，将首先从法学界研究司法审判管辖制度的一般法理出发，同时结合《宪法》和法律对人民法院管辖制度的一般法律规定，研究如何在法理上科学地表述中国国际商事法庭管辖制度的法律内涵、构建中国国际商事法庭管辖制度的制度体系以及探讨在法理上和制度实

[①] 莫纪宏：《依宪立法原则与合宪性审查》，《中国社会科学》2020年第11期。

践中更好地完善中国国际商事法庭管辖制度，充分发挥中国国际商事法庭在代表最高人民法院审理国际商事纠纷案件中的重要制度功能。

第一节　中国各级各类人民法院管辖制度的内涵

一　管辖制度的法理内涵及制度特征

管辖一词，在古汉语中已有之。《辞源》引注"管辖"为管理、统辖之义[①]。《晋书·凉武昭王传》："又敦煌郡大众殷，制御西域，管辖万里，为军国之本。"由上可知，"管辖"一词与具有计量特征的"万里"长度相关，近似于近现代法学用语中的"空间范围""空间效力"。在传统法理学的范畴体系中，管辖制度是关于管辖的一系列法律制度的总称。管辖则是一个专门的法学术语，是与法律效力相关的一个专门法律概念，指的是一个主权国家的法律及由法律建立起来的制度体系的法律效力范围。在传统法理学上，管辖是与国家主权、法律主权[②]密切相关的概念[③]。法律意义上的管辖是以政治意义上的国家主权为前提的，没有国家主权，也就不存在法律主权意义上的法律管辖的概念。法律管辖既表现为立法的法律效力，也表现为执法和司法的法律效力。其中，执法和司法的法律效力必须以立法的法律效力为前提。从法律主权的内在逻辑来看，只有立法的法律效力所涉及的范围、层次和领域，执法和司法才具有相应的法律效力。[④] 因此，从法律效力的范围、层次和领域来看，管辖是一个主权国家的立法、执法和司法的法律效力作用的范围、层次和领域，凡是一个主权国家立法、执法和司法所能生效的可能性的范围、层次和领域，就可以视为该主权国家的立法管辖权、执法管辖权和司法管辖权。

[①]　商务印书馆编辑部编辑：《辞源》（合订本），商务印书馆1988年版，第1281页。
[②]　法律主权英文为"legal sovereignty"。
[③]　See Malcolm N. Shaw, *International Law* (Cambrideg: Cambridge University Press, 7th edn, 2014), pp. 469–471.
[④]　龚柏华、丁伯韬：《中国政府在美国被诉引用主权豁免抗辩的法律探析》，《上海政法学院学报》2020年第6期。

管辖权在这里具体指主权国家的立法、执法和司法在法律上生效的可能性。从法理上来看，一个主权国家的法律主权应当是由该主权国家的立法管辖权、执法管辖权和司法管辖权构成的管辖权整体，缺少了立法管辖权、执法管辖权和司法管辖权中的任何一个要素，主权国家应当享有的法律主权在制度上都是不完整的、有缺陷的。①

在行使管辖权的实践中，一个主权国家的立法管辖权往往带有立法者主观的意志，故立法管辖权的范围应当采取多大的范围，完全取决于立法者的意志。② 但基于国际社会存在的国际法准则以及对平等主权国家的国家主权的尊重，主权国家的立法管辖权的范围也受到一定客观条件的限制，尤其是无法通过执法管辖权和司法管辖权来有效实现的立法管辖权往往是缺少制度约束力的。从立法管辖权与执法管辖权、司法管辖权的法理关系来看，虽然在法治逻辑上存在着立法管辖权是执法管辖权和司法管辖权的制度前提这样的限制条件，但由于在国际交往的实践中，基于不同主权国家之间的执法和司法协作、合作关系，执法管辖权和司法管辖权在管辖效果上往往会超出立法管辖权所确立的法律效力范围，所以说，执法管辖权和司法管辖权在体现一个主权国家的法律主权上具有更加积极的作用。③

由于管辖权对应主权国家立法、执法和司法的法律效力范围，因此，一个主权国家法律意义上的管辖制度也是一个逻辑严密、体系完备的法律制度。从管辖权体现主权国家的主权特征来看，《宪法》作为根本法是主权国家的法律主权的集中体现，④ 因此，凡是违反《宪法》规定和《宪法》精神的管辖制度都是无效的，主权国家的"合宪性"审查制度是立法管辖、执法管辖和司法管辖的正当性来源和制度基础，超出"合宪性"价值许可的法律管辖都不可能成为主权国家法律意义上的管辖制度

---

① 林欣：《论国际私法中管辖权问题的新发展》，《法学研究》1993 年第 4 期。
② 田太荣、马治国：《法律是主权者的命令吗？——奥斯丁法哲学理论批判》，《山东社会科学》2017 年第 12 期。
③ 刘捷：《跨行行政执法：基于属地秩序的类型化分析》，《国际法研究》2022 年第 5 期。
④ 莫纪宏：《依宪治国是推进合宪性审查工作的制度目标》，《人大研究》2018 年第 11 期。

的组成要素。①

从法律效力的约束对象和范围来看，传统法理学基本上认同一个主权国家的法律及法律制度具有对人效力、对物效力、对行为效力、时间效力和空间效力，因此，对应到管辖制度上也就存在主权国家的立法、执法和司法对人、物和行为的管辖以及管辖在时间和空间上的范围和界限。②

由于主权国家的法律制度存在着上下级层次体系，故不同层级的行使立法权、执法权和司法权的机构就存在着行使立法管辖权、执法管辖权和司法管辖权的层次、大小和范围的划分以及相互关系，同时，也存在立法管辖权与执法管辖权、司法管辖权之间的相互关系。由此就形成了级别管辖、地域管辖、事项管辖、共同管辖等管辖制度。基于管辖权行使的公平与效率关系，还会出现移送管辖、指定管辖等管辖制度。③

总之，管辖制度是一个体系化的法律制度，其存在的制度目标就是要保证一个主权国家法律主权的有效行使，具体表现为主权国家的立法权、执法权和司法权能够在主权效力所及的范围内有效地运行，最大限度地发挥国家权力自身的统治功能和管理职能。

二 管辖权制度是管辖制度的核心要义

在一个主权国家的法律意义上的管辖制度中，管辖权是最核心的概念，因此，管辖权制度也是管辖制度的核心要义。管辖权是国家主权的应有之义。李庆明认为："管辖侧重于实际控制，管辖权更侧重于一般意义上行使权力，但实际上能实际控制的都能行使权力。"④ 故在法学研究中，很多学者和著作都会将"管辖"与"管辖权"概念混用，除非在特

---

① 张震：《"根据宪法，制定本法"的规范蕴涵与立法表达》，《政治与法律》2022年第2期。

② 李筠：《Jurisdiction的政治含义——基于西方中世纪政治史的考察》，《浙江学刊》2012年第2期。

③ 宋晓：《域外管辖的体系构造：立法管辖与司法管辖之界分》，《法学研究》2021年第3期。

④ 李庆明：《论美国域外管辖：概念、实践及中国因应》，《国际法研究》2019年第3期。

殊情况下会对两个概念的使用作出特殊含义的说明。① 严格意义上讲，"管辖"是指一种"统辖"的事实状态，侧重于管辖的"结果"；"管辖权"则是赋予了事实上的"管辖"行为一种制度合法性，即使得实际存在的"管辖"行为成为有法律保障的法律行为，故"管辖权"更注重管辖的正当性前提。从合法性上来看，事实状态的"管辖"可能缺少"管辖权"的合法性前提，存在着在法律上属于"无效管辖""非法管辖""模糊管辖"等情形。故法学上的"管辖制度"除了要着重研究"管辖权制度"之外，还应当研究与"管辖权"相关的各种管辖问题。② 所以，从法理逻辑上来看，"管辖权制度"是"管辖制度"的核心要义，但"管辖制度"的制度内涵不限于"管辖权制度"，具有更加丰富的制度内容。③

由于管辖权制度与合法性相关，所以，一个主权国家的管辖权制度也因为合法性依据的不同，区分为国内管辖权制度与涉外管辖权制度。在国内法上，国内管辖权主要涉及立法管辖权（legislative jurisdiction）、执法管辖权（jurisdiction to enforce）和司法管辖权（judicial jurisdiction）三种形式④。涉外管辖权在传统法学与国际法上的国家管辖权含义相近，并且以国家管辖权作为国际法上的主要研究对象。国际法上的国家管辖权通常包括了主权国家的国内管辖权以及管辖范围要大于主权国家"领土"范围的域外管辖权⑤。传统国际法上认可的国家域外管辖权的依据主要有四项原则，即属地原则、属人原则、保护原则及普遍原则。其中每一种原则都涉及主权国家的域外管辖适用的空间，且国际法并不一般性禁止一国行使域外管辖权⑥。

---

① 柳华文主编：《国际法研究导论》，中国社会科学出版社2021年版，第112页注1。
② 黄进、李庆明：《诉权的行使与国际民事诉讼管辖权》，《政治与法律》2007年第1期。
③ 杨永红：《美国域外数据管辖权研究》，《法商研究》2022年第2期。
④ See Malcolm N. Shaw, *International Law* (Cambrideg: Cambridge University Press, 7th edn, 2014), pp. 469–471.
⑤ See A. Cassese and P. Gaeta, I. Baig, M. Fan, C. Gosnell, and A. Whiting, *Cassese's International Criminal Law* (Oxford: Oxford University Press, 3nd edn, 2013), p. 275.
⑥ 《普遍管辖权原则的范围和适用：秘书长根据各国政府评论和意见编写的报告》，A/65/181，https://documents-dds-ny.un.org/doc/UNDOC/GEN/N10/467/51/PDF/N1046751.pdf?OpenElement。

总之，在传统法学理论中，无论是国内管辖权制度还是涉外管辖权制度，都是在国际法上的国家管辖权制度下面重点加以讨论。法理学很少专门探讨管辖权问题[①]，国内部门法学中主要是诉讼法学专题讨论法院的司法审判管辖权，检察院的司法管辖权以及立法机关、行政机关的立法管辖权、执法管辖权的概念使用得也较少，只有国际法学对国家管辖权制度作了比较系统的研究。

三　管辖制度是由各种符合法律规定的管辖要素构成的制度体系

管辖制度是通过法律制度加以确认的与管辖行为相关的一系列制度总和。所以，从法理上看，管辖制度是由与法律确认的管辖行为相关的一系列制度构成的制度体系。一个完整的管辖制度包含了彼此之间相互联系、相互作用的一系列制度要素。[②] 某种程度上可以认为，管辖制度是由一系列管辖要素构成的制度整体。在国内法上的管辖制度，通常在诉讼法领域加以研究。例如，在刑事诉讼法学研究中，"理论界的争议主要集中在管辖制度的立法体例、职能管辖的范围、级别管辖的调整、地域管辖的明确以及管辖权意义等问题"。[③] 1982年《中华人民共和国民事诉讼法（试行）》第二章"管辖"共分三节，第一节为"级别管辖"、第二节为"地域管辖"、第三节为"移送管辖和指定管辖"[④]。从法理上加以归纳，大致上不论是何种性质的管辖制度，至少要包括以下几个方面的制度要素：（1）确定管辖合法性和正当性的法律依据，主要是立法依据；（2）具有合法性和正当性依据的享有管辖权的主体；（3）法律规定的享有管辖权主体的法定管辖职权范围；（4）不同层级的管辖权主体的管辖范围的确立以及权限划分（管辖权的纵向分工）；（5）不同区域的管辖权

[①] 马克思主义理论研究和建设工程重点教材《法理学》（第2版）的章节目录中就没有"管辖"和"管辖制度"，说明管辖制度尚未进入传统法理学的概念范畴体系中。参见《法理学》编写组编《法理学》，人民出版社、高等教育出版社2020年版。

[②] 沈红雨：《我国法的域外适用法律体系构建与涉外民商事诉讼管辖权制度的改革——兼论不方便法院原则和禁诉令机制的构建》，《中国应用法学》2020年第5期。

[③] 熊秋红主编：《刑事诉讼法学的新发展》，中国社会科学出版社2013年版，第82页。

[④] 全国人民代表大会常务委员会法制工作委员会编：《中华人民共和国法律汇编（1979—1984）》，人民出版社1985年版，第283页。

主体的管辖范围的确立以及权限划分（管辖权的横向分工）；（6）特殊的管辖制度；（7）管辖权争议处理机制；（8）管辖权行使的法律效力；等等。在涉外管辖制度中，依据传统的国际私法理论，"管辖权根据"是指一个国家的法院在何种条件下有权审理具有涉外因素的民商事案件。这种国际私法意义上的"管辖权根据"不能简单地等同于国内管辖制度中的确定管辖权的法律依据，两者之间既有联系，又有区别。国际私法上的"管辖权根据"主要是为了解决一个具有涉外因素的民商事案件应该归哪一个国家的法院审理这一问题，而针对该国如何行使司法管辖权、如何分配法院的层级与庭审，则不在其关注范围内①。为了解决涉外民商事案件的"管辖权根据"，国际私法上研究的管辖制度通常会关注冲突法的选择适用、准据法查明、当事人选择管辖、执法协作及司法协助制度、执行管辖及其效力等。所以说，涉外管辖制度除了包括国内管辖制度的所有制度要素之外，还有围绕着"管辖权理由""管辖权根据""管辖权效力"等问题展开的制度化要求。

四 中国各级各类人民法院司法审判管辖制度的主要特征

管辖制度在传统法学中，主要是诉讼法学的研究对象。立法管辖和执法管辖一般缺少系统化研究。即便是作为法学的基础理论学科的法理学，也很少以"管辖制度"为研究对象，虽然在相似的概念术语下涉及了管辖制度，但总体上说，"管辖制度"通常只涉及司法领域的管辖，尤其是人民法院的司法审判管辖。

对人民法院的司法审判管辖，相关的制度规定在《宪法》、《人民法院组织法》、诉讼法等法律中都有所体现，主要的制度特征有以下几个方面。

一是现行《宪法》通过确立人民法院的组织体制和组织构成，肯定了人民法院的级别管辖和一般管辖与专门管辖相结合的管辖制度。现行《宪法》涉及人民法院司法管辖制度的条文主要有以下两条。一条是第

---

① 林欣：《论国际私法中管辖权问题的新发展》，参见沈涓主编《国际私法的振扬之路》，社会科学文献出版社 2019 年版，第 128 页。

129 条，该条第 1 款规定："中华人民共和国设立最高人民法院、地方各级人民法院和军事法院等专门人民法院。"根据该条款可以推定，凡是属于人民法院司法审判管辖范围的案件，人民法院是通过最高人民法院和地方各级人民法院这样的组织审判层级体制来确立级别管辖制度的。与此同时，设立不同于一般法院的军事法院，说明对于与军人相关的特殊类型的案件由专门的军事法院管辖，这里又肯定了一般管辖之外的"特殊管辖"的宪法地位。另一条是第 132 条，规定"最高人民法院是最高审判机关"，该规定表明在中国各级各类人民法院的管辖制度中，最高人民法院作为最高审判机关，其享有的管辖权是一般管辖与专门管辖中的最高级别的管辖权，具有司法审判管辖的终局性。

二是《人民法院组织法》对各级各类人民法院的司法审判管辖制度作了比较详细的规定，其涉及的管辖制度要素相对较为丰富。2018 年新修订的《中华人民共和国人民法院组织法》第 2 条第 2 款规定："人民法院通过审判刑事案件、民事案件、行政案件以及法律规定的其他案件。"上述规定涉及人民法院的司法审判管辖的"事项管辖"，即"刑事案件、民事案件、行政案件"。上述规定也反映出根据《人民法院组织法》的规定，中国的各级各类人民法院不享有对"宪法案件"的司法审判管辖权。"宪法案件"依据《宪法》和《立法法》的规定，应当由全国人大常委会依据法定程序管辖处理。在规定各级各类人民法院的司法审判管辖职权时，《人民法院组织法》的相关条文涉及级别管辖、地域管辖、专门管辖、移送管辖等具体的管辖制度。以《人民法院组织法》第 16 条规定为例，该条规定最高法院可以审理 5 大类的案件。对法条进行文义分析可知，最高法院拥有着广泛的管辖范围，承担着维护社会公平正义的重任。[1] 在上述条款中，最引人注目的是最高人民法院作为最高审判机关可以管辖"法律规定由其管辖的和其认为应当由自己管辖的第一审案件"。此规定具有非常重要的实践意义，它赋予了作为最高国家审判机关的最

---

[1] 一是，法律规定由其管辖的和其认为应当由自己管辖的第一审案件；二是，对高级人民法院判决和裁定的上诉、抗诉案件；三是，按照全国人民代表大会常务委员会的规定提起的上诉、抗诉案件；四是，按照审判监督程序提起的再审案件；五是，高级人民法院报请核准的死刑案件。

高人民法院在《人民法院组织法》规定的人民法院可以管辖的案件范围内自主地确立自身的管辖权范围而不受任何限制，充分体现了最高法院在行使人民法院司法审判管辖权方面"自主管辖"的法律特征。

三是在《刑事诉讼法》、《民事诉讼法》和《行政诉讼法》中，都设定了专门的"管辖"章节，具体规定各级各类人民法院如何合法有效地行使刑事案件、民事案件和行政案件的司法审判管辖权。在《刑事诉讼法》中值得注意的是自诉案件①由人民法院直接受理，而无须公安机关先行侦查。这种制度实际上是对中国司法管辖制度的一种完善，是司法管辖中的横向管辖权分工的体现。2021年新修订的《中华人民共和国民事诉讼法》第四编还专门规定了"涉外民事诉讼程序的特别规定"，其中第二十四章"管辖"涉及了两个具体条文，包括第265条和第266条，这两个条文直截了当地确立了涉外民商事案件的管辖原则，为有效解决涉外民商事案件提供了"管辖权根据"的立法依据。2017年新修订的《中华人民共和国行政诉讼法》在第三章"管辖"之前还设立了第二章"受案范围"。第二章"受案范围"共有两个条文，包括第12条和第13条，其中，第12条规定了人民法院可以受理公民、法人或者其他组织提起的包括对行政处罚、行政强制措施不服等12类诉讼案件；第13条对国防、外交等国家行为，行政法规、规章或者行政机关制定、发布的具有普遍约束力的决定、命令，行政机关对行政机关工作人员的奖惩、任免等决定以及法律规定由行政机关最终裁决的行政行为，规定上述事项人民法院不得受理。《行政诉讼法》的上述规定表面上看与"管辖"没有直接联系，但必须以第二章"受案范围"作为第三章"管辖"的"制度前提"，凡是列入《行政诉讼法》第13条中"人民法院"不予受理的"事项"，各级各类人民法院不得行使司法审判管辖权。所以，从管辖制度的角度来看，"事项管辖""无权管辖"等都是与管辖权密切相关的法律事项，属于管辖制度体系中重要的制度要素，在研究管辖制度的整体性制度特征时，也必须纳入管辖制度的研究范围。

---

① 参见2021年新修订的《中华人民共和国刑事诉讼法》第18条第3款的规定。

四是 2010 年 10 月 28 日第十一届全国人民代表大会常务委员会第十七次会议通过的《中华人民共和国涉外民事关系法律适用法》也是与管辖制度密切相关的重要立法。该法在第一章"一般规定"中全面和系统地规定了涉外民事关系的法律适用原则，涉及涉外民事案件的管辖权制度。① 《涉外民事关系法律适用法》第 2 条非常清晰地表达了涉外民事案件的管辖制度中最重要的制度要素，即"管辖的立法体例"。根据该法第一章（第 3 条至第 10 条）规定，对于涉外民事案件的管辖，列举出 8 项法律要求。② 简而言之，涵盖了尊重当事人意思自治原则（第 3 条）；中国法的强制适用与专属管辖（第 4 条）；国家公共利益保护原则（第 5 条）；最密切联系原则（第 6 条、第 8 条）；反致与外国法查明（第 9 条、第 10 条）。从上述各项规定来看，涉外民事案件的管辖，在国内管辖制度上，人民法院、仲裁机构或者行政机关都可以作为管辖权行使主体，这一点又体现了涉外管辖制度中"共同管辖"的制度特点。

总之，中国各级各类人民法院的司法审判管辖制度是一个由一系列制度要素构成的制度整体，司法审判管辖权只是司法审判管辖制度中的一个核心要素，为此，本书研究中国国际商事法庭管辖制度，就必须立足于管辖权制度，同时要统筹其他管辖制度要素，来全面和系统地探讨中国国际商事法庭管辖制度的法律性质、地位、构成要素、结构及特征，中国国际商事法庭管辖权制度的内涵、特征及制度功能，并在此基础上，通过比较国际社会中的各种国际商事法庭管辖制度的特点，来提出进一步健全和完善中国国际商事法庭管辖制度的学术方案和对策建议。

---

① 根据该法第 2 条规定："涉外民事关系适用的法律，依照本法确定。其他法律对涉外民事关系法律适用另有特别规定的，依照其规定。本法和其他法律对涉外民事关系法律适用没有规定的，适用与该涉外民事关系有最密切联系的法律。"

② 具体参见《中华人民共和国涉外民事关系法律适用法》第 3 条至第 10 条。其中某些原则会同时涉及法律适用与法律管辖这两个不同概念，为行文顺畅，故在此没有做详细区分。

第二节　中国国际商事法庭管辖制度的政策考量

中国国际商事法庭管辖制度是基于服务于"一带一路"倡议实施的政策要求创建的，并按照司法审判管辖的相关法律规定和规范性文件构建起来，具有鲜明的特点。中国国际商事法庭管辖制度的制定具体体现了以下的政策考量。

一　优化营商环境

营商环境从本质上来说是制度环境，它是投资者进行经营决策的重要依据，对带动经济发展、实现充分就业意义重大。[①] 优化营商环境有利于降低投资活动的制度性交易成本、激发创新活力、提高经营利润、赢得市场份额、稳定国家经济、带动就业局面。[②] 近年来，世界经济低迷、中国人口红利逐渐消失、经济发展模式与产业结构正经历调整，营商环境国际化将为提高外资利用率、维持中国经济高质量发展发挥重要作用。[③]

党的十八大以来，中国的对外开放展现出与以往不同的局面，一改过去单纯对贸易顺差、外商投资的追求，将对外开放融入国家发展战略，兼顾"引进来"与"走出去"。[④] 自2003年世界银行对全球主要经济体进行评估，在其官网公布《营商环境报告》以来，中国政府对该排名高度重视，对指标体系有的放矢地进行"放管服"改革，不断优化营商环境。[⑤] 在2020年7月13日召开的国务院常务会议上，李克强总理提出

[①] 苏泠然：《营商环境国际化：理论基础、实践差距与应对》，《当代经济管理》2021年第3期。

[②] 刘云亮：《中国特色自由贸易港优化营商环境的法律途径》，《社会科学辑刊》2021年第1期。

[③] 邓婷婷、陈美玉：《优化外资营商环境背景下〈外商投资法〉规则适用问题研究》，《大连大学学报》2022年第3期。

[④] 李建伟：《习近平法治思想中的营商环境法治观》，《法学论坛》2022年第3期。

[⑤] 白牧蓉：《营商环境优化中公法与私法的协同》，《兰州学刊》2022年第1期。

"营商环境会极大影响生产力和竞争力"。① 2020年7月21日，国务院办公厅印发《关于进一步优化营商环境更好服务市场主体的实施意见》，对进一步优化外贸企业经营环境提出具体要求，便利化、法治化和国际化是优化营商环境的主要目标，其中营商环境国际化对于中国"一带一路"倡议顺利实施、中国国际商业利益拓展的影响最为重大而直接，是近期攻坚重点，对疫情后的中国具有非同寻常的重要价值。②

营商环境的优化包含两个重要方面，即法治化与国际化。营商环境的法治化是指通过法治建设为市场主体活动提供公正、稳定、可预期的法治环境，涵盖立法、执法、司法、守法等多个层面。③ 营商环境的国际化是指扩大对外开放，对标国际先进水平推动相关领域改革创新，包括规则、监管、管理、标准、法律法规、跨境投资贸易等方面。④

中国国际商事法庭的管辖制度在制定之初便充分考虑了中国优化营商环境的大政方针。前文中笔者提及，出色的营商环境需要公正的司法与开放的法规体系。在《最高人民法院关于设立国际商事法庭若干问题的规定》（以下简称《规定》）中便对最高人民法院国际商事法庭的受案范围、国际性的认定、专家委员会的职责、对仲裁的支持与监督、各程序之间的衔接等方面作出了解释。根据《规定》，中国国际商事法庭可以受理的案件包括协议管辖案件、移送管辖案件、级别管辖案件、自裁管辖案件以及仲裁的司法审查与执行案件。⑤ 关于国际商事案件性质的界

---

① 李克强：《营商环境会极大影响生产力和竞争力》，中华人民共和国中央人民政府，http://www.gov.cn/xinwen/2020-07/11/content_5525656.htm，最新访问日期：2023年6月14日。
② 参见《国务院办公厅关于进一步优化营商环境更好服务市场主体的实施意见》。
③ 沈荣华：《优化营商环境重在市场化法治化国际化》，《国家治理》2021年第9期。
④ 沈荣华：《优化营商环境重在市场化法治化国际化》，《国家治理》2021年第9期。
⑤ 根据2021年新修改的《中华人民共和国民事诉讼法》，《最高人民法院关于设立国际商事法庭若干问题的规定》中引证的《民事诉讼法》第34条的序号已经改为《民事诉讼法》第35条，该条规定：两个以上人民法院都有管辖权的诉讼，原告可以向其中一个人民法院起诉；原告向两个以上有管辖权的人民法院起诉的，由最先立案的人民法院管辖。下文中同此注释。第一类是当事人依照《民事诉讼法》第34条的规定协议选择最高人民法院管辖并且标的额为人民币3亿元以上的一审国际商事案件；第二类是高级人民法院对其所管辖的第一审国际商事案件，认为需要由最高人民法院审理并获准许的；第三类是在全国有重大影响的第一审国际商事案件；第四类是该规定第14条申请仲裁保全、申请撤销或者执行国际商事仲裁裁决案件；第五类是最高人民法院认为应当由国际商事法庭审理的其他国际商事案件。

定，《规定》阐明了四个方面的考量因素，具体考察原被告双方的国籍、原被告双方的经常居所地、标的物的所在地、法律事实的发生地是否具有国际性。

为了从制度上保障中国国际商事法院管辖制度的公正、透明与高效，《规定》也明确规定：第一，在 CICC 审理案件时，合议庭应当至少包含三名法官；第二，在进行案件裁判时，法官内部应遵循多数意见原则，并对判决理由进行司法说理；第三，针对案件所适用的实体法、当事人的法律选择、域外法律的查明等问题，均参照《涉外民事关系法律适用法》；第四，《规定》还要求，最高人民法院应充分重视与顺应多元化纠纷解决的国际潮流，组建专家委员会，并将符合条件的国际商事调解组织与国际商事仲裁机构纳入"一站式"的国际商事纠纷解决平台的建设之中；第五，为了"一站式"平台的高效运转，《规定》还明确，中国国际商事法庭应积极支持各方通过调解、仲裁、和解等非诉机制高效处理纠纷。具体体现在，CICC 可以依法对经由专家委员会主持或者纳入"一站式"平台建设的国际商事调解机构主持而达成的调解协议签发调解书；若当事人约定选择由纳入"一站式"平台建设的国际商事仲裁机构进行仲裁的，中国国际商事法庭应积极支持，竭力保障仲裁程序开始前后的财产、行为与证据的保全申请。最后，当事人有权向 CICC 申请执行由其作出的生效判决、裁定和调解文书。

国际商事法庭的成立向国际社会展示了中国坚定维护法治和构建以规则为基础的营商环境的决心。与此同时，中国国际商事法庭的实践和发展，对于优化中国国内的法治营商环境、保护中国企业在海外经营过程中的合法权益发挥着十分重要的作用。[①]

二　提升司法国际化水平

长久以来，中国涉外商事案件审判的受案法院普遍存在审判法官国际化视野不足的问题。当今世界，正在经历百年未有之大变局。以世界经济整体发展样态和模式变革为底层动力，国际商事法庭管辖制度的设

[①] 胡晓霞：《论法治化营商环境之司法方案》，《中国应用法学》2021 年第 6 期。

立和运作必须满足国际商事案件审裁的客观需求。① 2018年6月，中共中央办公厅、国务院办公厅印发了中央全面深化改革领导小组会议审议通过的《关于建立"一带一路"国际商事争端解决机制和机构的意见》（以下简称《意见》），要求各地区各部门结合实际认真贯彻落实。《意见》为最高人民法院在"一带一路"建设中发挥出更大作用提出以下要求：第一，最高人民法院应在内部创设中国国际商事法庭；第二，为配套中国国际商事法庭的国际化进程，最高人民法院需组建专家委员会；第三，最高人民法院应顺应多元化纠纷解决国际潮流，建设集诉讼、仲裁、调解于一体的，具有开创性的"一站式"争端解决中心，为"一带一路"各参与国商事主体提供高效、专业、出色的国际公共法律服务。因此，中国国际商事法庭管辖制度的形成起源于保障"一带一路"倡议有效实施的目的，中心任务是要解决"一带一路"国际商事纠纷，直接的制度依据来自两办公厅的《意见》，故可以说，该制度是依靠政策来推动的。

据统计，中国国际商事法庭至今已经对涉及意大利、泰国、英属维京群岛、中国台湾地区等国家和地区当事人的国际商事案件作出了判决或裁定。第一国际商事法庭审理的运裕有限公司与中苑城商业投资控股有限公司申请确认仲裁协议效力案，明确了仲裁协议成立与否的异议属于申请仲裁协议效力确认之诉的范围；广东本草药业集团有限公司与意大利贝斯迪大药厂产品责任纠纷案，明确了生产商不履行召回义务时销售商具有向其主张侵权赔偿的权利。该两宗案例入选最高人民法院与新加坡最高法院共同编纂的《中国—新加坡"一带一路"国际商事审判案例选》。②

截至目前，国际商事法庭共受理案件27件，审结11件。③ 中国国际商事法庭的判决和裁定涉及国际商事仲裁协议的成立和效力问题、国际

---

① 陶凯元：《在更高起点上推动国际商事法庭实现新发展》，中国国际商事法庭官网，https://cicc.court.gov.cn/html/1/218/62/164/2237.html，最新访问日期：2023年6月14日。

② 周汉民：《国际商事法庭在中国的实践、创新和未来展望》，中国国际商事法庭官网，https://cicc.court.gov.cn/html/1/218/62/164/2245.html，最新访问日期：2023年6月14日。

③ 截止到2022年9月21日。

民用航空器维保协议纠纷的主管机关识别问题、国际商事仲裁裁决的承认和执行问题、跨国独家经销协议的履行问题等具有国际性和专业性特征的商事法律问题。① 中国国际商事法庭依托自身的专业优势，特别是一支具有国际化、专业化审判业务能力的审判员队伍，采用与国际接轨的法庭规则和实践做法，确保了相关国际商事纠纷的审判程序和结果与国际通行规则相接轨，代表着中国国际商事审判实务的前沿理念和先进做法。②

有鉴于中国国际商事法庭在中国审判组织内部所处的地位，中国国际商事法庭的先进理念将会获得下级法院的认可和尊重，这将有助于统一和提升中国法院审理类似国际商事案件的裁判标准，亦有助于提高跨境商事主体对中国司法裁判规则的感知能力和把握能力。③

三 促进多元化解决机制融合发展

党的十八大以来，习近平总书记从推进国家治理体系和治理能力现代化的高度出发指出，要坚持把非诉讼纠纷解决机制挺在前面，推进中国特色"一站式"多元纠纷解决机制建设。建立"一站式"国际商事纠纷多元化解决机制，是最高人民法院深入贯彻落实习近平法治思想，为中国高水平对外开放提供有力司法服务与保障的重要举措。近年来，最高人民法院围绕国际商事法庭建设，不断创新实践，探索形成具有中国特色、遵循司法规律、顺应时代潮流的"一站式"国际商事纠纷多元化解决机制。2018 年，最高人民法院设立国际商事法庭，聘任国内外专家成立国际商事专家委员会，确定包括贸仲在内的五家仲裁机构和两家调解机构作为首批对接机构，为形成"一站式"国际商事多元化纠纷解决机制提供了制度保障。

---

① 参见中国国际商事法庭官网，https：//cicc.court.gov.cn/html/1/218/180/index.html，截止到 2022 年 11 月 11 日，共有 8 个案件的判决文书公开，其中 7 个为仲裁协议效力纠纷裁定书。
② 周汉民：《国际商事法庭在中国的实践、创新和未来展望》，中国国际商事法庭官网，https：//cicc.court.gov.cn/html/1/218/62/164/2245.html，最新访问日期：2023 年 6 月 14 日。
③ 王淑梅：《公正高效化解复杂涉外商事争议》，中国国际商事法庭官网，https：//cicc.court.gov.cn/html/1/218/62/164/2249.html，最新访问日期：2023 年 6 月 14 日。

国际商事法庭并非新生事物。早在1895年，英国就设立了现代意义上的商事法庭。新建立的国际商事法庭不但继承和强化了早期建立的国际商事法庭所发展出的两大重要特征——"专业化"和"国际化"，还逐渐发展出了一种新的特征——"融合化"。[1] 所谓"融合化"，是指国际商事法庭在发展过程中逐渐打破与仲裁、调解的边界，在诉讼程序的设计上吸收仲裁、调解程序的特点，使这三种争端解决方式呈现出紧密融合的趋势。诉讼、仲裁和调解，现在已经更紧密地融为一体，彼此之间的边界已经开始模糊。[2] 新建立的国际商事法庭在程序设计上都或多或少地吸收和借鉴了商事仲裁/调解程序的特征，尤其是在管辖权的确立方面。

中国"一站式"平台作为服务和保障共建"一带一路"的重要制度成果之一，是当前国际商事争端解决制度建设的一大亮点和创造。一方面，建立仲裁案件与司法程序的对接转化机制，充分发挥替代性纠纷解决机制作用，根据案件实际情况和当事人意愿，引导支持当事人采用多元化纠纷解决机制解决纠纷，实现案件有序合理分流。另一方面，随着社会经济的迅猛发展，人民法院和仲裁机构受理的新类型疑难复杂案件层出不穷。新类型案件是社会新问题与新矛盾在司法领域的表现形式，其审理常常无法规可依、无先例可循，审理难度大。面对此类案件，"一站式"平台的内涵不仅是诉讼、仲裁、调解案件的分流转化，更应是审判理念的交流互进。要充分发挥"一站式"平台作用，建立定期交流长效机制，开展裁判业务交流，稳妥处理新类型案件，共同提高"一站式"平台裁判水平和质量。

---

[1] 单文华、冯韵雅：《中国国际商事法庭：迈向国际商事争端"融解决"体系》，中国国际商事法庭官网，https://cicc.court.gov.cn/html/1/218/62/164/2269.html，最新访问日期：2022年11月11日。

[2] 吴如巧、李震：《从国家到社会：中国商事仲裁制度的反思与完善》，《社会科学战线》2020年第7期。

第三节　中国国际商事法庭管辖
制度的构成要素

中国国际商事法庭管辖制度是最高人民法院审理涉外商事纠纷案件的一系列司法管辖方面的制度构成的制度整体，集中了国内管辖制度与涉外管辖制度两个方面的制度特点，是中国目前解决涉外商事纠纷的最重要的管辖制度之一。作为涉外司法审判管辖制度，中国国际商事法庭管辖制度与涉外调解管辖制度、涉外仲裁管辖制度等相比，既有制度上的共通点，也具有自身的司法审判管辖的特征，并且中国国际商事法庭管辖制度从涉外管辖制度的整体性角度来说具有统筹各类涉外管辖制度的制度功能，这是中国国际商事法庭管辖制度的总体制度特征。具体来看，中国国际商事法庭管辖制度包含了以下几个方面最重要的制度要素。

一　组织管理制度

谁来行使司法审判管辖权，以什么样的组织形式来行使司法审判管辖权，这是司法审判管辖制度中最重要的制度要件。CICC管辖制度首先要解决的就是管辖权主体问题。根据《规定》第1条，中国国际商事法庭（CICC）为最高人民法院创立的下设审判机构，其拥有自身独立的组织架构，为最高人民法院新设立的常设机构。因此，基于上述规定，CICC在行使涉外商事案件的管辖权时代表的是作为国家最高审判机关的最高人民法院，在确立涉外商事案件的级别管辖时，也只能在最高人民法院与下级人民法院之间来划分级别管辖的事项。

此外，根据《意见》的规定，最高人民法院除在北京之外，也将在深圳与西安分别设立第一国际商事法庭与第二国际商事法庭，两者的受案范围必须依据《规定》，最高人民法院民事审判第四庭负责第一、第二国际商事法庭的指导与协调工作。从《意见》的规定来看，实际上在法律上可以代表最高人民法院行使涉外商事纠纷管辖权的涉及最高人民法院的三个常设机构，包括两个国际商事法庭和民事审判第四庭。两个商事法庭一个设在深圳，一个设在西安。虽然这种双法庭设置模式与司法审判管辖制度中的地域管辖性质不同，但就两个法庭所处的地理位置来看，实际上两个法庭受理的涉外商事案件还是具有"地域管辖"的特点的，只不过是最高人民法院两个国际商事法庭内部的管辖分工，而不存在司法审判管辖制度中的地域管辖之间可能存在的管辖争议。特别值得注意的是，最高人民法院民事审判第四庭负责第一、第二国际商事法庭的指导与协调工作，民事审判第四庭对于最高人民法院管辖的涉外商事案件，在内部管辖事务分工上，又具有"统筹协调"管辖的特点。

因此，中国国际商事法庭管辖制度中的组织管理制度有一定特殊性，即最高人民法院是通过内设三个审判机构来共同行使最高人民法院享有的涉外商事案件管辖权，这三个内设机构之间有一定的管辖分工、协作与统筹协调关系。

《规定》第 5 条还规定 CICC 的审判方式，在合议庭的人数组成与裁判文书的案件说理部分均作出一定的创新。上述规定进一步明确作为代表最高法院对涉外商事案件享有管辖权的国际商事法庭在具体行使管辖权时，最少应由三名法官组成合议庭。这是明确了中国国际商事法庭管辖制度中的管辖权具体行使的组织方式。此外，《规定》第 11 条还强调，最高人民法院应充分重视与顺应多元化纠纷解决的国际潮流，组建专家委员会，并将符合条件的国际商事调解组织与国际商事仲裁机构纳入"一站式"的国际商事纠纷解决平台的建设之中。CICC 应积极支持各方当事人自由选择通过调解、仲裁、和解等非诉机制高效处理彼此之间的纠纷。针对上述规定中的"国际商事专家委员会"，根据 2018 年 11 月 21 日最高人民法院办公厅发布的《最高人民法院国际商事专家委员会工作规则（试行）》第 1 条的规定，为协助 CICC "一站式"纠纷解决平台的建设，"国际商事专家委员会"拥有相应的咨询和调解功能，从制度上为 CICC 有效地行使管辖权提供了技术支持和保障，从管辖制度构成的整体性要求来看，"国际商事专家委员会"也是最高人民法院行使涉外商事案件管辖权的一种重要组织形式。

此外，根据 2018 年 11 月 21 日最高人民法院办公厅发布的《最高人民法院国际商事专家委员会工作规则（试行）》第 7 条的规定，CICC 应设立案件管理办公室发挥以下职能：一是对接当事人、受理案件；二是协调"一站式"纠纷解决平台的程序衔接；三是负责外国法的查明与法律文件的翻译工作。由此可见，CICC案件管理办公室在协助最高人民法院行使涉外商事案件的管辖权方面也具有一定的"统筹"管辖作用。

二 事项管辖制度

事项管辖制度是司法审判管辖制度的重要内容，通常属于细化司法审判管辖制度的具体制度。事项管辖分为两个层次：第一层次是在各种司法审判管辖事项中确立属于涉外商事案件的事项，具体说就是明确商事案件中的"涉外"因素；第二层次是对于涉外商事案件的管辖也要把一般意义上的管辖与特殊意义上的管辖结合起来，在司法审判管辖的范围内确立一般管辖原则与特殊管辖原则。①

《规定》第3条明确了涉外商事案件与一般商事案件的不同点，确立了涉外商事案件的"事项管辖"原则，规定了四种类型的具有"涉外性"特征的商事案件属于CICC事项管辖范围。

一般管辖属于司法审判管辖中具有确定性的常态化的管辖，特殊管辖则通过列举特殊事项，将特殊事项从一般管辖中排除出去，采取特别的管辖程序实行管辖。②

《规定》第2条明确了CICC可以受理五类案件，前文已经提及，在此不再赘述。上述规定的性质是确立了中国国际商事法庭事项管辖的一般管辖原则。

对于与一般管辖相对应的特殊管辖，在涉外民商事案件管辖制度中也有所体现，例如，《最高人民法院关于明确第一审涉外民商事案件级别管辖标准以及归口办理有关问题的通知》（法〔2017〕359号，本节以下简称《通知》）就规定，将10类涉外案件交由涉外审判庭或专门合议庭

---

① 汤净：《域外立法管辖权的第三条路径》，《当代法学》2022年第3期。
② 苗泳：《最高人民法院司法解释权再思考——兼与郭辉、史景轩博士商榷》，《河北学刊》2014年第1期。

管辖。①

值得注意的是，针对继承婚姻家庭纠纷、劳动人事纠纷、环境污染侵权纠纷及环境公益诉讼，即使包含涉外因素，也不受《通知》的管辖。

此外，《通知》还规定：海事海商及知识产权纠纷案件，也不适用本《通知》。由此可见，即便是涉外商事案件，如果遇到"特殊"类型的，仍需要通过其他司法审判管辖程序来管辖，尤其是专业性比较强的海事海商案件和知识产权案件，最高人民法院在审理这些类型的涉外商事案件时仍需要其他专业法庭的管辖介入。

三 级别管辖制度

级别管辖是中国国际商事法庭管辖制度最重要的特征，主要的管辖特征是指对同类案件的第一审受理管辖标准。作为最高人民法院的常设审判机构，深圳和西安国际商事法庭以及最高人民法院第四审判庭这三个审判机构只是最高人民法院内设机构，相互之间不存在级别管辖问题，即便是最高人民法院第四审判庭承担协调与指导第一、第二国际商事法庭的职责，但这种协调和指导也不属于级别管辖的性质。真正的级别管辖，是在涉外商事案件管辖制度的组织管理体系中，作为最高审判机关的最高人民法院应当有权审理何种性质的第一审涉外商事案件，而同类案件包括高级人民法院、中级人民法院和基层人民法院都有权进行审理。

《规定》第2条明确规定其有权管辖符合民诉法规定的，当事人达成协议由最高法院管辖的，标的额在3亿元人民币以上的第一审国际商事案件。上述规定为涉外商事案件的级别管辖奠定了制度基础。与最高人民法院对涉外商事案件的管辖权限相对应的是，《通知》明确划分除最高

---

① 具体为：当事人一方或者双方是外国人、无国籍人、外国企业或者组织，或者当事人一方或者双方的经常居所地在中华人民共和国领域外的民商事案件；产生、变更或者消灭民事关系的法律事实发生在中华人民共和国领域外，或者标的物在中华人民共和国领域外的民商事案件；外商投资企业设立、出资、确认股东资格、分配利润、合并、分立、解散等与该企业有关的民商事案件；一方当事人为外商独资企业的民商事案件；信用证、保函纠纷案件，包括申请止付保全案件；对上述案件的管辖权异议裁定提起上诉的案件；对上述案件的生效裁判申请再审的案件，但当事人依法向原审人民法院申请再审的除外；跨境破产协助案件、民商事司法协助案件以及《最高人民法院关于仲裁司法审查案件归口办理有关问题的通知》确定的仲裁司法审查案件。

人民法院之外所有人民法院审理第一审涉外民商事案件的级别管辖标准。《通知》规定：关于高级人民法院第一审涉外民商事案件的级别管辖以案件标的额为标准分4个层次。① 此外，即使是处于同一个层次之中，省会城市、计划单列市也会因为其特殊的经济政治地位而获得更高的第一审涉外民商事案件的级别管辖权。

由此可见，中国国际商事法庭管辖制度中的级别管辖主体部分是通过第一审管辖案件的诉讼标的额来确定的。最高人民法院国际商事法庭管辖的第一审案件是标的额为人民币3亿元以上的第一审国际商事案件。当然，与纯粹属于国内司法管辖制度的级别管辖不同的是，作为CICC管辖的第一审案件，除了涉案标的额必须超过人民币3亿元之外，还需要当事人依照《民事诉讼法》相关的规定协议选择最高人民法院管辖，如果缺少了当事人的自愿选择，即便是涉案标的额超过了人民币3亿元，CICC也不能强制对案件行使管辖权。

《规定》第2条规定的中国国际商事法庭级别管辖事项中，还有其他几个事项属于CICC的第一审管辖事项，包括在全国有重大影响的第一审国际商事案件以及针对仲裁的司法审查与司法协助案件。此外，在级别管辖中，还有基于"移送管辖"产生的级别管辖，例如，《规定》第2条第2项规定，CICC可以审理高级人民法院移送的第一审国际商事案件，上述案件本来按照对涉外商事案件的级别管辖，应当属于高级人民法院第一审案件的管辖范围，但通过移送管辖可以成为CICC直接管辖的第一审案件。此外，《规定》第2条第5项规定：CICC可以受理最高人民法院认为应当由CICC审理的其他国际商事案件。上述规定既有传统司法审判管辖制度中的指定管辖制度的特征，同时也赋予了最高

---

① 第一层级是诉讼标的额人民币2亿元以上的第一审涉外民商事案件由北京、上海、江苏、浙江、广东高级人民法院管辖；第二层级是诉讼标的额人民币8000万元以上的第一审涉外民商事案件由天津、河北、山西、内蒙古、辽宁、安徽、福建、山东、河南、湖北、湖南、广西、海南、四川、重庆高级人民法院管辖；第三层级是诉讼标的额人民币4000万元以上的第一审涉外民商事案件由吉林、黑龙江、江西、云南、陕西、新疆高级人民法院和新疆生产建设兵团分院管辖；第四层级是诉讼标的额人民币2000万元以上的第一审涉外民商事案件由贵州、西藏、甘肃、青海、宁夏高级人民法院管辖。

人民法院在涉外商事案件的管辖上"权威管辖""强制管辖"的司法审判管辖权。

四 管辖权的形式依据与实质依据相结合制度

涉外商事管辖制度不同于国内商事管辖制度的最大制度特点就是，国内商事管辖制度由于在统一的主权国家的立法管辖权下运行，所以，根据规定商事案件的管辖程序的相关法律，就可以直接确认有管辖权的法院以及应当适用的解决商事纠纷的相关国内法规定。涉外商事管辖制度因为涉及商事案件中的"涉外"因素，故确立涉外商事案件的管辖权，首先要确定由哪一个国家的法院来审理涉外商事案件，然后才涉及有管辖权的国家根据国内商事管辖制度的要求确定由哪个具体法院来管辖以及根据何种具体的法律来解决当事人之间的实体商事法律纠纷。确立由哪个国家的法院来审理涉外商事案件是涉外商事管辖制度的"前置制度"，是最终确定由哪个具体法院来对涉外商事案件行使管辖权的制度条件，可以视为涉外商事案件管辖权的"形式依据"。在传统国际私法中，很多学者称之为"管辖权根据"[①] 或者是"管辖权理由""管辖权事由"。在明确了由哪个国家的法院来行使涉外商事案件的管辖权之后，再来通过有管辖权的国家的涉外商事管辖制度进一步明确行使管辖权的具体法院、审理相关的案件应当遵循的司法审判程序以及处理当事人之间的实体权利义务关系的法律依据。后面这一管辖权明细过程解决的是涉外商事管辖权的实质依据问题。故在涉外商事管辖制度中，必须将"管辖权根据"（或"管辖权理由"）与"管辖权依据"（或"管辖权的立法体例"）有机结合起来，才能最终解决涉外商事案件的有效管辖问题。

关于涉外商事案件应当由哪个国家的法院来行使司法审判管辖权，传统的国际私法认为主要有属人主义原则、属地主义原则、保护原则及普遍原则。近年来还出现了"长臂管辖"理论。中国对待涉外民商事案件的管辖权采取了"实际联系原则"制度（实际联系原则是从案件的联

---

① 林欣：《论国际私法中管辖权问题的新发展》，参见沈涓主编《国际私法的振荡之路》，社会科学文献出版社2019年版，第128页。

系程度上确定是否管辖,其内涵中体现了上述几个管辖原则)。① 实际联系原则主要体现在《中华人民共和国民事诉讼法》第 265 条与第 266 条之中。②

在涉外商事案件的法律管辖方面,中国现行的相关法律也确立了"最密切联系原则"来确定管辖涉外商事案件应当具体适用的实体法律。《规定》第 7 条规定 CICC 审理案件,依照《中华人民共和国涉外民事关系法律适用法》的规定确定争议适用的实体法律。而《中华人民共和国涉外民事关系法律适用法》对审理涉外民商事案件的实体法律的确认在总纲中肯定了"最密切联系原则"。③

无论是作为涉外商事管辖制度中的"管辖权根据"的"实际联系原则"还是 CICC 或其他人民法院涉外法庭审理涉外商事案件的实体法律确认所采取的"最密切联系原则",中国国际商事法庭管辖制度中的管辖权制度比较重视管辖权自身的"正当性"和"合法性",其中的"实际联系原则"和"最密切联系原则"都强调了处理涉外商事案件必须要存在法律上的"连接点",而不能随意强制地确认对涉外商事案件的管辖权。这是中国国际商事法庭管辖制度的法理依据和制度基础,其背后的基本法理是对当事人选择权的尊重以及对享有管辖权的法院管辖相关涉外商事案件的正当性和有效性的高度关注。

五 协议管辖制度

《规定》第 2 条第 1 项明确规定,CICC 有权管辖当事人依照《民事

---

① 张丽珍:《我国最密切联系原则兜底条款性质之辨:原则抑或规则》,《中国国际私法与比较法年刊》2020 年第 2 期。

② 《民事诉讼法》第 265 条规定给出了"合同签订地、合同履行地、诉讼标的物所在地、可供扣押财产所在地、侵权行为地或者代表机构住所地"这些具体的"实际联系"情形。第 266 条则进一步补充了"实际联系"的情形,规定"因在中华人民共和国履行中外合资经营企业合同、中外合作经营企业合同、中外合作勘探开发自然资源合同发生纠纷提起的诉讼,由中华人民共和国人民法院管辖"。

③ 具体而言,该法第 2 条第 2 款规定,本法和其他法律对涉外民事关系法律适用没有规定的,适用与该涉外民事关系有最密切联系的法律。第 6 条又规定,涉外民事关系适用外国法律,如果该国不同区域实施不同法律,则适用与该涉外民事关系有最密切联系区域的法律。

诉讼法》相关的规定协议选择最高人民法院管辖并且标的额为人民币3亿元以上的第一审国际商事案件。这一规定在形式上确立了CICC的第一审商事案件管辖权，属于"级别管辖"的制度设计。但作为"级别管辖"的前置条件，"协议管辖"又成为"级别管辖"的制度基础。所谓协议管辖，就是当事人必须要选择CICC受理涉外商事案件，如果当事人之间的商事争议纠纷标的额超过了3亿元人民币，但是，当事人并没有协议选择CICC作为第一审案件的管辖法院，那么，CICC基于标的额3亿元人民币的级别管辖标准也无法对这类案件强制行使管辖权。

协议管辖是涉外商事案件管辖制度的重要特征，是由《中华人民共和国民事诉讼法》（2021年修订）第35条确立的管辖原则。该条款对民商事纠纷（财产性纠纷）中当事人可供书面协议选择的法院作出了列举式的规定，该条文在最后采用兜底条款的形式，将该条列举的可供选择的人民法院所在地概括为与争议有实际联系的地点。所以说，当事人之间有协议选择发生商事纠纷时由中国国际商事法庭管辖，但如果实际发生纠纷时争议标的额不足3亿元人民币的，CICC也不会自动对当事人协议选择最高人民法院进行管辖的涉外商事案件实施级别管辖。所以说，在涉外商事管辖制度（特别是涉外商事司法管辖制度）中，协议管辖并不具有完全的独立性，必须要结合其他管辖制度才能具有法律上的拘束力。在《规定》中，协议管辖是作为级别管辖的前置条件而生效的，当事人依照《民事诉讼法》第35条的规定协议选择最高人民法院管辖且标的额为人民币3亿元以上，同时满足两项管辖条件，CICC才能行使第一审国际商事案件管辖权。

六 统筹调解仲裁与审判管辖制度

共同管辖是传统司法审判管辖制度中的一项重要制度，就是对同一个案件设定了几个享有管辖权的法院，享有共同管辖权的任何一个法院作为该案的第一审法院都是有效的管辖。与对同一案件享有共同管辖权的司法审判管辖制度类似的管辖制度是某些案件在不同的纠纷解决机制中都可以通过不同性质的争议处理机构来行使管辖权加以解决。① 为了防止这些对同一案件享有管辖权的争议处理机构行使管辖权的结果无法获得司法上的确定力，在管辖制度上就形成了"调解前置""或裁或审"的管辖原则。② "调解前置"是通过调解方式来分流可能进行仲裁或审判程序的案件，但"调解"的管辖权拘束力较低，通常都允许仲裁管辖或审判管辖作为调解机制的后续法律补救机制。③ 仲裁管辖由于充分体现了当事人双方的选择管辖意愿，因此，除了证据保全以及裁决执行等需要司法审判管辖作为法律后盾之外，其具体裁决应当具有确定性和用于执行的确定力，否则，就容易造成纠纷解决机制的重叠和低效。故"或裁或审"原则成为涉外民商事案件管辖制度的重要权限分配标准。④

前文中笔者已经对《规定》第11条的条文内容作了具体引述，总结而言是对"一站式"纠纷解决平台的管辖制度建设问题作了初步规定。具体而言，最高人民法院应牵头组建国际商事专家委员会，积极尝试将诉讼、仲裁与调解三者有机衔接，努力保障仲裁与调解活动的顺利开展。笔者认为，第11条的规定在管辖制度上创设了一种区别于传统共同管辖制度的"统筹管辖"制度。具体说，由CICC在对涉外商事案件行使司法审判管辖权的同时，还要对调解、仲裁纠纷解决机制与CICC管辖事项具有重合性的涉外商事案件建立以结果为导向的"一站式"国际商事纠纷解决机制，这样就在制度上把涉及涉外商事案件的所有管辖机制的管辖功能有机地协调起来，真正形成了一个立足司法审判管辖制度同时又超越于司法审判管辖制度功能的综合性的涉外商事案件管辖机制，避免了不同争议解决机制在管辖同一涉外商事案件时出现管辖尺度和标准不一、管辖效果相抵等影响纠纷解决的无序化的管辖制度的存在。⑤

---

① 陈睿、刘丹凤：《多元化纠纷解决机制的中国实践——以14家多元化纠纷解决机制改革示范法院为例》，《司法改革评论》2020年第2期。

② 黄佳贝：《我国国际商事争端多元化解决机制：创新、影响与展望》，《商事仲裁与调解》2021年第4期。

③ 廖永安：《当代调解的新理念与新思维》，《人民法院报》2017年6月16日。

④ 覃曦菡：《非对称仲裁条款在中国的效力认定》，《北京仲裁》第3辑，中国法制出版社2021年版。

⑤ 严展薇：《加强诉源治理推动矛盾纠纷源头化解》，《上海人大月刊》2022年第2期。

七 一审终局制度

中国国际商事法庭管辖制度所确立的国际商事法庭管辖效力为一审终局制。《规定》中共有三个条文涉及国际商事法庭管辖裁判的终局性，分别是第 15 条、第 16 条与第 17 条。[①] 首先是第 15 条，该条规定了由 CICC 作出的判决、裁定或经双方当事人签收后的调解书，即发生法律效力。从第 15 条可知，CICC 行使管辖权最终作出的，无论是判决、裁定还是制作的调解书，都具有终局性，不得再通过上诉审程序进行上诉审管辖。这是由最高人民法院作为最高国家审判机关的法律性质决定的。其次是第 16 条，该条规定，当事人有权依照《民事诉讼法》对 CICC 作出的生效判决、裁决和调解文书向最高人民法院本部提请再审；最高人民法院本部决定受理第 1 款规定的再审案件时，必须组成新合议庭。该条文通过规定对 CICC 终局性判决、裁定和调解书可以申请再审，再一次强调了 CICC 管辖的一审终局性。因为对生效的判决、裁定和调解申请再审，与对生效的判决、裁定和调解申请上诉是两种不同的管辖权制度。上诉是法定的管辖制度，再审则不属于法定的管辖情形，需要符合审判监督程序的各项要求才能启动再审程序，而且再审程序产生的结论也不得再申请上诉或再审。最后是第 17 条，该条规定，对已经发生法律效力的判决、裁决或已签收的调解书，当事人有权申请 CICC 执行。该条进一步表明了 CICC 管辖的一审终局性，所以一审终局性就是 CICC 作出的判决、裁定和调解书可以直接申请执行机构来执行，说明 CICC 作出的判决、裁定和调解书具有法律效力意义上的确定力、执行力和拘束力，非经再审程序不得加以改变。

总之，一审终局制彰显了 CICC 管辖涉外商事案件的司法权威性和高效性，有利于体现作为最高审判机关的最高人民法院在管辖涉外商事案件方面的重要地位和司法审判管辖领域的引领作用。

[①] 具体的条文内容笔者不再赘述。

第四节　国内外国际商事法庭管辖制度的特征比较

国际商事法庭是近年来世界各国涉外诉讼制度国际化、专业化和自由化发展的产物。建立国际商事法庭对于提升该国的国际地位、增强该国在国际商业往来中的话语权有突出作用。管辖权既是国际商事法庭受案的先决问题，也是维系各国司法制度合作与竞争的重要平台。近年来，各国际商事法庭在确立"管辖权依据"方面有了新的进展，不再为传统国际法理论中的属人管辖与属地管辖原则所限制，开始采纳"主观"性较强的"管辖权根据"，如尊重当事人意思自治为核心的协议管辖与法院的裁量管辖。中国国际商事法庭对晚近的各同类商事法庭的管辖制度改革经验进行扬弃，创立出一套具有中国特色的管辖制度。[①] 虽然中国国际商事法庭的管辖制度具有深厚的本土历史渊源与开阔的国际视野，但是仍存在一些瑕疵。比如，首先，中国国际商事法庭的管辖制度脱胎于传统民诉法，与国内现有的普通涉外法庭管辖制度没有明显的区别度；其次，过于深厚的历史惯性致使中国国际商事法庭的协议管辖受到"实际联系原则"的掣肘，不符合全球的发展趋势，对中国国际商事法庭的国际竞争力造成负面影响。因此，CICC 需要在借鉴域外国际商事法庭相关成功经验的基础上进一步加强相关法律法规的调整以完善其管辖权的司法适用。

一　域外国际商事法庭的制度建设经验

目前，越来越多的国家开始重视国际商事法庭在提高该国的国际商贸地位、扩张本国管辖权、增强国际商事法治话语权、维护本国国民民商事权益等方面的独特作用，进而积极改革传统涉外民事诉讼制度，设

[①] 王淑梅：《加快推进国际商事法庭建设打造国际法研究和运用的新高地》，中国国际商事法庭官网，https://cicc.court.gov.cn/html/1/218/62/164/1901.html，最新访问日期：2022 年 11 月 11 日。

立国际商事法庭（院）。① 截至 2021 年年底，世界上许多国家已经建立了国际商事法院或国际商事法庭，其中英美法系国家占据了主流地位，对后发的国际商事法庭（院）产生了标杆式的作用，如英国商事法院、迪拜国际金融中心法院（宪法特别立法区域内实行英美法）、美国特拉华衡平法院（美国普通法院可审理国际商事案件）、澳大利亚维多利亚州最高法院商事法院。② 其中，虽然阿拉伯联合酋长国、新加坡、卡塔尔等国的国际商事法庭（院）为后发跟进者，但是由于本国司法改革的成功施行，在国际商事争议争端解决领域已经拥有出色的影响力。上述国家的国际商事法庭（院）建设经验也为中国建设和改进国际商事法庭提供了宝贵的先期经验，避免了制度资源的浪费。③

从域外国际商事法庭（院）的历史发展过程来看，商事法院的出现可以依据其产生背景分为商人驱动型与国家驱动型两类。前者笔者将其归纳为内生性的国际商事法院，其背后的原因在于跨国商品经济的发展，催生出了对专业化的商事审判的现实要求，商人要求本国法官具备更出色的专业办案能力。英国商事法院和法国商事法院都属于这一范畴。后者笔者则将其归纳为后发性的国际商事法院，其背后动因在于一国为促进本国的经济发展、维护自身的主权与商业利益、扩大国际影响力，而吸纳他国的先进经验，采取立法与行政改革手段而设立本国的国际商事法庭（院）。大多数新的国际商事法院都属于这一类，如新加坡国际商事法庭和迪拜国际金融中心法院。④

（一）商人驱动型国际商事法院的特征

此类国际商事法庭（院）之所以被划分为商人驱动型，是因为其产生的直接原因在于该国商业发展的现实需求。因为一国跨境商业贸易的

---

① 朱伟东：《国际商事法庭：基于域外经验与本土发展的思考》，《河北法学》2019 年第 10 期。
② 蔡伟：《国际商事法庭：制度比较、规则冲突与构建路径》，《环球法律评论》2018 年第 5 期。
③ 丁凤玲：《"一带一路"建设中创设中国国际商事法庭的理论探索》，《南京大学学报》（哲学·人文科学·社会科学）2018 年第 5 期。
④ 何其生课题组：《当代国际商事法院的发展——兼与中国国际商事法庭比较》，《经贸法律评论》2019 年第 2 期。

发达，该国的商人阶层逐渐壮大，传统的国内民商事法庭已经不能满足国际商事争议解决的紧迫需求，而自发形成的国际商事法院体系。此类国际商事法庭（院）通常出现在发达国家，具有悠久的历史，如美国和英国的国际商事法院。

1. 英国商事法院的特征

英国商事法院是英格兰与威尔士高等法院（The High Court of Justice）王座分庭（The Queen's Bench Division）下属的一个专业民事审判庭。它的总部设在全球罗尔斯大厦（Rolls Building），其是全球最大的专业商业纠纷解决中心。英国商事法院的受案范围包括国内和国际商业纠纷中产生的复杂案件，尤其是国际贸易、银行、保险和大宗商品等案件。它也是伦敦仲裁纠纷的主要监督法院。① 英国商事法院是典型的商人驱动型国际商事法院，其成立于1895年。英国商事法院的设立初衷在于迅速、专业、经济地处理商业纠纷，从而避免时间与金钱的浪费。因为其悠久的历史与出色的专业能力，英国商事法院成为国际商事法庭（院）的标杆，诸多后发国际商事法庭均以它为参考标准，吸纳其有益经验。② 在2017年，英国对原有的法院体系进行了些许变动，将原先分散的各分庭（同时包括王座分庭与大法官分庭）进行整合，将其统一称为英国商事与财产法院（Business and Property Courts of England and Wales）。③ 英国商事法庭便自2017年起归入英国商事与财产法院的审判体系，但是其受案范围、诉讼程序、法院人员构成等均维持原样。④ 虽然英国商事法院遭遇脱欧的不良影响，但是凭借英国法官长期积累的声誉和专业知识，其依旧是全球首屈一指的国际商事法庭。⑤

---

① 王涛：《英国商事法院的司法实践》，《人民法院报》2017年12月8日，第8版。
② 何其生课题组：《当代国际商事法院的发展——兼与中国国际商事法庭比较》，《经贸法律评论》2019年第2期。
③ Lucy Reed, "International Dispute Resolution Courts: Retreat or Advance", *McGill Journal of Dispute Resolution*, Vol. 4, No. 1 (2018), pp. 129–147.
④ 蔡伟：《国际商事法庭：制度比较、规则冲突与构建路径》，《环球法律评论》2018年第5期。
⑤ Pamela K. Bookman, Matthew S. Erie, "Experimenting with International Commercial Dispute Resolution", *AJIL Unbound*, Vol. 115, No. 5 (2021), pp. 5–10.

2. 法国商事法院的特征

对比英国商事法院，法国商事法院（Tribunal de Commerce）的历史更为悠久，其最早于 1419 年在里昂创立。① 法国商事法院与英国商事法院虽同为商人驱动型国际商事法庭（院），但是其法院组织架构之间存在巨大差异，法国商事法院呈现"去中心化"的特点。在 2018 年，法国国内设有 134 个商事法院。② 法国商事法院是法国大革命时期保留下来的少数几种司法制度之一，在司法审判中发挥着重要作用。

法国作为欧盟的主要领导国，在英国脱欧后，便尝试弥补英国商事法庭留下的市场空缺。2018 年，法国成立了巴黎上诉法院国际商事法庭（International Chamber of the Paris Court of Appeal），旨在促使巴黎成为解决复杂国际争议的优选地，与伦敦直接竞争。③

巴黎上诉法院国际商事法庭在组织层级上类似中国国际商事法庭，其为巴黎上诉法院的下设法庭，其管辖也受地域管辖的限制。④ 在管辖制度的规定方面，其与中国国际商事法庭类似，以当事人协议管辖为主。在庭审程序中当事人可以自由选择英语或法语进行，但最终判决为法语，并附有英文翻译。英国脱欧带来的不确定性，为法国国际商事法庭的发展带来了机遇，受益于《布鲁塞尔条例》［Council Regulation（EC）No 44/2001］，该法庭的判决在欧盟内部具有出色的可执行力，并且灵活的法国民事诉讼法，也为吸引国际当事人增添助力。⑤ 法国国际商事法院经历数百年发展，面对新的国际竞争环境，毅然作出大量的改革创新，为在法国从事经济活动的企业提供更大的确定性，并在欧洲大陆创造了一

---

① 何其生课题组：《当代国际商事法院的发展——兼与中国国际商事法庭比较》，《经贸法律评论》2019 年第 2 期。

② 何其生课题组：《当代国际商事法院的发展——兼与中国国际商事法庭比较》，《经贸法律评论》2019 年第 2 期。

③ 何其生课题组：《当代国际商事法院的发展——兼与中国国际商事法庭比较》，《经贸法律评论》2019 年第 2 期。

④ Steven Smith, Ivana Cingel, Marcus Quintanilla, Benjamin Jones, "International Commercial Dispute Resolution", *International Lawyer*, Vol. 46, No. 1 (Spring 2012), pp. 113 – 128.

⑤ Toni Deskoski, Vangel Dokovski, Ljuben Kocev, "The Birth and Rise of the International Commercial Courts in Paris-Boosting Litigation Or Alternative to Arbitration", *Iustinianus Primus L. REV.* 29 (2019).

个更适合国际贸易和投资的法律环境。①

3. 纽约南区法院的特征

因为国际商事法庭（院）这一称谓在近些年才成为关注的焦点，所以在世界范围内也广泛存在虽无"国际法院"之名却行"国际法院"之实的地方法院，其中美国纽约南区法院便是典型。② 纽约南区法院为美国联邦初审法院，设立于1789年，地域管辖范围涵盖纽约州的8个区（county），其中经济最为发达的曼哈顿区便在其管辖范围内。曼哈顿被称为整个美国的经济文化中心，同时也是世界的经济文化中心，联合国总部大厦与华尔街便位于此。大量的、种类繁多的跨国纠纷，致使纽约南区法院成为美国最活跃和最有影响力的联邦审判法院之一。③ 在美国，纽约南区法院的地位崇高，甚至有"法院之母"的美誉。④

（二）国家驱动型的国际商事法院的特征

不同于因商业发展而自发产生的商人驱动型国际商事法庭（院），国家驱动型国际商事法庭（院）通常由该国政府组织设立，其主要目标在于服务其本国的外交政策与经济发展战略。国家驱动型的国际商事法院虽然出现时间较晚，但是凭借其后发优势，在吸纳他国经验教训的基础上，大胆革新，制定出符合本国特色、迎合世界商业发展趋势的司法体系。虽然此类国际商事法院诞生时间短，但是其影响力却快速扩大，新加坡国际商事法庭、迪拜国际金融中心法院与中国国际商事法庭便是其中的翘楚。⑤

1. 新加坡国际商事法庭的特征

新加坡国际商事法庭是晚近诞生的国际商事法庭中最为成功的一个，

---

① Giesela Ruhl, "The Resolution of International Commercial Disputes-what Role (If Any) for Continental Europe?", *AJIL Unbound*, Vol. 115, No. 11 (2021), pp. 5 – 10.

② 沈伟:《国际商事法庭的趋势、逻辑和功能——以仲裁、金融和司法为研究维度》，《国际法研究》2018年第5期。

③ Steven Smith, Ivana Cingel, Marcus Quintanilla, Benjamin Jones, "International Commercial Dispute Resolution", *International Lawyer*, Vol. 46, No. 1 (Spring 2012), pp. 113 – 128.

④ 何其生课题组:《当代国际商事法院的发展——兼与中国国际商事法庭比较》，《经贸法律评论》2019年第2期。

⑤ 张新庆:《中国国际商事法庭建设发展路径探析》，《法律适用》2021年第3期。

其建设历史、改革方式、诉讼程序、多元化机制建设对中国国际商事法庭的进一步发展起到重要的参考作用。① 新加坡国际商事法庭的创设理念最早由 Menon 大法官于 2013 年提出。经过两年多的筹备，2015 年新加坡国际商事法庭正式成立。②

新加坡国际商事法庭既是国家驱动型国际商事法庭，又是嵌入式国际商事法庭，其隶属于新加坡最高法院，这与中国国际商事法庭存在诸多相似性。③ 因为新加坡属于英美法系，且地理位置优越，新加坡国际商事法庭具有以下独特优势：第一，基于普通法发展而来的高度发达、商事友好的内国法律体系；第二，高度专业化的律师资源；第三，公正、高效、廉洁的法官队伍；第四，意思自治原则与协议管辖的兴起；第五，享誉世界的国际商事仲裁与调解机构。④

除了上述的外向优势外，新加坡国际商事法庭也具有出色的内生优势：第一，结合国情、大胆革新的内国政府；第二，高效、便捷的司法纠错机制。⑤ 这两点对中国国际商事法庭的进一步发展有着重要的借鉴价值，笔者将在下文中具体阐述。

2. 迪拜国际金融中心法院的特征

迪拜国际金融中心法院（DIFC）同为国家驱动型国际商事法庭，其建设目标旨在将迪拜打造成全球的金融中心。在迪拜国际金融中心法院的建设历史中，充分体现了该国政府的改革决心。⑥ 2004 年，阿拉伯联合酋长国修改宪法成立迪拜国际金融中心（Dubai International Financial Cen-

---

① Drossos Stamboulakis, Blake Crook, "Joinder of Non-Consenting Parties: The Singapore International Commercial Court Approach Meets Transnational Recognition and Enforcement", *Erasmus L. REV*, Vol. 12, No. 98 (2019).

② 张新庆：《中国国际商事法庭建设发展路径探析》，《法律适用》2021 年第 3 期。

③ 赵蕾、葛黄斌：《新加坡国际商事法庭的运行与发展》，《人民法院报》2017 年 7 月 7 日，第 8 版。

④ 张冰：《国际商事法庭的协议管辖制度研究——以中国国际商事法庭为中心》，《重庆理工大学学报》（社会科学版）2022 年第 4 期。

⑤ Lawrence Teh, "The Singapore International Commercial Court", *Dispute Resolntion International*, Vol. 143 (2017).

⑥ Jean-Francois Le Gal, Iris Raynaud, "The Success of the DIFC Courts: When Common Law Makes Its Way into a Civil Law Region", *International Business Review*, Vol. 289 (2017).

tre）。2006 年，为促进迪拜国际金融中心的发展，迪拜国际金融中心法院成立。①在 2011 年之前，DIFC 仅受理金融中心区域内的商事案件。随着迪拜第 16 号法律（Dubai Law No. 16）的签署生效，DIFC 的管辖权扩张至国际案件，正式成为国际商事法庭。随后，迪拜又进一步修改法律，以英国商事法院为参照对象，允许在金融中心内适用普通法，并以英语为工作语言，充分迎合国际商业活动的需要。②

二 中外国际商事法庭管辖制度在制度结构与功能方面的异同

中国国际商事法庭设立较晚，其设立的背景是为了保证"一带一路"倡议的有效实施，并为解决"一带一路"倡议实施引发的各种商事纠纷的有效解决提供必要的法律服务。从管辖制度的内在驱动力来看，应当属于国家驱动型的国际商事法庭，其设立的制度目标旨在实现国家的发展战略。

中国国际商事法庭管辖制度与域外国际商事法庭管辖制度既有许多与国际商事法庭（院）管辖制度相同或相似的制度特征，也有自身的特殊性。

作为与国际商事法庭（院）管辖制度的共同点，中国国际商事法庭管辖制度对"管辖权根据"的属人主义原则和属地主义原则都作了充分肯定，并且承认了当事人对管辖权的自愿选择权和对审理实体纠纷的法律的事先约定权，遵循了"管辖权根据"的一般国际习惯。③ 特别是《规定》对中国国际商事法庭管辖制度的基本管辖理念、管辖权确定原则和标准、管辖权效力、执行和司法管辖的协作和协助等都作了充分肯定。总的来说，在传统国际私法实践中通行的国际商事司法审判管辖、仲裁

---

① George, S. K., "A Modern Dispute Resolution Centre in the Middle East: DIFC-LCIA", *Court Uncourt*, Vol. 5, No. 4 (2018), pp. 25 – 28.

② Omar Husain Qouteschat, Kamal Jamal Alawamleh, "The Enforceability of Electronic Arbitration Agreements before the DIFC Courts and Dubai Courts", *Digital Evidence and Electronic Signature Law Review*, Vol. 14, No. 47 (2017), pp. 47 – 60.

③ Pamela K. Bookman, Matthew S. Erie, "Experimenting with International Commercial Dispute Resolution", *AJIL Unbound*, Vol. 115, No. 5 (2021), pp. 5 – 10.

管辖、调解管辖的重要制度在中国国际商事法庭管辖制度中都有所体现。这一点与中国国际商事法庭设立之前的人民法院的涉外法庭管辖制度有很大的制度区别。①

相对于域外国际商事法庭（院）管辖制度来说，中国国际商事法庭管辖制度的特殊性更加突出，同时体现了开放与保守、革新与传统的特征。由于中国国际商事法庭只是最高人民法院内设的常设审判机构，不具有"离岸法庭（院）"的特点，加上在协议管辖制度中又增加了"实际联系原则"，故中国国际商事法庭管辖制度仍然显得相对封闭，国际化和自由化程度较低。例如，新加坡国际商事法庭有权追加不受管辖权协议约束的第三人，即使与第三人相关的争议并不具有国际性和商业性。②再如，新加坡国际商事法庭在程序上的灵活性和开放性，尤其是允许外国法官承担审判职务、允许外国律师出庭辩护、广泛包容仲裁与调解、积极与境内外仲裁调解组织合作，使得新加坡国际商事法庭可以说是全球最优秀的国际商事法庭之一，其判决在东南亚具有很好的执行力。③ 上述域外国际商事法庭（院）管辖制度所具有的灵活性和开放性，中国国际商事法庭管辖制度尚待进一步加以学习和借鉴。但中国国际商事法庭管辖制度也有自身的独特的制度优势，即对属于同一管辖对象行使管辖权的调解管辖、仲裁管辖和司法审判管辖建立了"一站式"的制度功能"统筹"平台，实行了"调审结合"和"调判结合"。对外经济贸易大学教授沈四宝曾说："中国国际商事法庭与其他国际商事法庭的比较优势就在于诉讼、调解、仲裁三者的有机统一、高效协作。"调解、仲裁、诉讼相结合的"一站式"纠纷解决机制，体现了中国国际商事法庭独特的东方智慧。《意见》明确了国际商事专家委员会制度，尝试吸纳"一带一

---

① 殷敏：《"一带一路"实践下中国国际商事法庭面临的挑战及应对》，《国际商务研究》2022年第4期。

② Man Yip, "Singapore International Commercial Court: A New Model for Transnational Commercial Litigation", *Chinese (Taiwan) Yearbook of International Law and Affairs*, Vol. 32 (2014), pp. 155 – 177.

③ Stephan Wilske, "International Commercial Courts and Arbitration-alternatives, Substitutes or Trojan Horse", *Contemporary Asia Arbitration Journal*, Vol. 11, No. 2 (November 2018), pp. 153 – 192.

路"沿线各国的民商事法律专家，勠力同心，共同为中国国际商事法庭的多元化纠纷解决机制提供必要的帮助。最高人民法院副院长罗东川此前也强调："国际商事专家委员会的建立凸显了中国国际商事法庭的国际化水平，吸纳世界国际法大师和国内法专家组成的参与解决国际商事纠纷，充分体现了共商共享的原则。"[1] 可见，调解、仲裁、诉讼相结合的"一站式"纠纷解决机制体现了中国国际商事法庭管辖制度特有的优势，对国际商事案件当事人有效解决纠纷具有一定吸引力和国际公信力。[2]

总之，中国国际商事法庭管辖制度是刚刚建立起来的涉外管辖制度，与原先纯粹国内管辖制度意义上的人民法院涉外法庭管辖制度有着制度上的较大区别，在管辖制度的国际化和开放性方面已经向前迈进了一大步。当下需要在学习和借鉴域外国际商事法庭管辖制度成功经验的基础上，结合中国对涉外商事案件管辖面临的具体国情，逐渐地扩展自身的管辖功能，不断地丰富和完善"管辖权根据"，使得CICC能够在国际社会的国际商事法院审判体系中赢得一席之地，以便更好地服务于"一带一路"倡议的实施和吸引更多的涉外当事人有效利用中国国际商事法庭管辖制度来维护自身的合法权益。

第五节　中国国际商事法庭管辖制度建设面临的重要问题

CICC始建于2018年，至今才有五个年头。秉承着"共商共建共享"的理念，2018年6月29日，最高人民法院第一、第二国际商事法庭正式成立并揭牌办公。2019年5月29日、31日，第二、第一国际商事法庭先后公开开庭审理首案，引发了国内外高度关注。2018年7月和12月，先后两批共14名国际商事法庭法官接受任命，履新中国国际商事法庭。这14位中国国际商事法庭的法官拥有丰富的司法实践经验，能精准把握国

---

[1] 《国际商事法庭这一年》，《中国审判新闻半月刊》总第226期。

[2] Marc J. Goldstein, Andrea K. Bjorklund, "International Commercial Dispute Resolution", *The International Lawyer*, Vol. 36, No. 2 (2002), pp. 401-421.

际商贸法律的最新动态，同时具有深厚的学术功底与出色的外语能力。2018年8月26日，最高人民法院成立国际商事专家委员会，邀请来自中国、俄罗斯、美国、英国、法国、德国、韩国、澳大利亚等14个国家和中国港澳台地区的31位专家委员接受国际商事法院的委托，为当事人解决国际商事纠纷提供调解服务，为人民法院审理国际商事纠纷涉及的专门法律问题提供咨询意见，为最高人民法院制定有关司法解释和司法政策提供意见和建议。① 在过去的四年时间内，中国国际商事法庭依法行使涉外商事案件的管辖权，仅第一年就开了好局，截至2019年6月，第一、第二国际商事法庭便已受理来自日本、中国香港、意大利等国家和地区的十多件国际商事案件。②

但也要看到，与域外国际商事法庭积极和开放式地行使国际商事案件相比，中国国际商事法庭的作用还有待进一步提升，其管辖制度有待不断完善，特别是要从管辖权根据的法理上下大功夫，在实践中更需要通过高质量的判决、裁定和调解书来提高自身的国际公信力。③ 从宏观上看，中国国际商事法庭管辖制度的健全和完善存在着以下几个方面的重大法理和实践问题，这些问题都是现实存在的，也是本书研究需要重点加以考虑和提出学术方案和对策建议的问题领域。

一 中国国际商事法庭管辖制度面临的重大法理问题

中国国际商事法庭是在中国政府大力倡导"一带一路"发展理念的背景下产生的，制度目标是为了使中国现行的审判管辖制度能够很好地适应解决"一带一路"倡议实施中所产生的国际商事纠纷。④ 对于国际商事纠纷案件，在中国现行的审判管辖制度之下已有相应的审判管辖机制

---

① 参见《最高人民法院关于成立国际商事专家委员会的决定》（法〔2018〕224号）。
② 具体判决书信息参见中国国际商事法庭官网，https://cicc.court.gov.cn/html/1/218/180/index.html，最新访问日期：2023年6月14。
③ Julien Chaisse, Xu Qian, "Conservative Innovation: The Ambiguities of the China International Commercial Court", *AJIL Unbound*, Vol. 115, No. 17 (2021), pp. 17–21.
④ 李向阳：《"一带一路"的高质量发展与机制化建设》，《世界经济与政治》2020年第5期。

来进行相应的处理，例如，《最高人民法院关于明确第一审涉外民商事案件级别管辖标准以及归口办理有关问题的通知》就详细地规定了涉外民商事案件的级别管辖制度，可以说，这些类似的制度都为中国国际商事法庭管辖制度的建立提供了制度基础。① 但应当看到的是，由于中国法学界对涉外法治的理论研究刚刚起步，对涉外商事纠纷的法律解决机制的法学研究在传统法学理论体系下主要是在国际私法学的知识体系中来探讨，故涉及司法主权、国家主权、管辖权根据的正当性和合法性、域外管辖和域外适用等与涉外商事案件相关的基础法理问题并没有得到深入的探讨，② 具体到本书研究的中国国际商事法庭管辖制度相关的法理问题有如下几个方面。

第一，中国国际商事法庭管辖权制度以及基于管辖权制度而形成的调解、仲裁和诉讼"一站式"国际商事纠纷管辖统筹处理制度在共同构成完整形态意义上的中国国际商事法庭管辖制度中的各自的制度功能和制度联系，这一方面的理论研究成果不仅数量少，而且基本法理也不是特别清晰，形成了仲裁理论优先、调解理论活跃和诉讼理论相对滞后的问题。③ 特别是国际商事案件的仲裁管辖制度和调解管辖制度远比诉讼管辖制度更加具有法理上的开放性，故中国国际商事法庭管辖制度中如何有效地接纳和分配调解、仲裁和诉讼管辖权限，进一步提升诉讼管辖制度的权威影响力和国际化水平，是本书关注的重要问题。

第二，作为中国国际商事法庭管辖权制度的法理基础"管辖权根据"中的"实际联系原则"与适用作为解决涉外商事案件的实体权益争议的"最密切联系原则"在很大程度上与当事人意思自治原则和保障协议管辖的开放性、提升协议管辖的"国际化水平"之间存在着一定的"价值差异"。传统法学对此类问题关注不太多，致使"管辖权根据"的法理至今没有实质性的理念创新，而国际社会国际商事法庭确立"管辖权根据"

---

① 具体内容参见《最高人民法院关于明确第一审涉外民商事案件级别管辖标准以及归口办理有关问题的通知》（法〔2017〕359 号）。

② 李友梅：《当代中国社会治理转型的经验逻辑》，《中国社会科学》2018 年第 11 期。

③ 汤维建：《多元化纠纷解决机制改革的时代意义及其要点》，《人民法院报》2016 年 6 月 30 日。

的程序和机制更加具有开放性，这就需要在法律理念上进一步转变观念，吸收和采纳更加具有活力和竞争力的确立"管辖权根据"的法律价值。①

第三，由于中国国际商事法庭在机构性质上属于最高人民法院的常设机构，系最高人民法院内部履行最高人民法院司法审判功能的职能部门，在中国现行宪法所规定的司法审判组织体系中，中国国际商事法庭并不是一级独立的司法审判机关。根据其作为最高人民法院的常设机构的法律性质，中国国际商事法庭在审理涉外商事案件中，属于国家最高审判机关，故在审级管辖制度上只能采取"一审终审"制度。"一审终审"制的缺点就是上诉救济程序的缺位，一审判决一旦作出即告生效，其具有最终的司法上的确定力、执行力和拘束力。目前最高人民法院的"再审"程序虽然也同样适用于中国国际商事法庭，但"再审"程序启动条件比较难，当事人缺少诉权上的选择自主权，故"再审"程序对"一审终审"的救济作用是有限的，故在法理上必须要在"一审终审"的审级管辖制度下，从体制机制上给予参与中国国际商事法庭诉讼当事人"权利救济"的机会。目前中国法学界对在"一审终审"制如何给予当事人相当于"上诉权利"的司法救济权，还缺少具有共识性的学术思路。因此，要推动中国国际商事法庭管辖制度的"国际化"，就必须要从法理上探讨介于"一审终审"与"上诉审"之间的司法复核制度，这种司法复核相当于把"一审终审"制的审级管辖制度再划分为两个层面，即不具有确定力的初审程序以及作出具有法律约束力的复核程序。这种学术思路既照顾到了"一审终审"制的司法确定力，又增强了"一审终审"制下的当事人获得权利救济的机会。故在法理上探索在"一审终审"制下如何给予中国国际商事法庭管辖案件的涉案当事人"二次"权利救济问题也是本书所要探讨的重要理论问题。

二 中国国际商事法庭管辖制度面临的重大实践问题

除了本书上述列举的中国国际商事法庭管辖制度所必须深入研究的法理问题之外，在健全和完善中国国际商事法庭管辖制度的过程中，有

---

① 王瀚：《国际民事诉讼管辖权的确定及其冲突解决析论》，《法学杂志》2014 年第 8 期。

几个重大实践问题也需要在研究中国国际商事法庭管辖制度时提出明确和有效的可行方案。具体来说，本书将重点关注以下三个方面的重要实践问题。

第一，中国国际商事法庭管辖制度中除了管辖权制度是核心制度要素之外，司法判决的执行力也是中国国际商事法庭管辖制度中的重要问题。中国国际商事法庭行使管辖权所作出的终审判决，如果涉及域外执行问题，就必须要考虑终审判决的域外执行力问题。① 目前在该领域主要是通过与其他国家之间签署司法协助协议来实现的。一方面，通过司法协助协议，中国国际商事法庭作出的国际商事判决可以在域外通过司法协助义务国法院的协助得到执行；另一方面，司法协助义务国法院对国际商事案件作出的判决也可以得到中国国际商事法庭的认可以及得到中国相关法院的执行。但是，即便是彼此间有司法协助义务，有义务协助执行的当事国法院也可以基于"危害国家利益"等理由拒绝执行他国法院作出的判决。中国法院在协助执行他国法院的国际商事案件判决时理所当然地可以以"公共利益"为理由来拒绝履行协助执行的义务。② 但中国国际商事法庭以及最高人民法院执行庭和其他有义务协助他国法院判决执行的中国各级各类法院在审查需要协助执行的外国法院判决时，通过何种机制来作出合法合理的符合"公共利益"的司法判断，这里必须要解决"公共利益"概念和内涵的合法性来源问题。③ 从中国目前的宪法制度来看，"公共利益"属于宪法事项，故对"公共利益"作出合法合理司法判断，必须要依托宪法性法律进行衡量。但目前《中华人民共和国立法法》所规定的合宪性审查程序与他国法院作出的国际商事判决是否符合现行《宪法》所规定的"公共利益"标准，目前还缺少制度上的"法律连接点"，故中国国际商事法庭管辖制度必须要考虑未来如何与中

---

① 申婷婷：《中国国际商事法庭司法运作的困境与路径——以法律适用和判决的承认、执行为视角》，《河北法学》2019 年第 8 期。

② 魏磊杰：《新时代中国国际法观的理论构成与多元实践》，《学术月刊》2022 年第 6 期。

③ 高志宏：《公共利益：基于概念厘定的立法导向与制度优化》，《江西社会科学》2021 年第 10 期。

国现行《宪法》的合宪性审查机制相衔接。①

第二，中国国际商事法庭以审判国际商事案件为自身的司法审判职能，其中与最高人民法院其他常设机构相对照，最大的特点就是审判案件的"国际性"，是审判"国际商事"案件的专门审判机构。然而，由于中国国际商事法庭管辖权制度建立在"实际联系原则"基础上，所以，与"实际联系原则"完全不相关的当事人的完全意思自治无法得到"管辖权根据"理论的认可，故在中国国际商事法庭实际审理的案件虽然都有"国际性"因素，但这些"国际性"因素都是与中国法律认可相关的，属于国内法治的合理延伸，不具有完全的"离岸"性，没有更多地介入国际商事审判竞争体系中。一方面，中国国际商事法庭的审判机制受到了中国现行《宪法》所确立的人民法院审判制度的界定，目前从审判队伍到审判能力都很难适应"离岸法庭（院）"的要求，至少在近期仍然无法突破走向纯粹"国际化"的瓶颈；另一方面，目前协议管辖原则已经成为国际商事法庭管辖制度的"黄金法则"，当事人意思自治原则在确立"管辖权根据"方面具有决定性作用。②故只有在审判管辖原则上完全接受"当事人意思自治原则"，才能最大限度地发挥"协议管辖"制度的作用，最大限度地提升国际商事案件审判活动的效率。所以，对于中国国际商事法庭来说，实践中最大的问题就是如何摆脱"涉外性"的束缚，真正成为"国际性"的国际商事法庭。

第三，中国国际商事法庭担负了调解、仲裁和诉讼"一站式"管辖"统筹"功能，但由于国际商事调解、国际商事仲裁对国际商事案件管辖具有很大的灵活性③，在尊重当事人意思自治方面远比中国国际商事法庭管辖制度更具有开放性，故从制度上如何"统筹"调解、仲裁和诉讼在处理国际商事案件中的管辖功能，是健全和完善中国国际商事法庭管辖制度必须认真对待的重大实践问题，也是文本要认真研究的重要问题。

---

① 莫纪宏：《依宪立法原则与合宪性审查》，《中国社会科学》2020 年第 11 期。
② 闫佳：《我国现行民事法律域外适用标准和程序存在的问题与建议》，《中国应用法学》2021 年第 5 期。
③ 张营营、吴允杨：《构建"一带一路"框架下公正合理的争端解决机制》，《仲裁研究》2019 年第 3 期。

总的来说，中国国际商事法庭管辖制度在法理上目前尚处于探索阶段，一些重要的制度原则和制度机理尚无公认的研究成果，需要作理论上的巨大创新。与此同时，由于中国国际商事法庭管辖只是刚刚建立不久，很多重要制度和机制还没有到位，一些具体的制度目标有待实践的验证和进一步予以拓展。为此，笔者试图在学术上就中国国际商事法庭管辖制度所面临的几个重大理论和实践问题作较为深入的探索，以此来填补一些理论上的空白，为实践提供一些可行的对策建议和学术方案。

本章小结

本章的内容是本书的法理基础。本书研究的主题是中国国际商事法庭管辖制度。从法理逻辑看，必然涉及中国国际商事法庭的性质、地位、职权、职责、功能等基本理论问题和制度背景，此外，本书的核心集中在"管辖制度"上，从逻辑上看，包括了管辖和管辖制度两个重要法学术语。从一般理论逻辑形成的特点来看，作为最高人民法院的常设机构，其管辖制度必然要适应中国现行《宪法》、《人民法院组织法》和相关法律所规定的司法审判管辖制度的基本要求，故本章在分析和介绍中国国际商事法庭管辖制度的一般法律特征，法理上科学界定中国各级各类人民法院管辖制度的制度内涵基础上，着重介绍中国国际商事法庭管辖制度的由来及政策依据，分析中国国际商事法庭管辖制度的制度构成，在对中国国际商事法庭管辖制度与国际社会国际商事法庭（院）管辖制度的特征比较的同时，指出本书需要重点加以研究的中国国际商事法庭管辖制度建设面临的重大法理与实践问题。本章的中心意图就是要把中国国际商事法庭管辖制度放置在整个国家司法审判管辖制度体系来考察其制度特征，从而从宏观上提出本书研究和分析中国国际商事法庭管辖制度的性质、内涵、特征、构成、重点制度、发展状况、存在问题以及可以不断加以改进的发展方向。本章的研究属于基础平台性的，为全文的重要概念和范围内涵的展开奠定必要的理论基础。本章最后侧重指出了本书所要研究的重要问题，包括中国国际商事法庭管辖制度中的管辖权制度，"一审终审"制与"实际联系原则"，协议管辖制度与当事人意思自治原则,"一站式"平台建设中的重大理论与实践问题,等等。对上述问题的重点探索就有助于在中国国际商事法庭管辖制度问题上的深入研究,为填补相关理论空白和强化实际能力提供学术上的指引和参考。

第二章　中国国际商事法庭管辖权的制度基础

中国国际商事法庭的建设背景、意义以及中国国际商事法庭管辖制度的制度特征和现存问题，在前文中亦已提及。若要深刻评价当前中国国际商事法庭管辖制度，需要深刻、翔实的理论基础作为铺垫。笔者将从与涉外商事管辖制度相关的传统国际私法中的管辖权理论出发，全面细致地梳理 CICC 管辖权的法理基础，以便更好地揭示中国国际商事法庭管辖制度的历史逻辑、理论逻辑和制度逻辑，从宏观上来有效地把握中国国际商事法庭管辖制度的法律特征和法理基础。

习近平总书记在党的二十大报告中强调："中国坚持经济全球化正确方向，推动贸易和投资自由化便利化。"[1] 习近平总书记的讲话表明了中国支持和坚持经济全球化的一贯立场。在全面建设社会主义现代化国家的进程中，中国的经济必须与外部经济保持紧密联系，必须更加具有开放性。但如何有效解决经济全球化所带来的各种法律纠纷，也是中国法学界和法律实务界必须面临的重要任务。经济全球化所带来的贸易全球化、基础设施建设全球化、金融市场全球化、跨境物流全球化固然对一国的经济发展起到正向激励作用，但是也带来了激增的国际经贸纠纷。[2] 在长时间的对外交流中，每一内国法院虽已有相应的冲突法与涉外民商

---

[1] 习近平：《高举中国特色社会主义伟大旗帜　为全面建设社会主义现代化国家而团结奋斗——在中国共产党第二十次全国代表大会上的报告》（2022 年 10 月 16 日），《求是》2022 年第 21 期。

[2] 单文华：《国际商事法庭发展的域外经验与中国贡献》，《中国审判》2018 年第 15 期。

事案件管辖机制,但是在面对国际经贸新形势下大量的跨境贸易纠纷时仍力有未逮。① 并且在国际商事纠纷解决机制的竞争中,司法因其自身特质在国际化、专业化程度以及国际影响力等层面均逊于仲裁、调解,只是作为次选。另外,经济全球化的内核不仅包含生产销售的分工合作,更带来了国家间从物质基础到法律制度之间的全方位竞争。② 各国在国际贸易中所涉的主权利益、安全利益、经济利益、制度利益均受到挑战,各国均意图在全球经贸的交往中,扩大自身的制度影响力,拓展本国法的适用范围,维护各自的相关利益,以图在国际商事规则的制定和适用中占得优势地位。③ 在此背景下,各贸易大国均开始尝试将意思自治原则、非诉争端解决方式引入本国法院,组建各自的国际商事法庭,以扩大一国在国际商事贸易法治领域的话语权与掌控力。

  国际商事法庭是当前国际法学界较为热门的研究话题。国际商事法庭的产生有着自身的历史逻辑,其源远流长。最早的国际商事法庭甚至可以追溯到1895年,悠久的历史、广泛的样本以及现实的需求使得各国的国际商事法庭如雨后春笋般涌现出来。中国也于2018年创建了中国国际商事法庭,积极参与全球治理,拓展中国在国际法治领域的影响力。本章的目的在于深刻阐述国际商事法庭管辖制度所涉及的国际法的理论背景,鉴于管辖权制度,特别是"管辖权根据"是国际商事法庭管辖制度的核心内容,故笔者首先对传统国际私法中的管辖权理论的发展脉络、具体类型进行梳理,再具体解释国际商事法庭管辖权的种类与建设背景,进而对各知名国际商事法庭的管辖权制度进行详细论述,引出下文对国际私法理论中管辖权理论的重述、界定与厘清,最终阐明中国建设国际商事法庭管辖权制度的法理重要性与实践紧迫性。同时,本章也将对中国国际商事法庭的现行管辖权制度与当下存在的问题进行详细论述,为后文的进一步展开打下理论基础。

---

① 陈旭、刘行:《批判与重构:人类命运共同体视野中的新经济全球化》,《经济问题》2022年第9期。
② 江河、胡梦达:《大国政治与国际法治的互动——中国参与全球治理的理论逻辑与能力强化》,《湖北大学学报》(哲学社会科学版)2021年第5期。
③ 张康乐:《国际法治对国家经济发展的塑造》,《中外法学》2022年第5期。

第一节　传统国际私法中的管辖权理论

　　国际商事法庭虽隶属一国的司法机关，但其管辖制度更多依靠传统国际私法的管辖权理论来搭建。相较于国际公法中的管辖权理论，国际私法中的管辖权理论既有与国际公法中的管辖权理论相似之处，也有自身的特征。① 就历史沿革而言，国际私法的管辖权理论更早出现，并因为其规制的对象多为私主体，故其天生便带有平等的内涵，这也为意思自治原则的引入提供了先天优势。② 在现代国际法体系中，无论是实践还是理论，管辖权都占据了十分重要的地位。管辖权是指通常被称为"主权"的国家的一般法律权限的制定方面，管辖权为主权的一个方面，它是指司法、立法与行政权力。③ 国家的主权通常包含属地优越权与属人优越权这两个层面，属地优越权即指国家对领土内的一切人和事物行使优越权之权力；属人优越权即指国家对一切具有本国国籍的公民与法人等行使优越权之权力。④ 国际民商事诉讼的管辖权即一国法院或者具有审判权的其他司法机关受理、审判具有国际因素的民商事案件的权力。⑤ 国际民商事诉讼管辖权不仅是国家主权的体现，也是国际民商事诉讼面临的首要问题。一国法院在处理国际民商事案件时，首先要解决其管辖权问题，即案件应由哪个国家的法院来审理，在传统国际私法理论上称之为确定"管辖权根据"⑥，这是涉外民商事管辖制度有效存在和运行的前置条件。此外，国际民商事案件管辖权的确定常常关系到实体法的适用，这不仅会决定案件的最终判决，更会影响当事人合法权益的实现与保护。因此，

---

①　何其生：《海牙管辖权项目的困境与转变》，《武大国际法评论》2022 年第 2 期。

②　严存生：《自然法、万民法、世界法——西方法律全球化观念的历史渊源探寻》，《现代法学》2003 年第 3 期。

③　[英] 伊恩·布朗利：《国际公法原理》，曾令良、余敏友等译，法律出版社 2007 年版，第 266 页。

④　周鲠生：《国际法》（上册），武汉大学出版社 2009 年版，第 186 页。

⑤　李浩培：《国际民事程序法概论》，法律出版社 1996 年版，第 46 页。

⑥　林欣：《论国际私法中管辖权问题的新发展》，参见沈涓主编《国际私法的振荡之路》，社会科学文献出版社 2019 年版，第 128 页。

国际民商事案件"管辖权根据"问题是各国立法者与司法者所必须慎重考虑的先决问题。①

一　国际私法管辖权理论的历史脉络

马克思主义认为，法的关系根源于物质的生活关系，受到社会发展的历史条件的深刻影响②。基于此，笔者进行了大量的文献收集，将以历史逻辑为线索的历史阶段论作为国际私法理论发展的划分标准，提出国际私法管辖权理论的发展可以大致分为四个时期：（1）罗马法时代；（2）法则区别说时代；（3）法律关系本座说时代；（4）现代学说时代。③

（一）罗马法时代

14世纪"法则区别说"的出现被视为现代国际私法诞生的标志，但是国际私法的历史沿革却不能简单地从"法则区别说"开始。盖因某个理论的诞生不会是一蹴而就，其皆有背后的历史文化与经济因素作为支撑。在"法则区别说"产生之前的"史前时代"，西方古希腊的"理性""自然法"思想与古罗马万民法的立法活动，为"法则区别说"的诞生积累了充足的理论与制度沉淀。④

值得说明的是，国际私法最初的萌芽，学界公认是古希腊与古罗马时期，但是究竟是古希腊还是古罗马，并未有一个统一的结论。国内大部分学者（如李双元、董立坤、韩德培等）均在各自的学术著作中支持古罗马为国际私法的最初发源地。⑤ 国内也有部分学者，如杜涛、陈力则在他们著的《国际私法》教材中表示古希腊更早出现国际私法的一些萌

---

① 黄进主编：《国际商事争议解决机制研究》，武汉大学出版社2010年版，第32页。
② ［德］卡尔·马克思：《〈政治经济学批判〉序言》，人民出版社1976年版。
③ 参见唐正东《历史规律的辩证性质——马克思文本的呈现方式》，《中国社会科学》2021年第10期；占茂华《自然法观念在古希腊的产生与发展》，《外国法制史研究》2019年第21卷；吕岩峰、吴寿东《罗马法之国际私法论纲："适当—和谐论"的维度》，《社会科学战线》2015年第10期；付子醒《斯多葛辩证法及其对罗马法的影响》，《法学方法论论丛》第3辑，中国法制出版社2016年版；等等文献。
④ 参见肖永平、谭岳奇《西方法哲学思潮与国际私法理论流变》，《政法论坛》2001年第1期；杨奕华《萨维尼法律思想与其国际私法理论之比较》，《清华法学》2003年第2期。
⑤ 参见韩德培主编《国际私法新论》，武汉大学出版社1997年版；李双元主编《国际私法》，北京大学出版社2000年版；董立坤《国际私法论》，法律出版社2000年版。

芽，在希腊城邦间的商人管辖制度方面已经初步具有跨境私主体管辖制度的雏形。① 本书并不是训诂学论文，无意考究国际私法的起源问题，并且古希腊与古罗马思想、制度同源，因此笔者就将古希腊与古罗马笼统地称为国际私法的发源地，对其管辖权制度进行统一阐述。

古希腊不同于古罗马，相较于创设具体的成文法制度，古希腊将更多的精力用于哲学思辨之中。古希腊哲学家们对自然法的思考，为后世古罗马法的兴起提供了理论指导，也为国际私法的兴起提供了养分。在公元前5世纪，雅典已经成为当时最大的国际性港口，其贸易盈余支撑起希腊的繁荣。② 大量的外邦商人和船只货物的出现，迫使古希腊城邦不得不针对外邦人及其财产作出相应的管辖规定。③ 依据出土的历史文献资料，在古希腊早期，公民权仅限于本城邦的居民享有，外邦人并不享有公民权，因此其财产权、人身权并不受该城邦保护，针对财产损害的赔偿请求权更是无从谈起。④ 这种做法对各城邦国家之间的贸易往来十分不利。为了缓和各城邦互相之间的民商事权利冲突，各城邦之间开始签署"权利互惠条约"，允许一城邦公民在其他城邦同样享有平等的人身权与财产权。⑤

除去古希腊在城邦间的"平等权协议"的努力之外，其留下的更丰厚的遗产是自然法思想。自然法的思想不仅造就了古罗马辉煌的市民法与万民法，也为后世文艺复兴、"法则区别说"的诞生提供了直接思想基础。⑥

人类对"理性"最早的探索起源于古希腊。古希腊思想家认为，自然界是有规则的，一切事物都有自己的规则和秩序，社会、国家、个人之间也不例外。这种普遍存在的、先验的自然秩序便被称为"自然法则"

---

① 杜涛、陈力：《国际私法》，复旦大学出版社2004年版，第73页。
② 黄洋：《希腊城邦社会的农业特征》，《历史研究》1996年第4期。
③ [法]亨利·巴蒂福尔、保罗·拉加德：《国际私法总论》，陈洪武等译，中国对外翻译出版公司1989年版，第77页。
④ 顾准：《顾准文稿》，中国青年出版社2002年版，第476页。
⑤ 顾准：《顾准文稿》，中国青年出版社2002年版，第476页。
⑥ [法]亨利·巴蒂福尔、保罗·拉加德：《国际私法总论》，陈洪武等译，中国对外翻译出版公司1989年版，第77页。

或"理性"。① 斯多葛学派是理性主义的集大成者,其思想观点影响了古罗马法的制定,成为古罗马立法的基础思想。它的创始人芝诺认为,整个宇宙是由一种物质组成的,而这种物质就是理性。② 他认为理性是构成法律与社会的基石,其内包含着人人平等的自然法精神内核,这也为后世古罗马法复兴、"法则区别说"的诞生和发扬光大提供了坚实的哲学基础。③

古罗马拥有着庞大的版图、众多的人口、复杂的民族构成、繁茂的商业往来,这也就注定其必须要有完善的涉外管辖法制以适应政治经济的现实需求。古罗马法自公元前5世纪《十二铜表法》至公元6世纪《查士丁尼民法大全》,历经近千年形成了影响深远的市民法与万民法两个体系。市民法是指适用于古罗马公民的法,市民法早于万民法出现。市民法在管辖依据上可以归纳为属人管辖,只有古罗马市民才能享有古罗马法上赋予的权利,其他被征服地区的人,尽管是自由民但是也不享有古罗马法上的权利。由于贸易的发展和加强统治的需要,逐渐形成了区别于市民法的"万民法"。公元前242年,万民法开始出现,其调整范围是古罗马市民与非市民之间的民事纠纷,是当时古罗马用以解决"涉外"纠纷的管辖权法律依据,被后世视作冲突法的开端。④

(二) 法则区别说时代

公元476年,西罗马帝国的灭亡也使得古罗马的"万民法"暂时消失在历史的尘埃中。在后世的数百年中,欧洲进入黑暗的中世纪,自然法与理性的光辉不显,整个欧洲的法制建设陷入迟滞。在教法的管制下,西欧的商业力量艰难前行。公元10—14世纪,西欧的商品经济开始发展,诞生了商人群体。随着商品经济的发展,国际私法获得了发展的经济基

---

① [美] 埃德加·博登海默:《法理学:法律哲学与法律方法》,邓正来译,中国政法大学出版社1999年版,第16页。
② 杨奕华:《萨维尼法律思想与其国际私法理论之比较》,《清华法学》2003年第2期,第136页。
③ 肖永平、谭岳奇:《西方法哲学思潮与国际私法理论流变》,《政法论坛》2001年第1期。
④ 张丽莎、王杨:《罗马法与国际法的发展》,《社科纵横》2006年第6期。

础。而具有类似城邦性质的商业城市的出现,也为国际私法管辖制度的诞生提供了充足的现实基础。此时,以基督教会法为主要来源的西欧法律(jus commune)已经不能满足商人群体的制度需求。①

制度的发展具有强大的历史惯性,新的制度需求总能在过往的历史中寻找到理论与传统的支持。② 古罗马法作为奴隶制时代最为完善的法律,在商人阶级兴起的时候,重新焕发了生机。前文中笔者提到,古希腊的理性思潮被古罗马继承,内化进古罗马法中。而随着古罗马法复兴、文艺复兴运动的开始,古罗马法中的理性主义被挖掘和弘扬出来,整个西欧的哲学发展都受到理性的指引,自然法学派获得了极大的发展。同样的,冲突法的发展也从理性主义思潮中攫取到了充足的养分。在理性主义思想的影响下,14 世纪巴托鲁斯结合评论法学派、注释法学派的先期工作,提出了"法则区别说"。巴托鲁斯所提出的"法则区别说",是以自然法(理性主义)的理念为基石,隐含着平等主义的思想。该学说打破了属地主义的绝对性,平等地审视各个城邦国家的法律,承认法律所带有的普适性与共性,鼓励当事人拥有自由的选择权。③

巴托鲁斯针对一国法的域外效力(法律管辖)问题提出了初步的解决方案。④ 巴托鲁斯在坚持属地主义的前提下,将一国法按其条文内容、调整对象、强制力强弱区分为禁止性法律、许可性法律和惩罚性法律。巴托鲁斯认为,如果具体法律的性质和类型不同,那么,其域外管辖的效力也就不同。他认为,禁止性法律与许可性法律可以具备域外管辖的效力,惩罚性法律在某些特定情形下也可以具备域外管辖效力。⑤ "法则区别说"的发展历史对下文中笔者对"连接点"概念的阐述,在"一带一路"倡议中维护中国国家安全利益、发展具有相当的指导意义。

---

① 宋晓:《域外管辖的体系构造:立法管辖与司法管辖之界分》,《法学研究》2021 年第 3 期。
② 张薇薇:《中世纪商人法初探:其范畴、渊源与法律特征》,《浙江社会科学》2007 年第 3 期。
③ 袁雪、刘春宇:《法律选择理论演进的法哲学渊源探讨》,《行政与法》2010 年第 1 期。
④ 李建中:《革新与融合:巴托鲁斯的冲突法理论述评》,《法学评论》2011 年第 6 期。
⑤ 李广辉:《试论冲突法的历史发展》,《史学月刊》1993 年第 2 期。

（三）法律关系本座说时代

在对法国大革命所盛行的理性主义思潮进行深刻反思形成的德国历史法学派，从法律与历史文化之间的渊源关系角度对法律的本质作了深入探讨。作为历史法学派的代表人物，德国历史学家萨维尼[①]延续了"法则区别说"的思路，将法律关系进行了重新分类，包括身份法、物法、债法、继承法、家庭法等。此外，萨维尼还依此提出了"法律本座"的独特概念，即今日广为人所熟知的法院地、行为发生地、财产所在地、结果发生地等概念。[②]

萨维尼的历史法学理论不仅促使了冲突法中最密切联系原则的产生，也深刻影响了欧陆国家的立法历程。法律关系本座说一经提出便深刻地影响了国际私法的概念体系，极大地加快了国际私法成文化、法典化的历史进程。1896年与1898年，德国和日本先后分别制定了《德国民法施行法》和日本《法例》。第二次世界大战结束后，先后有奥地利、联邦德国、日本、瑞士、罗马尼亚等近20个国家相继颁布和实施了各自的国际私法法规或法典，其均遵循萨氏的理论观点。[③]

"法律关系本座说"还推动了国际私法统一化运动的兴起与发展，《解决本国法和住所地法冲突公约》《海牙抚养儿童义务法律适用公约》《海牙国际有体动产买卖所有权移转法律适用公约》《国际货物买卖合同法律适用公约》《关于死者遗产继承的法律适用公约》等一系列得益于"本座说"的国际公约纷纷破茧而出。此外，国际公约的大量出现又反哺了各国国内法的发展，使得各国在涉外法的立法层面互相借鉴，主动吸纳国际通行做法，最终表现出国际私法趋同化、统一化的强劲势头。[④]

[①] 肖永平、谭岳奇：《西方法哲学思潮与国际私法理论流变》，《政法论坛》2001年第1期。

[②] ［德］弗里德里希·卡尔·冯·萨维尼：《法律冲突与法律规则的地域和时间范围》，李双元等译，法律出版社1999年版，第66页。

[③] 马德才：《论萨维尼的法律关系本座说在国际私法史上的影响》，《甘肃政法学院学报》2001年第2期。

[④] 马德才：《论萨维尼的法律关系本座说在国际私法史上的影响》，《甘肃政法学院学报》2001年第2期。

（四）现代学说时代

在萨维尼提出"法律关系本座说"后，其国际私法理念迅速为世界各国所采纳，成为现代国际私法的理论基石。各国在萨维尼思想的基础上制定自身的国际私法典（冲突法）。在萨维尼思想占据统治地位后，国际私法的理论与实践并未停止更新。随着世界经济一体化以及世界权力格局的深刻变动，传统的主权理论进一步受到冲击，"长臂管辖"与"最低限度"联系获得越来越多的关注和使用。①

美国是"长臂管辖"与"最低限度联系原则"的创制国。但在1945年之前，美国的司法管辖体系严格遵照属地主义原则。美国联邦最高法院强调各州（国家）主权平等，各州（国家）法院不得对非本州（国家）居民行使人身管辖权。② 1812年"Schooner Exchange v. McFaddon"案中，美国最高法院强调"一国在其领土内有绝对的和排他的管辖权"。③在1824年的"The Appollon"一案中，美国最高法院继续强调"没有国家的法律能够扩张至其领土之外"，并且也"没有国家能够有权力对他国的权利或主权价值进行控制"，因为"域外管辖是与他国国家独立与主权相关的"。④ 但是随着战后经济的发展，继续恪守严格的属地原则将会对美国的经济造成不利影响，针对注册地、营业地不在美国境内的跨国案件，美国法院亟须拓展管辖权，以维护本国利益。1945年"International Shoe Company v. Washington"案中，美国最高法院突破各州主权平等原则，确立了"最低限度联系"标准，⑤ 即如果非法院地被告与法院地间存在某种最低联系，并且依据此联系进行的诉讼不会违反"平等与实质正义的传统观念"，此时法院的管辖便符合"正当程序"要求。⑥ 至此美国的长臂管辖制度正式拉开序幕。

---

① 张家铭：《"霸权长臂"：美国单边域外制裁的目的与实施》，《太平洋学报》2020年第2期。

② 宋晓：《域外管辖的体系构造：立法管辖与司法管辖之界分》，《法学研究》2021年第3期。

③ See the Schooner Exchange v. McFaddon, 11 U. S. 116 (1812).

④ See the Appollon, 22 U. S. 362 (1824).

⑤ See International Shoe Company v. Washington, 326 U. S. 310 (1945).

⑥ See International Shoe Company v. Washington, 326 U. S. 310 (1945).

关于最低限度联系以及长臂管辖的历史与内涵，笔者在下文中有详细论述，这里不多赘述。总的来看，在长期的司法实践与理论发展中，各国法院对国际民商事案件行使管辖权的一般原则主要有：属地原则、效果原则、属人原则、专属管辖原则与协议关系原则。

二 属地管辖与属人管辖

（一）属地管辖

属地管辖原则是国际法上国家行使管辖权的基础性原则之一。国家领土内的一切人和物都属于国家的属地权威支配。在"荷花号"案中确立了一国只能基于领土或国籍，或在特殊案件中为保护特定的国家利益来行使管辖权。① 在国际民商事诉讼管辖权领域，属地管辖权是指以当事人的住所、居所、惯常居所、诉讼标的物所在地、法律关系或法律事实发生地为连接因素来确定由何国法院行使管辖权。② 它侧重于有关法律事件或法律行为的地域性质或属地性质，强调一国法院根据领土主权原则，对其所属领域内的一切人、物、法律事件和法律行为具有管辖权。③ 在国际民商事案件中，属地管辖原则通常为确定法院管辖权的首要原则，具体来说，某一国际民商事案件的当事人（尤其是被告）的所在地、住所地、经常居住地，案件所涉标的物所在地，财产所在地，法律事实（包括法律事件和法律行为）的发生地的法院都具有管辖权。④ 在司法实践中，德国、奥地利、英国、美国以及北欧各国都以属地管辖原则作为确定案件管辖权的基本原则。⑤

（二）属人管辖

属人管辖又称国籍管辖，是指国家对其国民享有属人支配的权威。⑥

---

① ［美］路易斯·亨金：《国际法：政治与价值》，张乃根等译，中国政法大学出版社 2005 年版，第 335 页。
② 肖永平：《国际私法原理》，法律出版社 2007 年版，第 347 页。
③ 黄进：《国际商事争议解决机制研究》，武汉大学出版社 2010 年版，第 35 页。
④ 如合同签订地、侵权发生地、无因管发生地、合同履行地等。
⑤ 刘懿彤：《国际民事诉讼管辖权与和谐国际社会构建》，中国人民公安大学出版社 2012 年版，第 20 页。
⑥ ［英］詹宁斯、瓦茨修订：《奥本海国际法》，王铁崖等译，中国大百科全书出版社 1995 年版，第 332 页。

属地权威与属人权威是国家主权的两个不同方面。该原则侧重考察国际民商事案件中当事人的国籍，强调一国法院对于涉及其本国国民的诉讼案件都具有受理和审判的权力，强调本国主权的属人优越权。法国以及拉丁法系各国一般都以属人管辖原则作为确定国际民商事案件管辖权的基本原则。① 这些国家主张内国法院对有关内国国民的诉讼具有管辖权，而不管有关内国国民在诉讼中处于原告还是被告的地位，即使有关诉讼与内国毫无关联也不例外。②

（三）效果原则

1945 年美国最高法院在著名的"铝公司案"中率先创立了"效果原则"（也称后果原则或影响原则），将《谢尔曼法》的第 1 条的管辖对象扩张至他国企业，为美国法院获得了广泛的域外管辖权。③ 1982 年，美国国会在《国际贸易反托拉斯促进法》中对"效果原则"进行了书面确定，即当发生在国外的行为，在美国国内产生了"直接的、实质性的并且是可以合理预见的"的限制竞争效果，即可主张对其行使管辖权。④ 按美国一些学者的理论，"效果原则"可从国际法中的客观属地管辖原则（客观属地管辖权允许国家对犯罪行为开始于他国但是犯罪后果发生于该国的罪行进行管辖）中推导出来。但是"效果原则"是不是一项基础性管辖原则还存在很大的争议。至少《奥本海国际法》就表达了否定性的观点，认为以管辖权的所谓"效果原则"为依据主张管辖权，并没有得到普遍的承认，这个问题仍然是有争议的。⑤ 在《奥本海国际法》中，作者表达如下担忧：若仅因为境外当事人某一行为在本国产生了后果，便可依此对其享有管辖权，这样的法律原则在某种程度上已经突破了属地原则的应有之义，存在破坏国际法治安定的嫌疑。⑥ 除权威论述中所表达的疑虑

---

① 黄进：《国际商事争议解决机制研究》，武汉大学出版社 2010 年版，第 35 页。
② 丁伟：《国际私法学（第三版）》，上海人民出版社 2013 年版，第 469 页。
③ 陈丽华、陈晖：《反垄断法域外适用的效果原则》，《当代法学》2003 年第 1 期。
④ 王海镇：《〈反垄断法〉与效果理论》，《政法论丛》2009 年第 6 期。
⑤ ［英］詹宁斯、瓦茨修订：《奥本海国际法》，王铁崖等译，中国大百科全书出版社 1995 年版，第 336 页。
⑥ ［英］詹宁斯、瓦茨修订：《奥本海国际法》，王铁崖等译，中国大百科全书出版社 1995 年版，第 336 页。

之外，再考察当今国际法学界对"效果原则"的论述，可以发现针对"效果原则"的地位和适用范围仍存在大量的争议。目前较多的观点认为在国际贸易领域，"效果原则"能够在竞争法和反垄断法方面发挥较大的作用，但是并不是在每个国际法领域它都能发挥作用。①

三 专属管辖与协议管辖

（一）专属管辖原则

专属管辖原则，学界也将其称为排他管辖原则，其是指特定类型的民商事案件由专门的内国法院管辖，当事人不能通过协议管辖予以排除，其他国家也必须尊重该国的专属管辖权。它具有强制性和排他性，在国际私法的众多管辖权原则中，专属管辖具有最为强烈的国际主权原则内核。② 它强调一国法院对于那些与国家及其国民的根本利益、国家重要的政治和经济问题联系密切的民商事案件无条件地享有国际管辖权，并且排除其他国家法院对该案件的管辖权。③

（二）协议管辖原则

协议管辖原则，是指在法律允许的范围内，双方当事人通过协议将他们之间业已发生或可能发生的涉外民商事争议，交付某国法院审理的管辖权制度。④ 协议管辖原则也称合意管辖原则，是指某些案件由双方当事人约定或者协议所指定的国家的法院行使管辖权的制度。它是当事人意思自治原则在国际民商事管辖权问题上的体现。⑤ 对于那些于国家及其国民的根本利益影响不大的国际民商事案件，国际社会普遍允许双方当事人基于意思自治原则，通过协议选择管辖法院。同时，由于该原则的适用实际上赋予了有关诉讼当事人享有一种只有有关国家和司法审判机

---

① Jason Coppel., "A Hard Look at the Effects Doctrine of Jurisdiction in Public International Law", *Leiden Journal of International Law*, No. 6 (1993), p. 73.
② 王次宝：《民事诉讼法典化背景下的管辖规则体系》，《河北法学》2022 年第 8 期。
③ 李旺：《国际私法（第三版）》，法律出版社 2011 年版，第 283 页。
④ 李双元主编：《国际私法》，北京大学出版社 2006 年版，第 418 页。
⑤ 汪炜晨：《论国际民商事诉讼协议管辖中实际联系原则之废除》，《国际法学刊》2022 年第 2 期。

关才具有的管辖权利,所以世界各国的立法和司法实践又都对该原则的具体适用加以一定限制。① 例如,《中华人民共和国民事诉讼法》规定,有关当事人只能用"书面形式"选择与其争议具有"实际联系"的法院作为管辖法院。

可以说,管辖权概念在整个国际法体系中处于居中地位,诸多国际法的概念与实践都是基于一国的管辖权而来的,管辖权制度是国际民商事案件管辖制度的核心要义,其中对"管辖权根据"的确认又是管辖权制度的核心问题。

四 全球化趋势下管辖权制度的新发展

前文中笔者已论述新国际经济形势所带来的冲击与改变,经济全球化、贸易一体化带来各国经济利益的范围越过传统主权的管辖范围。为顺应潮流,国际私法中的管辖权理论也发展出新的方向,如属地原则的扩张解释(长臂管辖)、意思自治原则的引入(协议管辖的优先性)等。

(一)长臂管辖制度

长臂管辖是美国管辖权制度中对人管辖权的一种,代表性案例则是国际鞋业公司诉华盛顿州案("International Shoe Company v. Washington")。② 在国际鞋业公司诉华盛顿州案之前,在对被告的人身管辖权方面,美国严格尊重各州主权,各州法院并不会对外扩大其管辖权。③ 国际鞋业公司诉华盛顿州案的判决改变了州法院对非居民(non-resident)管辖权的基本规则,推翻了已有66年历史的"Penynyer v. Neff"规则。④ 在国际鞋业公司诉华盛顿州案中,美国联邦最高法院通过放宽属地原则的要求,为长臂管辖的产生提供了动力。⑤ 美国最高法院在国际鞋业公司诉

---

① 范冰仪:《中国涉外协议管辖实践审思——以〈选择法院协议公约〉的批准为考量》,《社会科学战线》2022年第3期。

② See International Shoe Company v. Washington, 326 U. S. 310 (1945).

③ See McGee v. International Life Insurance Co, 355 U. S. 220 (1957).

④ John H. Jr. Johnson, "How Minimum is Minimum Contact-an Examination of Long Arm Jurisdiction," *South Texas Law Journal*, No. 9 (1966), pp. 186 – 189.

⑤ "Statutes: An Extension of Long-Arm Jurisdiction", *52 Minn. L. Rev.* 743 (1968).

华盛顿州案中确立了"最低限度联系"标准。① 通过"最低限度联系"标准，州法院可以合法地将管辖权扩张到非本州居民。②

在美国最高法院的推动下，美国各个州开始制定本州的长臂管辖规则。1955 年伊利诺伊州率先出台《长臂管辖权法令》，随后各个州陆续跟进。③ 值得注意的是，各个州在规定本州的长臂管辖法规时，其采取的认定标准并不完全一致。④ 美国各州在对"最低限度联系"进行立法时，采取了概括式与列举式两个不同的方式。⑤ 概括式立法模式的典型代表为加利福尼亚州的长臂管辖法令，该州民事程序法就直接规定"本州法院可以在符合美国和州宪法的基础上行使管辖权"（on any basis not inconsistent with constitution of this state or of the United States）。⑥ 概括式立法模式对"最低限度联系"的认定跟随最高法院的态度而浮动，具有很大的灵活性，避免了潜在的违宪风险，彻底消除了对"正当程序"的权衡过程。⑦ 与之相对的则是列举式的立法模式，一州会制定专门的长臂法规，以明文列举的方式详细枚举每一种符合"最低限度联系"要求的联结因

---

① See, "International Shoe Company v. Washington", 326 U.S. 310 (1945). 在这个案件中，最高法院维持了州法院对非居民公司被告的管辖权，尽管该案中国际鞋业公司与该州的唯一联系是 11—13 名销售人员，他们负责将订单发送到位于另一州的中央办公室。这一案件也标志着，由内夫案中的"实际存在"要求放宽为存在"联系"。原先是被告必须和州存在三种很强的"存在"关系，但是"长臂管辖"将其放宽为，只要被告与州存在最低限度的联系，就能获得对人的管辖权。

② Joseph W. Glannon, *Civil Procedure - Examples and Explanations* (Wolters Kluwer Press, 2011), p. 8.

③ Charles E. Jr. Wade, "Jurisdiction: The Long-Arm Statute", *Oklahoma Law Review*, Vol. 18, No. 434 (1965), p. 436.

④ 具体可以参见郭玉军、甘勇《美国法院的"长臂管辖权"——兼论确立国际民事案件管辖权的合理性原则》，《比较法研究》2000 年第 3 期，第 267—269 页等文献，其中明尼苏达州的长臂法规规定和哥伦比亚区法院的规定是存在差别的。美国法院行使长臂管辖要遵循两个步骤：第一，是否符合州的长臂法规；第二，是否符合宪法第 14 修正案的"正当程序条款"。当前美国司法实践普遍认为，只要不违反正当程序原则，如果被告与该州存在最低限度联系，即可进行管辖。

⑤ Forrest W. Walls, "Jurisdiction over Non-residents-the Washington Long-arm Statute", *Washington Law Review*, Vol. 38, No. 560 (1963), p. 564.

⑥ 参见《加利福尼亚民事程序法典》（"California Civil Procedure Code § 410.10."）。

⑦ Richard A. Barsotti, "Personal Jurisdiction over Nonresident Individuals: A Long-arm Statute Proposed for California", *Santa Clara Lawyer*, Vol. 9, No. 313 (1968 – 1969), p. 318.

素。这类立法的典型代表就是《统一州际和国际诉讼法》（"Uniform Interstate and International Procedure Act"），该示范法作为美国 20 多个州关于长臂管辖的示范法而被采纳。① 两种立法模式之间各有优劣，概括式的立法模式优点在于适用范围灵活，降低法官的裁判难度，缺点则是确定性不足。② 法官对于"最低限度联系"的裁定权过大，以至于即使是本州当事人也难以确定其是否存在。列举式的立法模式则更为清晰明确，虽然存在落后于现实需求的潜在风险，但是因为其确定性，这种立法模式更受到州政府的青睐。③

在各州的长臂法规出台之后，美国的长臂管辖制度就开始了有效地运行，在司法实践中扮演着独特的角色，并逐渐通过美国法院、各州立法，把长臂管辖作扩张性解释，适用到对国际案件的处理中，由此引发了广泛的国际争议。④

（二）意思自治原则的引入

意思自治原则为民法领域最为重要的原则之一，最早可追溯到古罗马法的私法自治。⑤ 1804 年《法国民法典》将契约自由视为民法最重要的三大法律原则，虽为明文规定意思自治原则，但是对后世民法的发展起到了至关重要的作用。随后德国法学界彻底吸纳了意思自治原则，并对其进行更深层次的理论提炼与制度化确认，将其写入了宪法与民法典中，成为整个法律体系的基石性原则之一。⑥ 意思自治原则经过百年历程，彻底深化为私法的基础原则。在意思自治原则奠定了民法领域的地

---

① Joseph W. Glannon, *Civil Procedure – Examples and Explanations* (Wolters Kluwer Press, 2013), p. 27.

② John J. Watkins, "The Arkansas Long-Arm Statute: Just How Long Is It", *Arkansas Law Review*, Vol. 40, No. 21 (1986), p. 47.

③ James A. Anderson, "Constitutionality of the Consumer Protection Long Arm Statute", *Gonzaga Law Review*, Vol. 10, No. 509 (1975).

④ 余涛：《美国司法长臂管辖权的演进逻辑》，《国际经济法学刊》2022 年第 3 期。

⑤ 刘懿彤、周紫薇：《民法意思自治原则对国际私法的影响》，《京师法律评论》2016 年第 10 期。

⑥ 1896 年的《德国民法典》第 305 条明确规定，只要法律无相反规定，只要有当事人之间的合意即可成立债（权利义务）的关系，也可据此改变债的内容。1919 年的《德意志共和国宪法》（《魏玛宪法》）第 152 条明文规定："经济关系，应依照法律规定，为契约自由原则所支配。"

位后，国际私法的学者们尝试将其引入国际私法的管辖权制度范围内，创设出协议管辖制度。关于协议管辖制度的历史发展，笔者在后文有详细论述，故不在此重复。

第二节　中国国际商事法庭管辖权制度设计的背景与缘由

中国国际商事法庭管辖权制度的建立始于 CICC 作为最高人民法院管辖涉外商事案件的常设机构的组织建构，而在 CICC 成立之前，涉外商事案件在中国的各级各类人民法院（包括最高人民法院）中，都是由具有涉外性质的专门审判庭负责的。所以说，中国国际商事法庭的管辖权体系不是凭空出现的，它根植于中国数十年的涉外民商事案件管辖经验。最高人民法院对过往各级涉外民商事案件管辖经验进行总结归纳，以服务国家"走出去"的战略大局为根本目标，为中国国际商事法庭量身定制其管辖权制度。基于此，CICC 的建立本身就是这种涉外商事案件管辖权制度化、规范化的体现。

一　管辖权竞争中的国际商事法庭兴起类型与特征

前文中笔者在对商人驱动型法庭（院）进行列举阐释时已经提及，国际商事法庭（院）的诞生与中世纪商人群体的出现密不可分，最早可以追溯到中世纪的西欧商业城市。在当时各商业城市中出现了一种名为"灰脚法庭"的特殊法院机构，以高效处理不同城邦间商人的民事纠纷。[①]之所以被称为灰脚法庭，据考证有两种原因：第一是该法庭的管辖对象是穿梭在欧洲大陆上的跨国商人；第二是该法庭的裁判高效，还未等商人擦去脚上的尘土，判决便已作出。灰脚法庭的产生同时包含着国家推动与商人驱动这两方面的背景原因。前文中笔者已经论述，中世纪的商人群体的壮大发展，既促进了各商业城市的繁荣，为一国增加税收，又

[①] 朱伟东：《国际商事法庭：基于域外经验与本土发展的思考》，《河北法学》2019 年第 10 期。

因独特的商事审判需求而呼唤商事友好型司法体系的诞生。基于此,各国在本国已有的法庭架构基础上,特设出灰脚法庭,以回应现实需求。虽然灰脚法庭出于种种原因未能存续至今,但是其开拓性的精神为后世国际商事法庭的创设指明了可行性。①

现代意义上的国际商事法庭起源于1895年英国伦敦商事法庭。② 受益于作为工业革命与资产阶级革命的先驱国家,伦敦成为当时世界的政治、商业、文化中心。伴随着金融与贸易的繁荣,大量复杂的、高度专业化的国际纠纷纷至沓来,如何平衡传统、低效的审判体系与专业化的国际商事纠纷之间的矛盾,成为英国司法体系面临的首要难题。至"罗斯诉澳大利亚银行案"后,英国政府以灵活务实的姿态,建设了伦敦商事法庭,并大获成功。③ 在伦敦商事法庭建立后,其他志在竞争全球商业中心的国家和地区也着手建立自己的商事法院。针对这些后发的国际商事法庭,除前文中笔者已经论述的商人驱动型与国家驱动型的分类外,还可以将国际商事法庭分为纯粹的国际商事法庭与不纯粹的国际商事法庭、独立式的国际商事法庭与嵌入式(非独立式的)国际商事法庭。具体来说,纯粹的国际商事法庭是指其受案管辖范围仅限于国际纠纷的商事法庭,如 CICC、SICC、布鲁塞尔国际商事法庭、荷兰商事法庭等。不纯粹的国际商事法庭是指其受案管辖范围同时包括本国商事纠纷与国际商事纠纷,如印度商事法庭、英国商事与财产法院、纽约南区法院、DIFC 等便是此类。

独立式的国际商事法庭是指在内国已有的法院体系外独立设立、不隶属于现有法院体系的国际商事法庭,这样的设立模式通常需要较大力度的法律修改,如卡塔尔国际法院和争议解决中心、DIFC、阿斯塔纳国际金融中心法院便是此类;非独立式的国际商事法庭是指在现有的法院系统内设立且隶属于特定法院的国际商事法庭(也被学者称为嵌入式的国际商事法庭),如中国国际商事法庭隶属于最高人民法院、新加坡国际

---

① 赵立行:《论中世纪的"灰脚法庭"》,《复旦学报》(社会科学版)2008 年第 1 期。
② 柴晔:《解密伦敦自由港》,《国际市场》2013 年第 6 期。
③ 王涛:《英国商事法院的司法实践》,《人民法院报》2017 年 12 月 8 日,第 8 版。

商事法庭隶属于新加坡最高法院、纽约南区法院隶属于第二上诉巡回法庭、印度商事法庭隶属于印度最高法院等。这样的设立模式所需的改革力度较低，试错成本也相对较低。①

二 中国国际商事法庭的建立背景

在当前国际经贸环境中，逆全球化和保护主义盛行，而中国高举"全球化"大旗，通过"一带一路"倡议，努力提振全球经济，维护贸易自由化，旨在共同实现"人类命运共同体"这一宏伟目标。② 2012 年起，"一带一路"倡议的雏形便已出现。国内外政界与学术界针对"一带一路"倡议中包含的重大问题也进行了广泛的讨论。③ 2013 年的 9 月、10 月，国家主席习近平在哈萨克斯坦和印度尼西亚的讲话中相继明确提出了构建"丝绸之路经济带"和"21 世纪海上丝绸之路"的伟大设想。2014 年 12 月，中央经济工作会议将"一带一路"倡议的顺利实施列入年度重要工作任务。至此"一带一路"倡议成为影响中国内政外交的重要指导思想。2015 年 3 月，国务院联合三部委发布了《推动共建丝绸之路经济带和 21 世纪海上丝绸之路的愿景与行动》，"一带一路"倡议的建设工作正式开始。④ "一带一路"倡议自 2013 年推出后便受到了国际社会的高度重视，2016 年联合国将其写入大会决议。截至 2023 年 6 月，中国已同 152 个国家和 32 个国际组织签署 200 余份共建"一带一路"合作文件。⑤

十年时间过去，"一带一路"倡议的覆盖范围已不再局限于初始的 60 多个沿线国，一个开放、包容、协商共建的国际经贸、政治、法律、文化交流平台已经出现，中国欢迎任何一个国家加入"一带一路"的大家

---

① 朱伟东：《国际商事法庭：基于域外经验与本土发展的思考》，《河北法学》2019 年第 10 期。
② 张勇健：《国际商事法庭的机制创新》，《人民法院报》2018 年 7 月 14 日，第 2 版。
③ 翟崑：《"一带一路"建设的战略思考》，《国际观察》2015 年第 4 期。
④ 刘岩：《"一带一路"倡议下我国设立国际商事法庭的必要性》，《沈阳工业大学学报》（社会科学版）2018 年第 6 期。
⑤ 《已同中国签订共建"一带一路"合作文件的国家一览》，中国一带一路网，https://www.yidaiyilu.gov.cn/gbjg/gbgk/77073.htm，最新访问日期：2023 年 6 月 14 日。

庭。但是由于国别的多元化，也必将大幅提高国际投资经贸纠纷的多样性与复杂性。① 第一，从法律体系的角度来看，"一带一路"倡议涵盖了各种不同的法律体系与法律文化，其成员国既包含大陆法系国家，也包含普通法系国家，乃至伊斯兰法系国家。甚至在一个国家内部也会出于历史与政策原因同时存在多个不同的法域。以中国为例，中国内地实行成文法而中国香港则实行普通法，又如前文中笔者提及的迪拜金融中心，在该中心内以普通法作为基准法。复杂多样的法律体系与法制文化使得"一带一路"倡议中的投资经贸关系面临着较大的法律风险。② 同一个民商事法律行为在不同的国家法律观念下将会呈现出截然相反的结果。③ 第二，从政治体制来看，"一带一路"成员国的政体各异，既有贵族共和制也有民主制，既有君主制也有共和制。④ 不同的政体之间可能因为理念的差异而造成政治安全隐患，甚至是战争风险，"一带一路"倡议的顺利实施离不开稳定和谐、互相谅解的国际环境。⑤ 第三，出于历史文化原因，各类宗教（包括同一宗教内的各个教派）在很多"一带一路"倡议成员国中扮演着重要角色，深刻地影响着该国的社会政治文化与民众认知。在"一带一路"成员国中，有些国家实行政教合一的制度，也有些国家深受某一宗教理念的影响，因此，对该类国家的经济建设以及人员往来必须予以谨慎对待。⑥ 第四，国际经贸投资，尤其是涉及基础设施建设、自然资源开发等方面的投资，往往受东道国国内自然资源和自然环境的影响。因此，在推进"一带一路"倡议建设时，必须慎重考察当地的自

---

① 覃华平：《"一带一路"倡议与中国国际商事法庭》，《中国政法大学学报》2019年第1期。

② 朱伟东：《国际商事法庭：基于域外经验与本土发展的思考》，《河北法学》2019年第10期。

③ 比如根据伊斯兰法，利息是不被允许的，是违背伊斯兰法的根本原则的，但是利息在很多国家都是被认可的，具有合法性。

④ 覃华平：《"一带一路"倡议与中国国际商事法庭》，《中国政法大学学报》2019年第1期。

⑤ 陈燕红、罗传钰、陈来瑶：《"一带一路"国际商事争端解决机制的队伍建设与机构完善——基于域外经验》，《广西大学学报》（哲学社会科学版）2020年第3期。

⑥ 熊晨：《"一带一路"视野下中国国际商事法庭的构建》，《上饶师范学院学报》2019年第2期。

然禀赋，以免造成国际争端。第五，国际紧急事件会对"一带一路"倡议实施产生巨大的负面影响、带来巨大的挑战，如从 2020 年年初开始席卷全球的新冠疫情蔓延，就给"一带一路"倡议顺利实施造成了巨大的阻力，引发了大量的纠纷和商业风险。

在各国投资经贸往来过程中，根据纠纷主体的地位与性质可以大概分为以下三类：一类是平等私主体之间的国际民商事纠纷；一类是东道国与他国投资者之间的国际投资纠纷；一类是国与国之间的，涉国际公法的条约义务履行纠纷。① 对于各类国际投资经贸纠纷，需要采用相配的争议解决方式妥善处理之。类似于内国纠纷解决，诉讼、仲裁、调解也是常用的国际争议解决方式。仲裁、诉讼与调解这三者各有优劣，其所达到的法律效果也不尽相同，本书所探讨的主要为平等主体之间的国际民商事纠纷以及其争端解决方式，但涉及婚姻、家庭等存在身份关系的国际民事纠纷则不在本书的研究范畴之中。

面对层出不穷的国际经济争端和纠纷，先发国家采取设立国际商事法庭的模式以妥善应对各种挑战。② 有些国家进行了专门立法或修法，尝试构建商事友好型的国际商事法庭（院），如允许本国法院使用英语作为官方工作语言，简化甚至排除本国诉讼法的适用，构建更为便利快捷的诉讼程序，以提高纠纷解决效率，吸引更多的国际当事人选择。③ 例如，新加坡政府为了新加坡国际商事法庭的顺利建立，曾专门修改宪法，对其最高法院的机构体制作出改革，以彰显其高规格。后新加坡国际法庭为更好地凸显国际性，提升其国际商事争议解决的专业性，新加坡政府再次修改宪法，创设国际法官制度并允许国际律师作为代理人出席审判。④

---

① 伍红梅：《"一带一路"国际商事争端解决机制之构建》，《司法体制综合配套改革与刑事审判问题研究——全国法院第 30 届学术讨论会获奖论文集（上）》，人民法院出版社 2019 年版，第 579 页。
② 沈伟：《国际商事法庭的趋势、逻辑和功能——以仲裁、金融和司法为研究维度》，《国际法研究》2018 年第 5 期。
③ 覃华平：《"一带一路"倡议与中国国际商事法庭》，《中国政法大学学报》2019 年第 1 期。
④ 卜璐：《"一带一路"背景下我国国际商事法庭的运行》，《求是学刊》2018 年第 5 期。

新制度经济学的基本思想是将制度视为重要的内生变量，并主张制度决定着市场经济活动、深刻影响理性人的价值选择。其代表人物诺思认为，作为一种制度安排，法律的价值在于保护市场制度的稳定性，降低交易成本，维护当事人的利益，保障和提升经济活动的效率。① 他将争议解决机制视为法律制度的重要维度。随着经济发展的全球化，任何一个国家或组织都无法回避国际竞争，但是传统的法律理念已经无法胜任当代资本、人力等要素的流动需求，所以当今国际竞争的重点在于制度的竞争，核心是法律制度与司法理念的竞争。② 制度竞争是制度演进的原动力，也是增加法律供给、转变法律理念、提升市场效率的有效途径。因此，从制度竞争理论的角度更能解释各国争先恐后设立国际商事法庭（院）的原因，即追求其在国际商业版图中的法律比较优势，掌握国际商事领域的主动权和话语权。③

笔者认为，国际商事法庭（院）的制度竞争优势表现为以下四个方面。

一是解决商事争议的方式更加全面专业。通常而言，各国国际商事法庭（院）一般都会聘请来自各行各业具有丰富争端解决经验的法官和对于各国商事交往惯例十分熟悉的专家学者担任审理案件的法官。对于妥善处理纷繁复杂的国际商事纠纷，法律专业性就显得尤为重要，而这里的法律专业性不仅是指要有专业的内国法律作为依据，更要有高法学素养的法官团队。④

二是相比于国内外常规法庭在审判方面具有更大的自主性。首先，国际商事法院尽管位于某一内国的司法机关系统之内，但因为其管辖权依据与传统的内国商事法院不同，国际商事法院不再拘泥于属地原则与属人原则等客观联结因素，其更注重当事人的意思自治这一主观联结因

---

① 姜丽丽：《国际商事法庭的未来抉择》，《人民司法》2019 年第 10 期。
② 姜丽丽：《国际商事法庭的未来抉择》，《人民司法》2019 年第 10 期。
③ 谷浩、林玉芳：《中国国际商事法庭构建初探》，《大连海事大学学报》（社会科学版）2018 年第 4 期。
④ 廖宇羿：《论"一带一路"倡议下中国国际商事法庭的定位》，《经贸法律评论》2019 年第 2 期。

素。很多国际商事法庭定位为"离岸型"国际商事法庭，可以受理与本国无实际联系的案件。所以从根本上来说，当事人选择国际商事法院进行管辖可以有效避免国家或地区的权力干预。其次，如果争议双方的主体、客体、内容全部"涉外"，因协议管辖而诉至某一国际商事法庭，则进一步增强国际商事法院的独立性。此外，因为国际商事法庭通常聘请他国专家作为审判员，其法官的独立性也受到充分保障。[1]

三是当事人可自由选定争议所适用的实体法，不受特定国家法律的管辖。国际商事法庭通常以协议管辖作为案件的主要来源，当事人意思自治原则是国际商事法庭运行的核心原则，尊重与适用当事人合意选择的准据法处理商事纠纷，既可以保证商事主体对于交易的法律后果有正确的法律判断，增强可预见性，又可以提升判决的执行力，促进商事交易的有序进行，也为自身国际声誉的积累提供助力。[2]

四是审判效率比较高。国际商业环境瞬息万变，高效地处理商事争端对当事人而言必不可少。传统的内国涉外法庭必须遵循本国的诉讼程序法，某一民商事纠纷很可能需要在内国法院经历一审、二审、三审、再审等审判程序，耗时漫长、诉讼效率低下。[3] 繁杂的内国诉讼程序使争议双方当事人的权利义务关系长期处于某种不确定的状态，即使当事人最终收获判决，其意图维护的商业利益可能业已消失。相较于内国法院，国际商事法庭有权灵活适用诉讼程序，不受严格证据开示等程序的限制，可以极大地节省纠纷处理的时间成本，尽快将当事人之间的权利义务以具有既判力的法律文书确定下来，以便更有效地维护商事主体的权益。

为了顺利推进"一带一路"倡议，赢得国际商事领域的制度竞争优势，中国顺应国际潮流，设立了中国国际商事法庭。2018年6月27日，中国最高人民法院公布了《关于设立国际商事法庭若干问题的规定》（以下简称《规定》）。该《规定》阐述了国际商事法庭的管辖范围、国际商

---

[1] 毛晓飞：《独特的德国国际商事法庭模式——解析〈联邦德国引入国际商事法庭立法草案〉》，《国际法研究》2018年第6期。

[2] 何其生课题组：《论中国国际商事法庭的构建》，《武大国际法评论》2018年第3期。

[3] ［日］田中成明：《现代社会与审判：民事诉讼的地位和作用》，郝振江译，北京大学出版社2016年版，第74页。

事案件的定义和可供选择的争议解决形式,自 2018 年 7 月 1 日起施行。2018 年 12 月 5 日,最高法院发布并正式施行《最高人民法院办公厅关于确定首批纳入"一站式"国际商事纠纷多元化解决机制的国际商事仲裁及调解机构的通知》《最高人民法院国际商事法庭程序规则(试行)》《最高人民法院国际商事专家委员会工作规则(试行)》三项规范性文件。至此中国国际商事法庭的基础规范框架已经架构完成,中国国际商事法庭的"一站式"纠纷解决平台的建设要点也已明确,更标志着中国国际商事法庭进入正式运行阶段。2018 年年末,最高人民法院发布官方公告,表示中国国际商事法庭第一、第二分庭已经受理第一批国际商事案件。截至 2022 年,中国国际商事法庭已有十几个案件审结。

三 中国国际商事法庭的重要性

当前,由中国所发起的"一带一路"倡议已然成为推动世界经济发展、连通世界政治文化交流、维护世界局势稳定的中坚力量。建立中国国际商事法庭,是服务中国重大战略部署、增强与沿边各国的政治互信的必然举措。中国国际商事法庭的建立必定会为"一带一路"倡议的顺利实施提供公正、廉洁、专业、高效的国际法律服务,必将极大地增进共建"一带一路"合作国家之间的经济合作与文化交流。前文中笔者已经论述,"一带一路"沿线各国的政治经济以及法律制度都存在着较大差异。如何妥善解决各国之间的经贸纠纷事关"一带一路"倡议的成功推进。[1] 因此,在中国建立专门用于解决各沿线国之间的商事纠纷的国际商事法庭具有十分重要的现实意义。

2013 年,中国提出了"一带一路"倡议,旨在建立具有包容性政治认同、经济社会文化法制一体化的经济利益共同体和国家命运共同体。"一带一路"倡议必将使中国扩大对外开放的程度,增加人才和资源的供应,进一步扩大与周边国家的经贸活动。资本、人力、商品和公共服务的跨境自由流动将会不可避免地导致"一带一路"沿线国家之间的商事

---

[1] 张春良:《论"一带一路"视域下中国涉外司法公信力铸造之道——以最高人民法院为中心的考察》,《四川大学学报》(哲学社会科学版)2022 年第 5 期。

纠纷激增。而能否妥善处理上述国际商事争端事关"一带一路"倡议的成功与否,是当前中国司法实践所遇到的重大问题。① 法治理念是现代文明国家共同认可的基础价值理念,人民法院作为司法机关,在"一带一路"的建设中理应发挥更大的作用,为"一带一路"建设提供充足的司法服务、制度保障,彰显中国智慧。前文中笔者已经详细论述了"一带一路"倡议建设过程中国际商贸争议的多样性、复杂性与专业性。对此曾有学者建议,鉴于"一带一路"沿线国家之间的法律发展水平不一、司法体制差别较大、外国当事人难以维权等现实困境,中国应尝试建立一个统一的国际公约,将"一带一路"沿线各国的商事纠纷解决规则规范化、同质化。② 笔者认为这样的建议是不可取的,"一带一路"沿线各国的经济发展水平与社会发展水平差异巨大,达成统一的国际公约的难度过高,且即使达成相应的国际公约也会因为地区差异而无法获得施行。在此背景下,为维护"一带一路"倡议的平稳运行,中国最高人民法院于 2018 年组建了中国国际商事法庭,颁布了多项规则,对中国国际商事法庭的管辖制度、人员构成、外国法查明、多元化纠纷解决、判决与仲裁的执行等事关当事人切身利益的事项作出了明确规定。因此,中国国际商事法庭的建立,对于保障"一带一路"倡议顺利建设,营造出色的法治环境,顺应各国对高质量司法服务的需求等方面起到了至关重要的作用。③ 此外中国国际商事法庭的设立能保障"一带一路"沿线的国际商事纠纷获得公正、高效的处理,减少成员国之间的冲突与矛盾,充分发挥倡议发起国的领导作用。④ 与此同时,CICC 的设立也使得原先由普通国内法庭承担的涉外商事案件管辖职能变成专门审理涉外商事案件的机

---

① 李向阳:《对"一带一路"的研究现状评估》,《经济学动态》2019 年第 12 期,第 28 页。

② 谢来辉:《"一带一路"的理论本质是经济一体化》,《辽宁大学学报》(哲学社会科学版) 2019 年第 1 期。

③ Jerome A. Cohen, "Law and Power in China's International Relations", *New York University Journal of International Law and Politics*, Vol. 52, No. 123 (2019), pp. 124 – 161.

④ Zachary Mollengarden, "One-stop Dispute Resolution on the Belt and Road: Toward an International Commercial Court with Chinese Characteristics", *UCLA Pacific Basin Law Journal*, Vol. 36, No. 65 (2019), pp. 65 – 110.

构的司法管辖职能，从而进一步健全和完善了涉外商事案件管辖制度，增强了商事案件管辖制度的规范性，优化了最高人民法院处理涉外商事案件管辖制度的结构，提升了涉外商事管辖能力和水平。[①]

第三节 中国国际商事法庭管辖权制度的基本内容

中国国际商事法庭关于管辖权的制度规定主要体现在《规定》的第2条与第3条中。《规定》的第2条与第3条对CICC的事项管辖权、协议管辖权、移送管辖权、级别管辖权、裁量管辖权、仲裁管辖权进行了初步的规定，具体如下。

一 中国国际商事法庭的事项管辖权制度

关于CICC事项管辖权的规定。《规定》第2条明确了中国国际商事法庭一审处理五类国际商事案件。[②]《规定》第3条则对国际商事案件的具体含义进行了限定，即具有下列情形之一的商事案件，可以认定为本规定所称的"国际商事案件"，其包括四种情形：一是从当事人国籍的角度界定案件的国际性；二是从当事人的经常居所地的角度界定案件的国际性；三是从标的物所在地的角度界定案件的国际性；四是从形成、改变或者消除商事合同的法律事实发生地来界定案件的国际性。上述规定对"国际性"的定义参照了出台的《涉外民事关系法律适用法》司法解

[①] Michael Stash, "The New Silk Road: The Chinese Supreme People's Court's 'International Commercial Court' and Opportunities for Alternative Dispute Resolution", *Ohio State Journal on Dispute Resolution*, Vol. 35, No. 1 (2019), pp. 109–132.

[②] 包括当事人依照《民事诉讼法》相关的规定协议选择最高人民法院管辖且标的额为人民币3亿元以上的第一审国际商事案件；高级人民法院对其所管辖的第一审国际商事案件，认为需要由最高人民法院审理并获准许的；在全国有重大影响的第一审国际商事案件；依照该《规定》申请仲裁保全、申请撤销或者执行国际商事仲裁裁决的以及最高人民法院认为应当由国际商事法庭审理的其他国际商事案件。

释（一）的第1条和《中华人民共和国民事诉讼法》第520条①中涉外的定义，从主体、客体、法律事实的角度对"国际性"进行界定。中国国际商事法庭采用上述形式判断"国际性"的有无，这一做法充分体现了中国司法制度的一贯性与可预测性，为当事人选择中国国际商事法庭，顺利开展诉讼活动降低了适应成本。

美中不足的是，《规定》并未对"商事"概念进行界定，而是直接使用"具有国际性的商事案件"这一模糊用语。针对"商事性"的概念内涵，中国的现有法律法规尚未作出明文规定。不过根据中国在加入《纽约公约》时作出的商事保留声明，可以管窥中国国际商事法庭对"商事性"概念的内涵理解。②

二　中国国际商事法庭的协议管辖权制度

除事项管辖权以外，《规定》第2条也就中国国际商事法庭的协议管辖制度作出了规定。协议管辖一般是指民商事争议的双方当事人依照意思自治原则，自由选定法院作为彼此之间争议的一审法院。③ 协议管辖是各国国际商事法庭（院）管辖权来源的重要途径，中国国际商事法庭同样将协议管辖作为案件的主要来源。根据《规定》第2条第1款的规定，CICC的协议管辖具有以下特征：第一，当事人的协议管辖必须遵守《中华人民共和国民事诉讼法》的安排（指向2021年新修订民诉法第35条）；第二，当事人须书面选择最高人民法院为纠纷的一审法院；第三，争议所涉的标的额不得低于3亿元人民币。而根据2021年新修订的《中华人民共和国民事诉讼法》第35条的规定，当事人协议管辖的法院必须与本案争议具有实际联系，针对实际联系的认定，《中华人民共和国民事诉讼法》第35条作了列举式规定。④ 此外，当事人必须以书面形式约定

---

① 2022年修正的司法解释的第520条，全文同。
② 具体参见《最高人民法院关于执行我国加入的〈承认及执行外国仲裁裁决公约〉的通知》第2条。
③ 王吉文：《我国统一协议管辖制度的适用问题研究》，中国政法大学出版社2016年版，第1页。
④ 如原被告住所地，合同的履行地、签订地，标的物所在地，等等。

管辖法院，口头约定不被认可。根据上述规定可以看出，当事人想要顺利达成协议管辖存在一定的限制条件。

首先，根据 2021 年新修订的《中华人民共和国民事诉讼法》第 35 条的规定（立法精神同旧法保持一致），书面形式是诉讼管辖协议的唯一法定形式，民诉法并未授予口头形式的管辖协议以法律效力。

其次，管辖协议所选择的法院地点必须与争议具有实际联系，这就意味着，CICC 的管辖权客体从"国际商事案件"变为实际上的"涉外商事案件"，与中国的司法审判主权没有任何法律联系的纯粹国际商事案件，不在 CICC 的管辖范围。然后，协议选择中国国际商事法庭管辖的国际商事案件的标的额必须为人民币 3 亿元以上。

最后，当事人在管辖协议中约定的法院须为最高人民法院。

三 中国国际商事法庭的其他管辖权制度

《规定》还设计了其他类型的管辖制度，例如 CICC 的移送管辖制度。移送管辖有广义和狭义之分，狭义的移送管辖是指无管辖权的法院将其受理的案件移送给有管辖权的法院，广义的移送管辖则泛指诉讼程序中管辖法院的变更。[①] CICC 采用了广义上的移送管辖制度，允许将省一级高院的国际商事纠纷移送至最高院管辖。《规定》第 2 条第 2 款规定了 CICC 的移送管辖制度，这也意味着那些不符合协议管辖条件要求的国际商事案件仍有机会进入最高人民法院，获得中国国际商事法庭的专业审判。中国国际商事法庭的移送管辖须高级人民法院依职权作出，并获得最高人民法院的准许。中国国际商事法庭的管辖制度在建设之初便参考了其他先行国际商事法庭（院）的有益经验，就案件来源而言，中国国际商事法庭意图以协议管辖作为案件的主要来源，但是因为《规定》第 2 条对实际联系原则的坚持，致使当事人之间达成生效协议管辖的规则阻碍较多，因此 CICC 在当下的受案数量较少。移送管辖机制对案件管辖权的调整也更加灵活，降低了 CICC 的受案门槛，进而避免在中国国际商事

[①] 黄川：《民事诉讼管辖研究：制度、案例与问题》，中国法制出版社 2001 年版，第 212 页。

法庭成立初期出现案例数量不足的状况。

再如，CICC 的级别管辖制度。中国国际商事法庭作为最高人民法院的内设机构，其审判职权范围也遵循最高人民法院的审判职权范围。其中《规定》第 2 条第 3 款与第 5 款充分体现了中国国际商事法庭的级别管辖权。第 3 款规定，中国国际商事法庭有权审理在全国具有重大影响的一审民商事案件。此处规定的中国国际商事法庭的管辖权即为级别管辖，它不受前款移送管辖的限制，无须省一级高院提请，中国国际商事法庭即可依职权自行提审符合要求的一审民商事案件。第 5 款的规定为兜底条款，由最高人民法院决定应由中国国际商事法庭审理的一审民商事案件。第 3 款与第 5 款集中体现了中国国际商事法庭的级别管辖权，也从侧面体现出其地位之高。

此外，中国国际商事法庭通过组建"一站式"纠纷解决平台，融合诉讼、调解、仲裁等多种纠纷解决机制，统筹管辖进入中国国际商事法庭的案件，为每一个当事人提供公正、高效的法律服务。目前，针对国际商事纠纷常见的争端解决机制包括调解、仲裁及诉讼。而以仲裁与调解为代表的多元化纠纷解决机制的重要性正受到更多的关注。调解是国际商事争议解决领域典型的私人纠纷解决方式，其优势在于高度的灵活性和充足的意思自治，调解程序关注的重点在于为双方当事人提供一个可接受的调解协议，其并不关注纠纷的具体事实，也不存在强制性的举证质证程序。[①] 调解程序的启动、进行、完成、终止均取决于当事人之间的合意，能最大限度地保护当事人之间的商业互信，保留持续进行商业合作的可能。调解制度对当事人意思自治的尊重，有助于维护当事人之间的商业关系，是"以和为贵"的止诉理念在"一带一路"建设中的突出表现。笔者坚信，在"一带一路"的建设过程中，调解将成为双方当事人首要考虑的纠纷解决形式。[②] 相较于调解，仲裁除具有尊重当事人意

[①] Christina G. Hioureas, "The Singapore Convention on International Settlement Agreements Resulting from Mediation: A New Way Forward", *Economic Law Quarterly*, Vol. 46, No. 61 (2019), pp. 61–70.

[②] Patrick M. Norton, "Conflicts on the Belt & Road: China's New Dispute Resolution Mechanism", *Indian Arbitration Law Review*, Vol. 8, No. 82 (2019), pp. 101–121.

思自治的优势之外，也因其具有高效、公正、制度化的特点而备受重视。①《纽约公约》的成功也保证了仲裁结果能够在世界上大多数国家得到承认与执行。基于上述优势，仲裁已经成为国际商事纠纷处理的首选方案，在"一带一路"的建设中，仲裁必将发挥更大的作用。② 自进入 21 世纪以来，中国便十分重视多元化纠纷解决机制的建设，并将其视为预防社会矛盾、化解社会纠纷的重要制度保障。经过十多年的顶层制度设计与实践操作，已经积累了丰富的理论和实践经验。③ 此次中国国际商事法庭"一站式"纠纷解决平台的建设，将诉讼、仲裁、调解三者的有机融合带向了新的高度，为当事人的争议解决提供了丰富的制度选择空间。④ "一站式"国际商事争端解决机制也将涉外商事案件的国内管辖权制度有机地统一在一起，保证了涉外法治的统一性以及国内法治与涉外法治之间的有机协调。

四　中国国际商事法庭管辖权制度的特点

（一）一审终审

何为审级制度？审级制度是指一国法院依照宪法与法律的规定，将审判机关作出组织层级上的划分，并规定某一案件最多可经几级法院审判程序即告终结的司法制度安排。从一般法理的角度而言，任何一种纠纷解决形式其背后首要考虑的元价值即为公正与效率。公正与效率二者之间呈现负相关的联系态势，若一个纠纷解决机制过分强调公正价值，将会大量消耗社会司法资源，加重当事人的时间与金钱成本，势必会造成效率的下降；若一个纠纷解决机制过于强调效率价值，则难以保证当

---

① 王福华：《论诉前强制调解》，《上海交通大学学报》（哲学社会科学版）2010 年第 2 期。

② 胡仕浩：《中国特色多元共治解纷机制及其在商事调解中应用》，《法律适用》2019 年第 19 期。

③ 赵旭东：《纠纷与纠纷解决原论——从成因到理念的深度分析》，北京大学出版社 2009 年版，第 153 页。

④ 薛源、程雁群：《以国际商事法庭为核心的我国"一站式"国际商事纠纷解决机制建设》，《政法论丛》2020 年第 1 期。

事人获得公正的决断。① 即使在审级制度安排中，两种价值之间仍存在着明显的张力。一般来说，审级越高，则对正义的追求多一些，审级越低则偏向效率多一点。因此，一国司法体制在进行审级安排时，必须对二者进行权衡取舍，寻找到一个平衡点。②

CICC 在管辖权制度上的一个突出特点便是采取一审终审审级管辖制度。这样的审级管辖制度安排，既有制度设计上的优势也存在一定的不足，优势体现在以下几个方面。

一是一审终审制提升了纠纷解决的效率，大幅降低了当事人的诉讼成本。长久以来，国际商事诉讼存在效率低、复杂度高、耗时长等缺点，具体而言有以下两种体现：第一，国际商事诉讼的时间跨度冗长而且手续复杂，这直接导致双方当事人须耗费大量的时间精力以应付诉讼程序的要求，但即使是当事人尽力满足一国诉讼程序法的规定，仍将面对一审、二审、三审乃至再审程序，当事人不得不付出大量的金钱与时间成本，苦等最终的生效判决；第二，在经过了长时间的诉讼程序后，当国际商事诉讼的判决最终作出生效时，当事人所追求的案件利益可能早已不复存在，当事人之间也难以继续开展商业合作。③ 基于上述原因，当事人往往出于成本与效率的考虑尽量避免选择进行国际商事诉讼，转而采取国际商事仲裁或国际商事调解。CICC 建设的根本理念之一就是高效便捷地解决当事人之间的争议。因此，最高法院突破了中国原有的二审终审制，对中国国际商事法庭采取一审终审的审级安排。一审终审的审级制度能够有效抑制国际商事诉讼程序中费时冗长的现象，极大程度地降低当事人的诉讼成本，能吸引更多的当事人选择中国国际商事法庭行使管辖。此外，一审终审制将直接保证判决作出之时起即告生效，最大限度地保障判决的确定力，从而间接保障当事人权益的实现。

二是一审终审制度节约了国际商事法庭的司法资源。中国国际商事法庭采取内嵌式的组织安排，其为最高人民法院的常设机构，所以，其

---

① 沈宗灵主编：《法理学》（第四版），北京大学出版社 2014 年版，第 112 页。
② 吕世伦、公丕祥：《现代理论法学原理》，黑龙江美术出版社 2018 年版，第 225 页。
③ 陈荣宗：《国际民事诉讼与民事程序法》（第五册），三民书局有限公司 1998 年版，第 11 页。

采取一审终审制既符合了最高人民法院的特殊地位,又体现了其专业化与严肃性。① 与二审终审制和三审终审制相比较,一审终审制因为无须经过复杂、冗长的上诉程序,所以其审判效率最高,其消耗的司法资源也最少。中国国际商事法庭作为最高人民法院的常设机构,其人员组成均由最高法院择优抽调而成,其司法资源非常宝贵。在有限的司法资源下,实行一审终审制,能够在个案中提高审判效率,倒逼国际商事法庭提供更高质量的司法服务。因此,CICC在审级机制方面的探索,充分保障了当事人的效率、节省了大量的社会资源。

中国国际商事法庭采取一审终审审级管辖制度也有制度和实践上的明显不足,主要有如下几方面。

一是一审终审制度剥夺了当事人的上诉权。依据2017年最高人民法院颁布的《关于明确第一审涉外民商事案件级别管辖标准以及归口办理有关问题的通知》,中国境内的各类涉外案件均有对应的中院、高院作为一审法院。从现有的制度框架来看,中国国际商事法庭与其他涉外商事审判庭一样,均以涉外案件为管辖对象,仅在案件的标的额等方面存在差异②。前文中笔者详细阐述了中国国际商事法庭的受案范围,主要为标的额超过3亿元人民币的国际商事纠纷或最高法院认为具有全国影响力的国际商事纠纷。但若仅因为标的额更大而被移送中国国际商事法庭管辖或被最高法院实行级别管辖而丧失了上诉权,这对当事人而言是不公平的。虽然CICC的一审终审制符合最高法院的特殊地位,维护了中国司法体制的统一,大大提高了审判效率,但不赋予当事人上诉救济的权利是这项制度最大的问题所在。从一般法理的角度来看,在司法实务中,由于受主客观条件的约束,一切判决均难免有出现错误的可能。上诉制度的建设初衷就是对一审判决中可能存在的问题作出二次补救,既保障了当事人的合法权益、满足程序正义与实体正义的要求,也给予法院一

---

① 当然内嵌式的架构也为中国国际商事法庭的审级制度等方面带来了诸多限制,并且因为最高院的特殊地位,改革也会面对诸多制度阻力。

② 近期,一些地方也相继成立了国际商事法庭,例如,苏州国际商事法庭、北京国际商事法庭、成都国际商事法庭。

个更正自身错误的机会,维护司法声誉。①

二是一审终审审级管辖制度模糊了国际商事诉讼和国际商事仲裁的界限。不同于国际商事法庭,国际商事仲裁制度的出现完全由商人驱动,因此,对于国际商事仲裁机制而言,对效率价值的追求远大于对公正的追求。② 商人需要高效地解决彼此之间的争议,不能使彼此之间的权利义务关系长期处于悬而未决的状态,因此国际商事仲裁通常采取一裁终局的形式。与仲裁比较,国际商事诉讼的优越性就在于其对正义的坚持,通过复杂严谨的一审、二审程序,以确保判决的公正性与权威性。③ 而中国国际商事法庭实行一审终审制,尽管确保了判决能够更快地获得确定力与执行力,但在程序的便捷性方面,始终落后于仲裁程序。并且一审终审的审级制度部分抛弃了诉讼程序所独有的严肃性与公信力,显得得不偿失。目前中国国际商事法庭正处于运作的初始阶段,亟须获得国际社会对其审判能力的普遍认同。在此前提下,如果 CICC 继续采用一审终审的审级安排,将会模糊国际商事仲裁与国际商事诉讼之间的界限,一方面会对 CICC 商事审判制度的发展造成困扰;另一方面也会对当事人选择 CICC 管辖的积极性造成消极影响,造成双输的局面。④

(二) 优先协议管辖

前文中笔者详细列举了各先进国际商事法庭(院)的建设经验与管辖制度。总结而言,优先协议管辖是各同类国际商事法庭(院)的一大特色,中国国际商事法庭也不例外。依据《规定》的精神,CICC 的首要管辖权为协议管辖,其次为法院系统内部的管辖权再分配。根据《规定》,CICC 的协议管辖具有如下特点。

其一,案件应为第一审的国际商事案件。《规定》第 2 条明确了中国国际商事法庭只审理国际商事案件,而针对"国际性"的标准,《规定》的

---

① 李浩培:《国际民事程序法概论》,法律出版社 1996 年版,第 65 页。
② 曹兴国:《国际投资仲裁效率的追求、反思与平衡》,《江西社会科学》2021 年第 4 期。
③ 黄进主编:《国际商事争议解决机制研究》,武汉大学出版社 2010 年版,第 25 页。
④ 丁祥高、陈诗华:《"一带一路"倡议下中国国际商事法庭审级制度评析》,《昆明理工大学学报》(社会科学版)2021 年第 3 期。

第 3 条作了列举陈述。根据对第 3 条的条文进行解读，不难发现，中国国际商事法庭对"国际性"的认定依然采取了传统的"三要件"说，即从主体、客体、内容的角度界定某一法律关系是否为涉外民事法律关系。不过值得注意的是，《规定》第 3 条对"国际性"的认定标准是封闭的。① 除了没有兜底条款外，中国国际商事法庭在"国际性"的认定方面也忽视了涉自贸区纠纷的国际性。自 2015 年始，最高人民法院曾在"黄金置地公司案"、《最高人民法院关于为自由贸易试验区建设提供司法保障的意见》（法发〔2016〕34 号）中多次强调，涉自贸区的商事案件可以视为具有"国际性"，但是中国国际商事法庭的现有规定并未采纳。

其二，当事人协议管辖所涉案件的标的额必须超过 3 亿元人民币。依据《最高人民法院关于调整高级人民法院和中级人民法院管辖第一审民事案件标准的通知》（法发〔2019〕14 号）以及《最高人民法院关于明确第一审涉外民商事案件级别管辖标准以及归口办理有关问题的通知》（法发〔2017〕359 号）的规定，诉讼标的额在 3 亿元人民币以上对于协议选择中国国际商事法庭而言是较为宽松的规定，甚至一些中级法院都可以满足。但是，笔者在考察其他同类国际商事法庭时，并未见到在受案范围方面对案件标的额作出限制。

其三，当事人的协议管辖法院应为最高人民法院。首先，根据中国《宪法》与《人民法院组织法》的规定，在中国，最高人民法院享有广泛的管辖权，可以自由决定应当由其审判的第一审案件。因此，当事人将管辖法院约定为最高人民法院符合其法定职能，并无不妥。其次，中国国际商事法庭作为内嵌式的国际商事法庭，其属于最高人民法院的常设机构，当事人约定由最高人民法院管辖，符合中国的司法体制。再次，中国国际商事法庭与最高人民法院存在隶属关系，其人员组成、组织架构均依托于最高院，并不具有独立地位，因此当事人约定由最高人民法院管辖更为合理。但是，由于国际商事纠纷的双方当事人对中国的司法

---

① 与《最高人民法院关于适用〈中华人民共和国民事诉讼法〉的解释》和《最高人民法院关于适用〈中华人民共和国涉外民事关系法律适用法〉若干问题的解释（一）》有所不同，国际商事法庭要求的涉外性中并没有上述两部立法要求的"可以认定为涉外民事关系的其他情形"。

系统并不一定了解，所以如果双方当事人在协商中选定由"中国国际商事法庭"或者"最高人民法院中国国际商事法庭"行使管辖权时，最高院也可依此推断出其真实意思表示，不宜将其认定为无效。

其四，当事人的协议选择应符合新修订的《民事诉讼法》第35条的规定，这也表明即使是中国国际商事法庭的协议管辖案件，当事人也必须遵守实际联系原则的要求。具体而言，根据2021年新修订的《民事诉讼法》第35条（旧法第34条）规定，实际联系地通常包括原被告住所地、合同签订地、合同履行地、财产所在地等。① 实际联系原则的限制将会对中国国际商事法庭的建设带来一些隐忧，笔者将在下文中详细阐述。

（三）一站式平台建设

《规定》的第11条至第15条对国际商事法庭建立"一站式"多元化商事纠纷解决平台作出了规定。根据《规定》第11条，最高人民法院将组建"一站式"国际商事纠纷解决平台，将诉讼、仲裁、调解三者有机融合，共同为当事人提供出色高效的争议解决服务。此外，最高人民法院还将筹建国际商事专家委员会，并选定优秀的国际商事仲裁机构与国际商事调解机构，共同参与"一站式"平台的建设工作。中国国际商事法庭"一站式"平台的建设顺应了多元化纠纷解决机制的发展潮流，为当事人自由选择适宜的争议解决机制提供了制度保障。

诉讼、仲裁与调解是广为使用的国际纠纷解决手段，其各有长处和短板。具体特征可见表2-1。

表2-1　　　　　　　　主要国际纠纷解决方式的特点

特点	诉讼	仲裁	调解
性质	公力救济	私力救济	私力救济
私密性	公开	不公开	不公开
合意性	合意性弱，多为法定管辖	合意性强	合意性最强

① 刘元元：《中国国际商事法庭司法运作中的协议管辖：挑战与应对措施》，《经贸法律评论》2020年第6期。

续表

特点	诉讼	仲裁	调解
终局性	一审、二审、再审	一裁终局，偶有仲裁机构支持裁决上诉机制	达成和解协议后，可经司法确认或依照《新加坡公约》获得执行力
适用规则	国内法律，涉外纠纷可使用国际条约与公约	当事人合意选择	当事人合意选择
适用语言	国内法律	当事人合意选择或仲裁庭决定	当事人合意选择
效率	效率低，程序耗时长	效率较高	效率较高
跨境承认与执行	取决于两国间是否存在司法协助条约或判决流通公约	在《纽约公约》157个成员内，仲裁裁决可无障碍承认与执行	可以转化为仲裁裁决依照《纽约公约》执行，也可以依照《新加坡公约》执行
主要问题	"一带一路"沿线各国法律差异大，社会不稳定，司法程序烦琐，判决执行难	"一带一路"沿线各国仲裁国际化水平不一，且存在《纽约公约》的保留	调解效力不足，《新加坡公约》成员国覆盖范围不广

从表 2-1 中可以清晰得出诉讼、仲裁与调解三者之间的优劣，中国国际商事法庭创造性地通过"一站式"纠纷解决平台，将诉讼、仲裁、调解三者有机融合，扬长避短，既创造了错位竞争优势，又能为当事人提供充足高效的争议解决手段。2018 年 11 月，最高人民法院公布了首批纳入"一站式"国际商事纠纷多元化解决机制的国际商事仲裁及调解机构名单。[①]《规定》中强调了司法对调解与仲裁的支持与监督。针对诉讼

---

① 其中包括：中国国际经济贸易仲裁委员会、上海国际经济贸易仲裁委员会、深圳国际仲裁院、北京仲裁委员会、中国海事仲裁委员会以及中国国际贸易促进委员会调解中心、上海经贸商事调解中心。

与调解融合，当事人经由选定的国际商事仲裁、调解机构或专家委员会达成调解协议的，中国国际商事法庭有权按当事人的需求制作具有法律确定力的调解书或判决书。此外为保障仲裁的高效优势，中国国际商事法庭为国际商事仲裁当事人提供了"一站式"的保全措施支持，不受《仲裁法》与《民事诉讼法》的限制，直接向国际商事法庭申请保全，无须前往财产所在地。中国国际商事法庭更大范围、更长时间的保全措施支持，既顺应了当事人的实际需求，又为中国国际商事法庭带来了竞争优势。综上，最高人民法院在打造"一站式"、多元化的纠纷解决平台方面，投入了巨大的努力，积极融合诉讼、仲裁与调解多种手段，争取为案件当事人提供完善的服务。

第四节　对中国国际商事法庭管辖权制度的评价

一　国际商事案件的概念规定不完善

（一）对商事性的概念定义存在缺陷

首先，现行法律法规规章没有明确的定义，容易造成理解上的不一致。根据《规定》，对 CICC 受案范围中的"国际性"进行了明确的列举式规定，但是对"商事性"的概念却未提及。中国的现行法律未对商事性的概念作出直接阐释，在《民事诉讼法》与《仲裁法》中，可以找到的相似表述为"合同或者其他财产权益纠纷"，但是该表述所涵盖的范围远大于"商事"的概念范围，比如消费者权益保护、环境污染纠纷也属于财产权益纠纷。[1] 但是此类纠纷由中国国际商事法庭行使管辖权并不合适，有违中国国际商事法庭的设立初衷。此外，"合同或者其他财产权益纠纷"这一表述也与中国刚刚签署的《新加坡公约》对于商事的定义有所出入，不符合中国对外表达的司法态度。[2] 因此，笔者认为，最高法院

---

[1] 孙南翔：《〈新加坡调解公约〉在中国的批准与实施》，《法学研究》2021年第2期。
[2] 刘晓红、徐梓文：《〈新加坡公约〉与我国商事调解制度的对接》，《法治社会》2020年第3期。

在制定《规定》时，仅就"国际性"的范围给出定义，而忽视了对"商事性"的概念阐释这一操作，在管辖实践中容易引发分歧。

其次，原有对"商事"的内涵理解存在迟滞，可能不利于 CICC 自身管辖制度的建设。① 中国在加入《纽约公约》时提出了商事保留声明，仅对按照中国法律属于契约性和非契约性商事法律关系所引起的争议适用该公约。② 有很多学者都主张 CICC 对"商事"的认定，仍应遵从《最高人民法院关于执行中国加入的〈承认及执行外国仲裁裁决公约〉的通知》中的列举式概括。但笔者并不赞同这一观点，理由如下。第一，《纽约公约》已经诞生了数十年，其对"商事性"的定义已经存在滞后。随着国际私法与各国国内民商事立法的趋同化，现阶段各国对"商事性"的概念已有了一个较为清晰的认知，无须依照《纽约公约》进行调整。在最新生效的《新加坡公约》中，对于国际商事调解的规制，就放弃了对"商事性"进行定义，可见在国际范围内，对于"商事性"的定义已有一个较为公认的理解。第二，中国于 1987 年作出对《纽约公约》的保留声明，距今已接近 40 年。在 20 世纪 80 年代，中国的对外开放步伐刚刚迈开，各方面的准备还不成熟，因此对《纽约公约》的适用采取较为审慎的态度。但是现如今，中国正在积极推进"一带一路"倡议，因此在对案件"商事性"的判断方面应该与时俱进。

此外，笔者认为国际诉讼视域下的"商事"范围，是否可以直接等同于仲裁中的"商事"有待商榷。前文中笔者详细阐释了诉讼与仲裁制度之间的区别，诉讼作为公力救济，其来源于国家的主权；仲裁作为私力救济，其发展于商人群体的自发遵守。因此，诉讼天生便带有权威性与强制性，其管辖范围更多的是遵从一国的国家意志，而仲裁则天生带

---

① 何晶晶：《打造国际商事法庭司法保障"一带一路"建设——专访最高人民法院民事审判第四庭副庭长高晓力》，《人民法治》2018 年第 2 期。

② 所谓"契约性和非契约性商事法律关系"，具体的是指由于合同、侵权或者根据有关法律规定而产生的经济上的权利义务关系，例如货物买卖、财产租赁、工程承包、加工承揽、技术转让、合资经营、合作经营、勘探开发自然资源、保险、信贷、劳务、代理、咨询服务和海上、民用航空、铁路、公路的客货运输以及产品责任、环境污染、海上事故和所有权争议等，但不包括外国投资者与东道国政府之间的争端。

有民间性，仅关注私人利益的冲突，以当事人的意思自治为核心。这也解释了为什么仲裁在面对知识产权纠纷与反垄断等纠纷时难以发挥预想的功效。可见，如果中国国际商事法庭对"商事性"的界定完全延续最高人民法院对适用《纽约公约》的保留声明，则难免会造成主体的不适格，限缩了商事性的涵盖范围。笔者建议，中国国际商事法庭对"商事性"的界定可以参考《新加坡公约》《海牙选择法院协议公约》的做法，对"商事性"作出更为宽泛的定义，同时也能更好地履行中国的条约义务。[①]

此外，国际经贸投资纠纷是否属于"商事"纠纷还有待观察。根据中国民法学界的惯常理解，国际投资纠纷不属于民商事纠纷，但是在中国对外缔结的双边贸易协议与区域自贸协定中，允许当事人将投资纠纷诉至有管辖权的内国法院。前文中，笔者已经阐述，随着中国经济的高速发展，中国的商业组织不再处于以往的弱势地位，中国的投资者在参与"一带一路"建设时，急需本国的司法力量提供保护。但是现如今，中国国际商事法庭却将投资者与东道国之间的国际投资纠纷排除在管辖范围之外，这使得"一带一路"建设沿线的外国投资者或本国投资者无法通过中国国际商事法庭获得专业高效的司法服务，维护自身的正当权益，并且，简单地将国际投资争议排除在商事争议之外，也有违反国际条约义务之虞，有损于中国负责任的大国形象。[②]《规定》第2条规定，中国国际商事法庭的协议管辖制度，其并未明确禁止投资者与东道国选择中国国际商事法庭作为管辖法院。若投资者与东道国协商一致，那么从这个角度来看，它也属于协议管辖范围，且该案与中国存在确定无疑的实际联系。这种情况下生硬地认为该协议管辖无效似乎存在不妥。[③]

最后，CICC对"商事"概念的解读必须符合中国已经签订的各项国

[①] 杜玉琼、黄子淋：《国际投资仲裁上诉机制构建的再审思》，《四川师范大学学报》（社会科学版）2021年第1期。

[②] 刘林萃：《国际投资仲裁中投资者利益与公共利益的平衡——评〈投资者—国家仲裁与国内法院相互关系研究〉》，《国际经济合作》2022年第5期。

[③] 刘俊敏、童铮恺：《"一带一路"背景下我国国际商事法庭的建设与完善》，《河北法学》2019年第8期。

际公约。中国已经签署或批准加入了《海牙选择法院协议公约》《新加坡公约》《纽约公约》《华盛顿公约》等，还包括区域经济合作组织之间的各种协议安排。因此，在对"商事性"的界定方面，最高人民法院必须考虑各国际公约之间的协调一致，尽可能地减少适用上的冲突，以免给中国造成国际义务履行方面的法律风险。

（二）对国际性的概念定义存在缺陷

CICC 创设初衷是审理国际商事案件，增强中国在"一带一路"和全球法治竞争中的话语权，但是当前 CICC 的域外影响力较弱，尚未达到建设初衷。CICC 在国际司法领域的实质影响力较为有限的症结在于国际化视野的欠缺。CICC 的受案范围是国际商事纠纷，但是当前对"国际性"与"商事"这两个概念的范围界定存在不足之处。根据对第 3 条的条文进行解读，不难发现，中国国际商事法庭对"国际性"的认定依然采取了传统的"三要件"说，即从主体、客体、内容的角度界定某一法律关系是否为涉外民事法律关系。不过值得注意的是，《规定》第 3 条对"国际性"的认定标准是封闭的。① 除了没有兜底条款外，中国国际商事法庭在"国际性"的认定方面也忽视了涉自贸区纠纷的国际性。自 2015 年始，最高人民法院曾在"黄金置地公司案"、《最高人民法院关于为自由贸易试验区建设提供司法保障的意见》（法发〔2016〕34 号）中多次强调，涉自贸区的商事案件可以视为具有"国际性",② 但是中国国际商事法庭的现有规定并未采纳。

由于《规定》对国际商事案件的定义直接采用了涉外商事案件的定义，依据最高人民法院《关于明确第一审涉外民商事案件级别管辖标准以及归口办理有关问题的通知》，涉外商事案件依其标的额确定其管辖法院。因此，这直接导致了中国国际商事法庭的受案范围与涉外商事审判

---

① 与《最高人民法院关于适用〈中华人民共和国民事诉讼法〉的解释》和《最高人民法院关于适用〈中华人民共和国涉外民事关系法律适用法〉若干问题的解释（一）》有所不同，国际商事法庭要求的涉外性中并没有上述两部立法要求的"可以认定为涉外民事关系的其他情形"。

② 周艳云：《涉外因素识别条款之扩张解释的适要性与基准——以西门子诉黄金置地案为切入》，《北京理工大学学报》（社会科学版）2019 年第 3 期。

庭重合，模糊了中国国际商事法庭与地方涉外商事审判的界限。实际上，"国际性"与"涉外性"二者之间存在着本质的差异。"涉外性"是相对于内国纠纷而言的，是以本国法律体系为视角；"国际性"则脱离本国视角的束缚，着眼于国际社会的交流合作。前文中，笔者详细论述中国国际商事法庭在"一带一路"倡议中的重要作用，若最高人民法院对案件的管辖范围仍固守传统的"涉外性"理解，则不符合中国国际商事法庭的建设初衷，难以引领国际法治的建设。① 因此，中国国际商事法院管辖权体系中的"国际性"应包含着更为广泛的国际性，这样才能匹配其高规格，才能符合其建设初衷。然而，在现阶段中国国际商事法庭的建设中，将受案范围的"国际性"与"涉外性"混同，不仅偏离了中国国际商事法庭的建设初衷，造成了应然与实然的割裂，更使得中国国际商事法庭与地方涉外商事法庭区别度不足。②

此外，更为关键的是，中国国际商事法庭正在大力推进"一站式"纠纷解决平台的建设，试图将诉讼、仲裁、调解有机融合，统筹管辖进入中国国际商事法庭的各类国际商事案件。基于此，中国国际商事法庭下的诉讼、仲裁与调解对国际商事案件的界定应当是协调一致的，这样才能保证"一站式"纠纷解决平台运作顺畅，实现其统筹管辖进入中国国际商事法庭的各类国际商事纠纷的目的，同时打消当事人的疑虑，增加其对CICC的信心。③ 因此，CICC应该考虑到其规定与国际商事仲裁和国际商事调解的协调问题。一方面最高人民法院需要考虑国内法自身的内部协调问题；另一方面也要考虑与国际条约之间的协调。综上，中国国际商事法院的管辖权制度应更加开放，允许当事人更好地选择争端解决方式，确保国际商事争端的顺利解决。

---

① 王瑛、王婧：《国际商事法庭管辖权规则的不足与完善——基于我国国际商事法庭已审结案件的分析》，《法律适用》2020年第14期。
② 林福辰：《中国国际商事法庭的运行机制研究》，《四川师范大学学报》（社会科学版）2022年第1期。
③ 吴永辉：《论国际商事法庭的管辖权——兼评中国国际商事法庭的管辖权配置》，《法商研究》2019年第1期。

二 中国国际商事法庭的审级管辖制度安排不合理

CICC 采用内嵌式的结构模式，其本身并不作为独立的一级法院而存在，这样的架构安排直接导致 CICC 只能采取一审终审制，而这样的审级管辖制度安排往往弊大于利，主要的制度短板表现在以下几个方面。

一是"一审终审"的审级管辖制度安排不符合当今世界潮流。中国国际商事法庭采取内嵌式的组织安排，其为最高人民法院的常设机构，所以其采取一审终审制既符合了最高人民法院的特殊地位，又体现了其专业化与严肃性。与二审终审制和三审终审制相比较，一审终审制因为无须经过复杂、冗长的上诉程序，所以审判效率最高，消耗的司法资源也最少。因此在有限的司法资源下，实行一审终审制，能够在个案中提高审判效率。但相比之下，其他国家和地区设立的同类国际商事法院均采用二审终审制度，赋予当事人以上诉权，如阿布扎比全球市场法院、阿斯塔纳国际金融中心法院、迪拜国际金融中心法院以及印度商事法院均分为初审法庭和上诉法庭，其诉讼规则均规定不服初审法庭所作出的判决的当事人可向上诉法庭提起上诉。[①]

尽管域外国际商事法院均建立了上诉程序，但许多国际商事法院对上诉程序设置了不同程度的限制，以提高审判效率。例如，在阿布扎比全球市场法院和阿斯塔纳国际金融中心法院，当事方需要获得初审法庭或上诉法院的许可才能上诉，只有在法院认为上诉成功的可能性很高的情况下，当事人才可以上诉。同样，卡塔尔国际商事法院也规定，当事方只有在获得法院许可的情况下才能上诉，上诉法院只有在有充分理由相信一审判决存在错误并造成严重不公正的情况下才可以接受上诉。[②]

二是"一审终审"的审级管辖制度安排可能阻碍当事人实体权利的保护，从而影响当事人选择中国国际商事法庭作为管辖法院。中国国际商事法庭为嵌入式国际商事法庭，其为最高人民法院的常设机构。最高

---

① 杜涛、叶珊珊：《论我国国际商事法庭管辖权制度的完善》，《中国国际私法与比较法年刊》2018 年第 1 期。

② Zain Al Abdin Sharar, Mohammed Al Khulaifi, "The Courts in Qatar Financial Centre and Dubai International Financial Centre: A Comparative Analysis", *Honkong Law Journal*, Vol. 46, No. 529 (2016), pp. 529 – 555.

人民法院通过这一组织架构，彰显了其对中国国际商事法庭的高度期待，但也被迫导致了中国国际商事法庭只能施行一审终审制。一旦双方当事人选择将案件提交中国国际商事法庭管辖，那其就失去了上诉的权利和机会。面对如此审级管辖制度安排，当事人很可能担忧自身的实体利益不能获得妥善的解决，进而打消选择CICC作为管辖法院的念头。针对这一弊端，很多学者主张可以通过再审程序来保障案件的实质公正，笔者对此持否定态度。虽然，《规定》第16条赋予了当事人向最高人民法院本部申请再审的权利，但是再审程序不同于上诉程序。首先，上诉程序针对的是一审判决，在上诉期间，一审判决并未有既判力，而再审则针对已经生效的判决，二者所适用的对象不一样；其次，再审程序发动困难，上诉程序有法定的上诉条件，符合条件则上诉程序启动，但再审程序的启动却无固定标准，这对当事人的权利保护极为不利。此外，最高人民法院作为再审法院重审某一案件，在一国的司法体制中具有非同寻常的意义，其经常会作为指导性的司法原则和精神对全国乃至国际产生重大影响。仅因为CICC的案件就贸然启动再审程序，既不符合国际通行做法，又会造成大量的司法资源流失，甚至适得其反。并且，CICC的受案范围是国际商事案件，当事人追求效率与确定性，而一旦某一案件进入最高人民法院的再审程序，将会对原有判决的效力产生巨大的动摇，既违反了当事人的意愿，破坏了效率价值取向，又使得判决难以获得确定力，影响其跨境的承认与执行。

相比于再审，上诉制度建立在"所有人类的认识可能发生错误"的逻辑假设之上，其通过赋予当事人上诉权以保障实体正义的最终实现。前文中笔者已经详细比较了上诉程序与再审程序之间的异同和优劣。总结而言，上诉程序具有程序启动障碍低、对法的安定性的破坏少等优点。而具体到中国国际商事法庭的语境下，上诉程序比再审程序更合适。因为中国国际商事法庭的管辖对象为案情复杂、标的额较大的国际商事纠纷，此时若将再审程序作为中国国际商事法庭的唯一纠错程序则稍显不足。[1] 因此，

---

[1] 林福辰：《中国国际商事法庭的运行机制研究》，《四川师范大学学报》（社会科学版）2022年第1期。

CICC 应设立上诉机制，授予当事人维护自身权益的制度保障。

更为重要的是，国际商事诉讼不同于国际商事仲裁，有其自身的独特优势，立足于多元化纠纷解决机制互补与竞争的视角，上诉救济措施的缺乏也意味着国际商事法庭丧失了与国际商事仲裁相比最为关键的制度优势。前文中笔者详细论述到，不同于国际商事法庭，国际商事仲裁制度的出现完全由商人驱动，因此，对于国际商事仲裁机制而言，对效率价值的追求远大于对公正的追求。商人需要高效地解决彼此之间的争议，不能使彼此之间的权利义务关系长期处于悬而未决的状态，因此国际商事仲裁通常采取一裁终局的形式。[①] 与仲裁比较，国际商事诉讼的优越性就在于其诉讼程序所具备的严谨性、权威性以及对实体正义的坚持。而中国国际商事法庭实行一审终审制，尽管确保了判决能够更快地获得确定力与执行力，但在程序的便捷性方面，始终落后于仲裁程序。并且一审终审的审级制度部分抛弃了诉讼程序所独有的严肃性与公信力，显得得不偿失。因此，CICC 对上诉机制的摒弃等同于抹杀了诉讼相较于仲裁与调解的一大关键特性。

三是除去"一审终审"制会影响当事人实体利益的实现外，也存在对当事人的程序利益忽视的风险。前文中，笔者已经论述，当事人在进入司法程序后，没有资格获得上诉的权利，一审终审的审级管辖制度安排严重影响了当事人上诉利益的实现。

三 中国国际商事法庭的协议管辖制度不完善

前文中，笔者在论述国际私法管辖权理论的发展脉络时，就对意思自治原则在国际私法领域的引入进行了深刻阐释，意思自治原则在管辖制度中的一个重要成果便是协议管辖制度的兴起。无论是 CICC 还是国外同类商事法庭，均将协议管辖作为获得管辖权的主要来源。[②] 但是 CICC 在接纳协议管辖时，缺乏全方位的国际视野，造成现行制度不够完善。

---

① 黄进、胡永庆：《现代商人法论——历史和趋势》，《比较法研究》1997 年第 2 期。
② Xandra Kramer, John Sorabji, "International Business Courts in Europe and Beyond: A Global Competition for Justice", *Erasmus Law Review*, Vol. 12, No. 1 (2019), pp. 1–9.

CICC 根据现行《民事诉讼法》的规定，在协议管辖制度中强制要求实际联系，笔者认为这对中国国际商事法庭的国际化进程是较为不利的。协议管辖又称约定管辖或合意管辖，是指当事人在合同或其他财产性纠纷发生前后，以协议的方式决定由何法院管辖其纠纷。① 在普通法系国家，协议管辖被称为"forum selection"或者"choice of court"，有时亦称"choice of forum"。《规定》第 2 条第 1 款对 CICC 所受理的协议管辖案件作出了 4 项规定，简单总结为：第一，案件必须为国际商事案件；第二，案件标的额必须大于 3 亿元人民币；第三，协议管辖必须以书面形式作出；第四，协议管辖必须遵守实际联系原则，即新修《民事诉讼法》第 35 条的规定。②

协议管辖制度是意思自治原则引进民事诉讼领域的优秀成果，也是一国司法体制从专制走向开明的体现之一。李双元教授认为："是否承认协议管辖和在多大的范围内承认协议管辖是衡量一个国家国际民事管辖权是否开明和便利诉讼的标准之一。"③《规定》第 2 条列举了多种 CICC 获取案件管辖权的方式，但纵观世界各国的先行国际商事法庭（院）建设经验，协议管辖通常为最重要的管辖权获取方式，这也是国际商事法庭充分尊重意思自治的核心表现之一。中国国际商事法庭虽跟随世界潮流，也将协议管辖作为 CICC 获得管辖权的途径之一，但是现有的法律制度规定与司法理论土壤并不支持协议管辖制度充分发挥其应有的作用，也难以为 CICC 拓展国际声誉和增加国际影响力提供助力。其中最大的掣肘之处在于《民事诉讼法》（2021 年新修订）第 35 条，即实际联系原则的存在。

实际联系原则对中国国际商事法庭协议管辖制度的充分发挥、CICC 真正走向国际化存在着巨大的制度限制。

第一，坚持实际联系原则已不符合国际潮流。《规定》第 2 条第 1 款

---

① 江伟：《民事诉讼法学》，高等教育出版社 2000 年版，第 86 页。
② 王珺：《"一带一路"下，中国国际商事法庭的协议管辖制度》，《理论观察》2020 年第 6 期。
③ 李双元：《关于我国国际民商事管辖权的思考》，《海峡两岸法律冲突及海事法律问题研究》，山东大学出版社 2001 年版，第 20 页。

要求，当事人之间订立的管辖权协议必须符合中国《民事诉讼法》（2021年新修订）第 35 条所规定的实际联系原则。① CICC 强制要求当事人选择与争议具有实际联系的法院，较大程度地限制了当事人意思自治的空间。相较之下，其他国家和地区的国际商事法庭（院）均没有实际联系的要求。

第二，坚持实际联系原则将会不利于中国获得主动地位。前文中，笔者在阐述中国国际商事法庭的一般法理时便已揭示，随着"一带一路"倡议的不断推进，中国在国际商业版图中的地位发生了质的变化，已不再是弱势一方。中国当事人在国际商业往来中也通常占据主动地位。中国当事人在"走出去"的同时，也切实需要国家提供坚实的司法援助。② 因此，当中国当事人在境外遇见与中国毫无实际联系的纠纷时，中国当事人反而不能选择本国法庭进行维权，这样的举措不利于中国海外商业利益的保护。

第三，坚持实际联系原则会使得外国当事人对中国国际商事法庭的中立性、国际性产生质疑。国际商事法庭为当事人提供争议解决服务，而当事人对国际商事法庭中立性、国际性与专业性的评价，又影响着其国际声誉，决定其发展上限。CICC 对实际联系原则的坚守，一方面会使当事人对 CICC 的国际性、中立性水平产生怀疑，形成 CICC 只能受理与本国具有实际联系的涉外案件的错误印象；另一方面，实际联系原则又大大限缩了 CICC 的案件来源。当今世界，各国为提升自己在国际商业版图的话语权，扩大本国法的域外管辖范围，引领国际商事规则的发展，纷纷加入国际商事法庭的角逐之中。在此背景下，CICC 扩张实际联系原则，允许更多的当事人协议管辖，不仅是顺应国际商事经贸活动的需要，维持国际商事活动的正常交往，更是展现了中国负责任、守规则、有担当的开放大国的国际形象。

第四，实际联系原则的存在是对当事人意思自治的极大限制。前文

---

① 第 35 条规定：合同或者其他财产权益纠纷的当事人可以书面协议选择被告住所地、合同履行地、合同签订地、原告住所地、标的物所在地等与争议有实际联系的地点的人民法院管辖，但不得违反本法对级别管辖和专属管辖的规定。

② 朱怡昂：《中国国际商事法庭管辖权研究》，《法律适用》2021 年第 7 期。

中笔者在论述中国国际商事法庭的国际背景时，已详细论证各同类国际商事法庭（院）的建设初衷与制度创新。当前国际私法在趋同化的同时，国家司法权也适度让步于私人权利自治，以维护本国商业的发展，提升争议解决效率。此时，中国国际商事法庭继续坚持实际联系原则，这既不符合国际私法的发展潮流，又会使得 CICC 在同类国际商事法庭（院）的竞争中处于明显的劣势。

四　中国国际商事法庭诉讼仲裁与调解的衔接机制不畅

根据《规定》第 11 条，最高人民法院将择优选择符合条件的国际商事仲裁机构与国际商事调解机构，并选定国际商法专家成立国际专家委员会，共同辅助 CICC 建设"一站式"纠纷解决平台。此外《规定》以及《最高人民法院国际商事专家委员会工作规则》规定，国际商事专家委员会须审慎履行五项基本法律职责。① 2018 年，《最高人民法院办公厅关于确定首批纳入"一站式"国际商事纠纷多元化解决机制的国际商事仲裁及调解机构的通知》（法办〔2018〕212 号）（以下简称《决定纳入通知》）确定首批纳入"一站式"纠纷解决平台建设的国际商事仲裁机构与国际商事调解机构。2022 年，最高人民法院又将广州仲裁委员会等 5 家机构作为第二批纳入"一站式"纠纷解决平台的建设名单中。目前，中国国际商事法庭"一站式"平台建设已经初具规模，国际专家委员会委员数量也扩充至 47 名。②

但在实践中，各纠纷解决机制之间的连接和磨合并不顺畅。一是"一站式"纠纷解决平台下，不同纠纷解决方式之间的切换机制不完善；二是各纠纷解决机制相应的收费及其流转机制不完善，各类纠纷解决机构的运作模式彼此分离，相关制度之间仍缺乏有效协调。

首先，调解与仲裁的程序衔接存在瑕疵。其中较为棘手的问题有：

---

① 一是主持调解国际商事案件；二是就国际商事法庭以及各级人民法院审理案件所涉及的国际条约、国际商事规则、域外法律的查明和适用等专门性法律问题提供咨询意见；三是就国际商事法庭的发展规划提供意见和建议；四是就最高人民法院制定相关司法解释及司法政策提供意见和建议；五是国际商事法庭委托的其他事项。

② 具体名录参见中国国际商事法庭官网。

第一，调解员与仲裁员的身份剥离问题；① 第二，或调或仲的纠纷解决协议的效力问题；第三，不同专业机构之间的调解仲裁衔接问题；第四，同一商事纠纷解决机构内部的调解仲裁的衔接问题；第五，庭前会议法官的角色问题；等等。

其次，调解与诉讼的程序衔接存在瑕疵。前文中笔者提及诉调结合的几种方式，其中诉前调解与诉中调解这两个方面存在一个共性的瑕疵，即专家委员会调解的地位问题。笔者认为专家委员会的调解与诉中的法官调解存在冲突。根据《最高人民法院国际商事法庭程序规则（试行）》第 17 条规定，当事人选择由专家委员会进行审前调解的，可以共同选定一位至三位专家担任调解员，当事人无法达成一致的，则由 CICC 指定调解员；当事人可以在审前选择专家委员进行调解，若不能达成调解协议，则进入诉讼程序。但是根据《最高人民法院国际商事法庭程序规则（试行）》第 27 条的规定，CICC 庭前会议包括进行调解的事项。《最高人民法院国际商事法庭程序规则（试行）》符合中国《民事诉讼法》的规定。中国现行民事审判程序奉行"调审合一"的调解型审判方式，调解程序被内嵌于诉讼程序。无论是诉讼程序开始前还是诉讼程序进行中，法院均可依职权进行调解。法官既主持庭审程序又掌控调解程序，既担任调解员又担任审判员。这样的程序安排，既会使得专家委员会的存在意义受到较大的冲击，使一个案件迁延过久，又存在法院威权强迫限制当事人意思自治的嫌疑。

衡量一个国际商事法庭是否成熟的标准之一便是其能不能公正、高效地解决当事人之间的争议。中国国际商事法庭采取"一审终审"制、建设"一站式"纠纷解决平台都是出于提高纠纷解决效率的考量。若当事人有可能需要走完调解、仲裁、诉讼三个程序才能最终解决纠纷，那就违背了中国国际商事法庭的建设初衷。

最后，仲裁与诉讼的程序衔接存在瑕疵。因为"或裁或审"的司法原则，仲裁与诉讼的衔接不同于调解与诉讼的衔接。调解既可以贯穿整个诉讼程序，又可以内嵌入仲裁程序。但是仲裁具有独立性，与诉讼是

---

① 朱若菡：《中国国际商事调仲程序保密风险的规制方法》，《法律方法》2020 年第 2 期。

两个相对平行的争议处理方式。仲裁程序与诉讼程序，二者在程序的启动方面是互斥的。仲裁程序的核心是当事人之间的仲裁协议。若当事人之间的仲裁协议有效，则案件归属仲裁庭管辖，法院自动失去案件管辖权。诉讼与仲裁的衔接更多体现在诉讼对仲裁的支持与监督。中国的《民事诉讼法》与《仲裁法》已经对诉讼与仲裁的衔接作了初步规定，具体条文位于《民事诉讼法》第26章、《仲裁法》第5章至第7章中。

CICC在《规定》与《最高人民法院国际商事法庭程序规则（试行）》中延续了《民事诉讼法》与《仲裁法》的精神，并在保全的范围上作出了些许突破。但是依据CICC的现行规定，司法对仲裁的支持仍然存在瑕疵。根据《规定》，CICC有权受理关于证据、财产及行为的保全申请，以及撤销或执行生效的仲裁裁决的申请。前文中，笔者提及，仲裁协议是整个仲裁程序的核心，其影响贯穿整个仲裁程序。一个有效的仲裁协议既是仲裁庭获得管辖权的基石，也是仲裁裁决获得执行的保障。但是国际商事法庭相关规则中并没有关于CICC对于仲裁协议效力确认的规定。中国并不认可仲裁庭的"自裁管辖权"原则，仲裁协议的效力认定问题由法院具有最终的裁定权。[①] 法院对仲裁协议效力的认定属于司法对仲裁的支持与监督中的核心职能。为了实现司法与仲裁的良性互动，最高法院选择优秀的国际商事仲裁机构共同建设"一站式"纠纷解决平台，基于此，CICC便应享有对仲裁协议效力的审查权。但在现有的规则中未出现明文授权。因此，为了达到"一站式"纠纷解决平台的建设初衷，强化司法对仲裁的支持力度，打消当事人的疑虑，最高院应完善中国国际商事法庭中仲裁与诉讼衔接的法律法规。

并且，在当前的"一站式"平台建设中，还存在最高院对入选的国际商事仲裁机构的业务范围规定不明的情形。在先后入选的两批国际商事仲裁机构中，其除了提供仲裁服务外，大多也提供调解服务。而根据《规定》的相关条文，当事人可以对由国际商事调解主持下达成的调解协议申请CICC制作调解书或判决书。此处的国际商事调解机构是否包括国

[①] 根据相关法律规定，当事人申请确认仲裁协议效力的案件，由仲裁协议约定的仲裁机构所在地、仲裁协议签订地、申请人住所地、被申请人住所地的中级人民法院或者专门人民法院管辖。

际商事仲裁机构中下设的调解机构，法条没有明文规定，最高人民法院办公厅的《决定纳入通知》中也是简单地将各个机构混为一谈。法条的不明确也会给办案人员带来困惑。

本章小结

国际商事法庭是近年来备受各国青睐的法院模式，各经济发达国家或有志于提升其国际地位的国家都积极筹建本国的国际商事法庭。中国作为世界第二大经济体、世界第一大工业国、"一带一路"倡议的发起国，在新时代的对外开放中，将不可避免地遭遇愈加复杂的国际环境。随着"一带一路"倡议实施的逐渐深入，中国迫切需要提升自己在国际商业版图中的话语权与规则制定权，中国国际商事法庭应运而生。中国国际商事法庭对服务中国"走出去"的战略大局、提升中国国际形象、维持"一带一路"倡议沿线的国际局势、树立中国司法的国际公信力方面起着不可替代的作用。虽然中国国际商事法庭已经取得了初步成功，但是仍应清楚地认识到，囿于中国现有司法体制的限制，现阶段中国国际商事法庭存在国际化视野不足、制度衔接不畅、当事人权利保护不到位等问题。因此，在制定未来的发展规划时，最高人民法院首先需要厘清国际商事法庭的历史特征及其背后所蕴含的法哲学原理，再对现有域外经验进行扬弃，充分吸纳有益经验，锐意改革，在组织架构、管辖制度、审级制度、多元化纠纷解决机制融合、尊重当事人意思自治等方面形成既回应国际潮流又具有中国本土化特色的国际商事法庭新秩序，为国际争端的解决提供中国智慧。

第三章　中国国际商事法庭审级管辖制度的应然取向

第一节　中国国际商事法庭一审终审管辖制度的合理性

"一审终审"审级管辖制度是中国国际商事法庭管辖制度的最重要的制度特征。对"一审终审"管辖制度的正当性的论证，必须要从更加宽广的视野来考虑，而不能仅仅从一般性的司法审判审级管辖制度的特点来认识，故本书在研究中国国际商事法庭管辖制度的法律特征时，将重点考察 CICC 一审终审管辖制度的法理基础，并进行应然法价值意义上的利弊分析，从而为进一步健全和完善中国国际商事法庭一审终审管辖制度提供学术上的参考建议。

中国国际商事法庭在审级制度的设计上不同于其他同类国际商事法庭，除嵌入式的法庭架构之外，也蕴含着对程序法中元价值的取舍。笔者认为，中国采用这样的审级管辖制度安排，其背后的理论预设与价值取舍至少存在以下几个层面的考虑。

一　程序正义与实体正义的结合

对于正义的概念，历代哲学家对此有诸多理解，其中程序正义与实体正义的分野具有较大的影响力。与 CICC 相关的规则在起草之时便已将其纳入考虑。中国国际商事法庭一审终审审级管辖制度也是对程序正义与实体正义相互平衡、综合考量后所确定的，体现了两种价值的互补和结合。

关于正义的概念，美国著名法哲学家埃德加·博登海默曾有一个经典的比喻，他将正义称为普罗透斯的脸，在各种环境下变幻无常，呈现出截然不同的状态。① 相较于实质正义，程序正义更多的是一种法治信仰，它要求所有的司法裁判均须通过正当程序作出。未经正当程序，法官不可以作出任何决定。② 陈兴良教授认为："法是以维护一个公平的社会秩序为目标的。实体正义与程序正义二者不可偏废，实体正义解决评价标准问题，程序正义则解决正当程序问题。"③ 王利明教授认为，"司法公正"须达到以下要求，包括严格适用实体法，严格遵循程序法规定，对证据的合法采纳以及公正独立地审判案件。④

从程序正义与实体正义的关系来看，笔者认为程序正义与实体正义二者互相扶持，共同确保法治理念的实现。评价一个司法裁判是否达到了公平正义，需要同时考虑程序正义与实体正义两个方面。倘若一个判决所适用的实体法律出现偏差，则该案件不可能达到实体正义；倘若一个判决的作出未经历正当程序，则程序正义便被剥夺了。程序正义与实体正义，它们的共同目标都是为了实现社会的最终正义，落实法律对正义的终极追求。⑤

具体考察中国国际商事法庭目前的管辖制度与一审终审的审级管辖制度安排，可以明确地看到，最高人民法院在创设相应规则时，在有限的条件下较好地保障了程序正义与实体正义的实现。因为 CICC 属于嵌入式国际商事法庭，在不修改《宪法》或者作出重大法院层级调整的前提下，CICC 只能被迫采取一审终审的审级安排。但是即便如此，CICC 在已有的程序规则安排中，将程序正义与实体正义进行了出色的平衡，力图

---

① ［美］埃德加·博登海默：《法理学：法律哲学与法律方法》，邓正来译，中国政法大学出版社 1999 年版，第 252 页。

② 赵旭东：《程序正义概念与标准的再认识》，《法律科学·西北政法学院学报》2003 年第 6 期。

③ 陈兴良：《法官的使命》，《人民法院报》2000 年 4 月 15 日。

④ 王利明：《司法改革研究》，法律出版社 2001 年版，第 16 页。

⑤ 张永泉：《"二元正义"的误区及反思》，《江苏社会科学》2012 年第 4 期。

使每一位当事人都能感受到公平正义，维护和宣扬 CICC 的专业性。如《最高人民法院关于设立国际商事法庭若干问题的规定》（以下简称《规定》）第 4 条、第 5 条就要求：第一，国际商事法庭的法官必须具备出色的专业能力；第二，合议庭必须由 3 个以上（包括 3 个）的法官组成；第三，合议庭作出判决时须遵循少数服从多数的原则；第四，对案件审理中的不同意见可以在判决书中说明。高规格的法官团队与详尽的案件说理，都是开先河的举措，力保在一审程序中，同时满足程序正义与实体正义。此外，最高人民法院还组建国际商事专家委员会，为案件的公平审判提供专业、前沿的理论指导。《最高人民法院国际商事法庭程序规则（试行）》规定，CICC 在答辩期届满后召开庭前会议，对审理程序将会出现的各种问题进行了细致的梳理，以确保审判程序的公正性与权威性。

总而言之，虽然中国国际商事法庭采用嵌入式架构，只能采取"一审终审"的审级管辖制度安排，但是在现有的框架下，中国国际商事法庭的程序规则与人员安排均作出了重大突破，力图保障每一个案件审理过程中程序正义的实现，维护当事人的实体利益，最终达成国际社会所期待的实体正义的落实。

二 公正价值与效率价值的兼顾

公正价值与效率价值是每一个纠纷解决机制都必须平衡取舍的、带有根本决定作用的两个元价值。传统的诉讼程序以公正价值为优先取向，在确保案件公正的前提下，兼顾效率。之所以诉讼会采取这样的价值取向，是因为诉讼是社会正义的最后一道防线，承担着维护社会稳定与司法尊严的重任。[1] 培根就在《论司法》中说过："一次不公正的裁判，其恶果甚至超过十次犯罪。因为犯罪虽是无视法律——好比污染了水流，而不公正的审判则毁坏法律——好比污染了水源。"[2] 从培根的经典论述中可以看出，即使是再恶劣的犯罪行为，它的社会危害性也是有限的。而

---

[1] 江伟：《民事诉讼法学》，高等教育出版社 2000 年版，第 240 页。
[2] 参见《培根随笔集》第 56 章《论司法》，北京燕山出版社 2010 年版。

诉讼是正义的最后一道防线，它承担着维护社会稳定的职责，为每一位公民提供最终的权利保障。

而仲裁则是以效率价值作为优先取向。仲裁作为解决争议的方式古已有之，早在公元前6世纪，古希腊的城邦之间便出现了仲裁实践。① 现代意义上的商事仲裁制度形成于中世纪的欧洲。11、12世纪农业生产力的增长，为商人阶层的迅速壮大创造了机会，逐渐产生了专门用来调整商事关系的商人习惯法。② 在发生争议时，商人们通常会自己选择中间人，采用较为简便的形式和程序，依照公平合理的原则来处理。③ 随着商品经济的进一步发展，国家开始重视仲裁制度的独特作用，转而承认并支持仲裁制度的发展。至19世纪，欧洲各国开始正式颁布仲裁法典，让渡一部分司法主权以获得纠纷的高效解决。④ 而随着国际商事仲裁体系的进一步发展与完善，国际商事仲裁也变得更加复杂化、法律化、制度化，国际商事仲裁的表现形式也由最初的临时仲裁庭逐步发展为机构仲裁。不少发达国家都组建了本国的常设国际商事仲裁机构，专门审理国际商事仲裁案件。⑤ 仲裁不是诉讼，它有自身的独特价值，它的核心价值便是仲裁的契约性，除契约性外还包括专业性、保密性、中立性、灵活性，简便、快捷、统一和裁决的终局性、经济性、友好性、广泛的可执行性等。而从价值取向上看，效率是第一位的，仲裁是追求效率兼顾公正。

正确把握仲裁的价值目标核心是处理公正与效率的关系。公正与效率是采用法律手段解决争议所追求的理想价值目标，但公正和效率也会发生矛盾。不同的争议解决机制所追求的价值目标的侧重点也有所不同。到法院解决纠纷，公正更加有保障，但要承担牺牲效率的风险，因为诉讼程序的设计更注重其正当性和严密性；选择以仲裁的方式解决纠纷，效率更加有保障，但要承担牺牲公正的风险，因为仲裁

---

① 张建华：《仲裁新论》，中国法制出版社2002年版，第5页。
② 邓杰：《商事仲裁法》，清华大学出版社2008年版，第32页。
③ 杨荣新：《仲裁法理论与适用》，中国经济出版社1998年版，第9页。
④ 张烨：《论防止仲裁的诉讼化》，博士学位论文，对外经济贸易大学，2007年。
⑤ 宋连斌：《国际商事仲裁管辖权研究》，法律出版社2000年版，第2页。

程序的设计更看重其便捷性和灵活性。如果仲裁和诉讼所追求的价值目标和程序设计无区别，那么仲裁机构也就成为第二法院，仲裁制度就没有存在的必要。① 仲裁相较于诉讼最突出的优点是其手续简单灵活，历时较短，可以更快地确定双方当事人之间的权利义务关系，尽快进入执行程序。这无疑是当事人选择仲裁而不选择诉讼的最主要的原因。此外，由于仲裁制度是商人群体自发选择的结果，其深耕于市场经济，所以仲裁的价值目标应当坚持"追求效率兼顾公正"，不能将仲裁的价值目标与诉讼混同，在多种纠纷解决机制中，应当由当事人自由选择其心仪的纠纷解决方式。②

前文中笔者提及，随着国际纠纷的指数型增长，单一的诉讼、仲裁或者调解制度都无法彻底满足市场需求，经济全球化与区域化的发展趋势迫使各国对外扩张本国的法治影响力，因此产生了国际商事法庭这一新兴综合性多元化纠纷解决机制。在新的机制下，诉讼吸纳仲裁高效率、充分尊重当事人意思自治的特点，呈现出诉讼仲裁化。而仲裁依托一国高级别的商事法庭，充分获得了司法的支持与监督。诉讼与仲裁互相借鉴，相得益彰。

CICC 采取一审终审的审级管辖制度安排，除了嵌入式架构的客观制约之外，笔者认为，可能也是在综合考虑了公正价值与效率价值的平衡后得出的折中办法。一方面，采取一审终审制可以最大限度地提升案件的审判效率，这既符合诉讼仲裁化的国际发展趋势，也是对自身办案能力与法官素养的充分自信；另一方面，采取一审终审制可以减轻法官的工作量，使得纠纷尽快解决，避免造成宝贵的司法资源的浪费。③ 虽然从理论上说，中国国际商事法庭采取一审终审的审级管辖制度安排是综合评价了公正与效率之后的选择，但是这样激进的价值取向是否能获得国际认可仍需经历考验。

---

① 陈挚：《我国商事仲裁送达的"去诉讼化"思考》，《仲裁研究》2020 年第 2 期。
② 吴巧如、李震：《从国家到社会：中国商事仲裁制度的反思与完善》，《社会科学战线》2020 年第 7 期。
③ 刘静：《比较法视野下中国国际商事法庭的创设与运作》，《商事仲裁与调解》2022 年第 3 期。

三 司法纠错与权利救济的并重

权利需要救济作为保障，无救济则无权利。CICC 采取一审终审的审级管辖制度安排，其必然要面对司法纠错与权利救济之间的取舍困境。夏勇先生在其著作《中国民权哲学》和《人权概念起源——权利的历史哲学》中，提出权利主要包含以下五个要素，并且这些要素中的任何一个都可以用来阐释权利概念，表述权利的某种本质，这五个要素分别是利益、主张、资格、力量与自由，任何一种权利无外乎是这五个要素之一或其组合。① 尤其是第二个要素"主张"，在权利的存在、救济和保护中起到了突出作用。一种利益若无人对其提出对它的主张或者要求，就不能成为权利。一种利益之所以要有利益主体通过表达意思或者其他行为来主张，是因为它可能受到侵犯或者随时在受到侵犯的威胁之中。② 贝克（Lawrence C. Becker）在《财产权》一书中，就权利现象的形式结构入手，提炼出了权利的 10 个要件，也就是我们思考权利现象应遵循的 10 个步骤。如果存在一个权利，那么这个权利就必然应该有：权利人；义务人；权利人和义务人的关系；权利人拥有的或可要求的作为、不作为、地位或利益；权利——要求的道德根据；构成侵权的要素；侵权行为在何种情形下可以宽宥；何为适当救济；何为获取救济的方法以及谁可以强制施与救济。③ 从贝克的上述论述当中就可以看出，一项利益能否成为权利是需要有人进行主张的，它需要明确的权利人、义务人，在构成侵权时需要有人能够主张他的利益。倘若一项利益无人主张，那就很难说它是一项权利；若一项权利无法获得适当的救济方法，其也是纸上空谈。④ 王人博教授等也认为"救济是权利实现的程序化机制，救济与权利

---

① 夏勇：《中国民权哲学》，生活·读书·新知三联书店 2004 年版，第 330 页。
② ［美］列奥·施特劳斯：《自然权利和历史》，彭刚译，生活·读书·新知三联书店 2003 年版，第 129 页。
③ 徐梓文：《论新兴权利的证立标准——以权利概念的学说为切入》，《法律和政治科学》2021 年第 1 期。
④ ［美］劳伦斯·索伦：《法理词汇》，王凌皞译，中国政法大学出版社 2010 年版，第 125 页。

是两面关系合成的一个整体"。①

自初民社会以降，人们就没有停下过对自身权益的维护与救济，从私力救济到公力救济，人类社会的权利救济制度不断完善，可以说人类的文明史也是一部"为权利而斗争"史。② 上诉制度与再审制度正是诉讼程序中权利救济的两个不可或缺的制度安排。上诉制度建立在"所有人都会犯错"这一逻辑假设上。上诉程序的存在，既为当事人提供了再一次保护自身权利的机会，也为法院提供了一次纠正一审错误的机会。上诉程序同时承担着维护程序正义和实体正义的重任。③《规定》第 16 条赋予了当事人向最高人民法院本部申请再审的权利。但是前文中笔者已经详细论述了再审程序与上诉程序优劣，再审程序具有启动条件不明、再审发动困难、消耗司法资源、破坏法的安定性与确定性等弊端。

CICC 采取一审终审的审级管辖制度安排，在面对司法纠错和当事人权利救济方面确实作出了一定的牺牲。面对这样的取舍，最高人民法院试图在法官人员素养、专家委员会建成、"一站式"平台等方面尝试弥补，但是"一审终审"的审级管辖制度安排对协议管辖、移送管辖的当事人而言，始终存在利益不能完全保障的隐忧。

第二节　中国国际商事法庭审级管辖制度中的价值权衡

一　一审终审管辖制度追求效率优先价值

仲裁以其"一裁终局"的制度设计追求程序的便利化；诉讼则通过舍弃一定程度的效率以实现更高水平的公正。在中国国际商事法庭的建设中，诉讼借鉴和吸纳了商事仲裁高效率、尊重当事人意思自治的优势，

---

① 程燎原、王人博：《赢得神圣——权利及其救济通论》，山东人民出版社 1998 年版，第 349 页。

② 雷磊：《为权利而斗争：从话语到理论》，《苏州大学学报》（哲学社会科学版）2019 年第 2 期。

③ ［德］罗森贝克、施瓦布、戈特瓦尔德：《德国民事诉讼法》（下册），李大雪译，中国法制出版社 2007 年版，第 1018 页。

在设计诉讼程序时，尽可能简化程序，为国际纠纷的当事人尽快解决争议，获得具有确定力的判决或裁决，及时地维护当事人的利益便于当事人的商业运作高效运转提供了司法机会。CICC采取一审终审的审级管辖制度安排，去除了上诉程序，这在诉讼效率方面充分看齐仲裁一裁终局，可以说是当下同类国际商事法庭中最高效的程序安排。

但国际商事诉讼不同于国际商事仲裁，有其自身的独特优势。从国际多元化商事争端解决制度竞争与合作的角度来看，中国国际商事法庭上诉程序的缺失，也就代表着在CICC的体系下，诉讼与仲裁之间的界限模糊，诉讼丧失其最重要的比较优势。前文中笔者已经详细论证，对公正与效率的价值取舍，是诉讼与仲裁的区别所在。仲裁源于商人阶层高效处理纠纷的需求，其通过"一裁终局"的制度安排来保障效率的实现；诉讼则承担着维护社会公平正义的职责，守护着整个社会的道德底线。因此，诉讼制度不得不舍弃部分对效率的追求，以保障判决的公正，捍卫法律的尊严。中国国际商事法庭的成立目的并非以诉讼代替仲裁，而是将诉讼与仲裁二者有机衔接起来，各自发挥所长，共同为当事人提供争议解决服务。[①] 客观而言，中国国际商事法庭采取"一审终审"的审级安排，确实能够提高争议解决效率，使判决一经作出便获得既判力。但是其带来的危害却更多：首先，即使采取"一审终审"，诉讼的效率也低于仲裁与调解；其次，虽然"一裁终局"是仲裁的核心竞争优势，但也因为其缺乏上诉纠错程序，使得很多当事人心生顾虑，无法达成仲裁协议，转而寻求司法救济；最后，同为国际商事法庭（院），CICC的实践经验较少，竞争优势也不十分突出，中国国际商事法庭"一审终审"的审级安排，只会使国际当事人对CICC产生不信任的心理，进而放弃选择由中国国际商事法庭管辖。这显然不利于中国国际商事法庭和其他国外的商事法庭（院）之间开展同业竞争。因此，CICC对上诉机制的摒弃等同于抹杀了诉讼相较于仲裁与调解的一大关键特性和优势。

[①] 苏伟康：《竞争或协作——论国际商事法庭与国际仲裁的关系定位》，《仲裁研究》2021年第1期。

二 再审程序启动机制的受限

一审终审的审级管辖制度安排对于办案效率是巨大的提升，可以在最短时间内为当事人定分止争，提供具有既判力的法律文书。但是上诉机制的缺乏也意味着司法纠错机制的缺位。针对这一弊端，很多学者主张可以通过再审程序来保障案件的实质公正，笔者对此持否定态度。虽然，《规定》第16条赋予了当事人向最高人民法院本部申请再审的权利，但是前文中笔者已经详细论述了再审程序与上诉程序优劣。首先，再审程序的启动存在着较大的不确定性，当事人无法预知最高人民法院是否会准许进行再审程序。而上诉程序的启动则完全在当事人的掌握之中。再审程序无法履行上诉程序的职能。其次，作为一种特殊的救济程序，再审多针对的是已生效的裁判，频繁提起并不符合司法程序的确定性和稳定性要求。此外，最高人民法院作为再审法院一旦重审某一案件，在一国的司法体制中具有非同寻常的意义，其经常会作为指导性的司法案例对全国乃至国际产生重大影响。[①] 然而，仅因为国际商事法庭的案件就贸然启动再审程序，既不符合国际通行做法，又会造成大量的司法资源流失，甚至适得其反。并且，CICC的受案范围是国际商事案件，当事人追求效率与确定性，而一旦某一案件进入最高人民法院的再审程序，将会对原有判决的效力产生巨大的动摇，既违反了当事人的意愿，破坏了效率价值取向，又使得判决难以获得确定力，影响其跨境的承认与执行。

当事人为确保自身利益得到保障，在面对商事纠纷时，会基于不同的价值考量而选择相应的争端解决方式。若当事人青睐纠纷的高效解决，则通常选择仲裁或调解作为争议解决手段；若当事人看重权利的公正保障，则会选择诉讼作为争议解决方案。仲裁"一裁终局"的特性既保障其高效率优势，也是当事人不得不考虑的弊端。

[①] 张卫平：《再审诉权与再审监督权：性质、目的与行使逻辑》，《法律科学》2022年第5期。

三　损害当事人上诉权益

除去"一审终审"制会影响当事人实质利益的实现，对当事人的程序利益也是巨大的忽视。前文中，笔者已经论述，当事人在进入司法程序后，没有资格获得上诉的权利，一审终审的管辖制度安排严重影响了当事人的上诉利益的实现。什么叫上诉利益？上诉利益是诉之利益在上诉阶段的具体表现。依据德日等大陆法系的民诉法法理，上诉利益也被称为不服利益，系指当事人对一审判决不服，有通过二审程序对其判决结果进行全部或部分改判的需求，进而更好地保护其权益的必要性，也可以简单理解为当事人因一审判决而遭受的不利益。① 上诉利益的理论价值在于规范当事人上诉权的行使，避免当事人滥用上诉权利恶意上诉，进而拉低诉讼效率，造成一审判决长期处于效力未定的状态，既给法院带来无谓的资源损耗，也为另一方当事人增添诉讼负累。② 上诉利益主要包括了以下两个方面的内涵。③

第一，提起上诉的利益。这是指当事人声明不服的一审裁判具有可上诉性，是上诉的形式要件或上诉合法要件。具体而言，如果上诉人在一审时所主张的实体权利在一审判决中已全部获得满足，并不存在上诉的必要，此时上诉人无上诉利益，法庭应以裁决的形式驳回其上诉申请。相反，若上诉人在一审判决中未能满足其主张的实体权利，则其上诉利益存在，法院依上诉方的申请组织二审。④

第二，受裁判的利益。所谓受裁判的利益，中国台湾地区学者又称之为权利保护要件或上诉有效要件，是指当事人请求法院作出有利于己的判决的要件，具备此要件意味着一审裁判对上诉人不利且裁判错误。上诉法院经过二审程序，重新组织庭审质证，最终对一审的不当裁判作

---

① 唐力：《论民事上诉利益》，《华东政法大学学报》2019 年第 6 期。
② 余晓汉：《民事上诉利益作为法律分析工具的基本问题》，《中国应用法学》2021 年第 4 期。
③ 邱星美、唐玉富：《民事上诉程序中的利益变动》，《法学研究》2006 年第 6 期。
④ 余晓汉：《民事上诉利益作为法律分析工具的基本问题》，《中国应用法学》2021 年第 4 期。

出撤销或变更,保护当事人的合法权益。①

综上,笔者认为上诉权是当事人最为重要的程序权利之一,其有着第二次维护当事人利益的重要价值。通过当事人的上诉,既可以尽可能地在个案中达成实体正义、维护当事人的程序权利,也可以彰显一国司法体制的自信与纠错能力,表明其法治水平的高低。环顾当今世界,各国法院一般不对当事人的上诉权作出限制。因此,在中国国际商事法庭的制度建设中,也不应给当事人施加过多的限制,要保障其正当权益。②

第三节 审级管辖制度的域外经验

笔者在前文中提及,除中国国际商事法庭(CICC)以外,包括适用于主权国家的世界同类国际商事法庭(院)均有上诉纠错程序。因此,若要为中国国际商事法庭创设上诉程序,参照域外经验具有很好的启发作用。

一 欧洲人权法院模式

严格而言,欧洲人权法院不属于国际私法性质的法院,其并不解决私主体之间的国际民商事纠纷,通常解决成员国之间的纠纷或者成员国公民与本国或其他成员国之间的纠纷,但是其高规格、悠久历史以及独特的法院结构能为 CICC 的审级管辖制度优化提供全新的思路,而不只是局限于对同类国际商事法庭的比较与借鉴。

第二次世界大战结束后,为反思纳粹对世界人权所犯下的严重罪行,避免重蹈覆辙,欧陆政要积极反思,意图通过国际公约的形式提升人权保护水平。③ 1948 年联合国《世界人权宣言》诞生,为落实《世界人权宣言》所弘扬的基本人权保护精神,欧洲理事会于 1950 年起草《欧洲人权公约》,1953 年《欧洲人权公约》生效。1959 年,根据《欧洲人权公

---

① 洪浩、杨瑞:《论民事上诉立案的实质性要件》,《法律科学》2007 年第 1 期。

② 刘琳:《试论我国民事上诉条件的完善——以上诉利益为基点》,《西部法学评论》2009 年第 1 期。

③ 周子琦、刘宁宁:《欧洲人权法院述评》,《理论界》2009 年第 2 期。

约》第 19 条的要求，欧洲人权法院作为常设机构而成立，其总部位于法国斯特拉斯堡。欧洲人权法院的设立对世界人权保护起到了重要作用，由于其受案量不断飙升，至 2004 年第 14 号议定书生效，欧洲人权法院迎来数次变革。

根据《欧洲人权公约》第 26 条至第 44 条，欧洲人权法院的案件审理流程如下。当个人起诉案件送达人权法院后，人权法院依职权选定 3 名法官组成审查委员会，共同决定该案是否达到受理的标准。若审查委员会认为该案未达到受理条件的，即作出不予受理决定，当事人对此无上诉权；[①] 若案件符合受理条件，则移交七人审判庭开庭审理；若在审理过程中，审判庭发现该案可能触及《欧洲人权公约》重要原则的解释问题或可能违背现行的判例法，审判庭可在任何时候把该案移送到大审判庭解决。案件移交大审判庭后的审判程序与移交前普通审判庭的审判程序相同。[②]

欧洲人权法院的审理程序中，创造性地分设了合议庭（Committee）、审判庭（Chamber）、大审判庭（the Grand Chamber），以应对不同情况、不同难度的人权案件。[③] 既提高办案效率，又赋予当事人充分的相当于上诉的救济权利，保证每一个案件最终都能获得妥善解决。这种模式的特点是"一级多层"的审级管辖制度，对于"一审终审"制下的当事人权利救济具有较好的保障作用。

二 新加坡国际商事法庭

新加坡作为一个快速发展的国际金融中心，每年都吸引着大量的国际投资。经济的高度发展也带来了大量的国际商事纠纷，2015 年新加坡国际商事法庭成立。和中国国际商事法庭一样，新加坡国际商事法庭同样采取嵌入式的组织结构，但和中国国际商事法庭不同的是，新加坡国

[①] 李庆明：《国家豁免与诉诸法院之权利——以欧洲人权法院的实践为中心》，《环球法律评论》2012 年第 6 期。

[②] 参见《欧洲人权公约》第 26 条至第 44 条。

[③] 尹雪梅：《欧洲人权法院——超国家的人权保护法律机构》，《中国司法》2006 年第 7 期。

际商事法庭为确保争议的最终解决，采用一级两审制，由新加坡最高法院的上诉法庭担任新加坡国际商事法庭的上诉庭，新加坡最高法院上诉法庭的判决为终审判决，不得再上诉。① 新加坡国际商事法庭在设立之初便考虑到一审终审可能存在公正性缺失的问题，便在法庭规则制定时主动加入了上诉纠错程序，赋予了案件中各方当事人直接要求上诉法院废弃或改变一审裁判的权利，由此实现了各方当事人对公正价值的诉求。②

笔者认为，新加坡国际商事法庭在国际背景、结构构造、社会文化等方面与中国国际商事法庭具有高度的重合之处。新加坡国际商事法庭在审级制度的安排方面具有高度的前瞻性，充分发挥了司法能动主义精神，主动维护了当事人的上诉权，回应了各方对公正判决的需求。新加坡为华人主导的国家，与中国同文同种，新加坡国际商事法庭的有益经验对中国国际商事法庭的建设与完善有着不可忽视的作用。

三 英格兰与威尔士商事与财产法庭

英格兰与威尔士商事与财产法庭的前身是英国商事法院，成立于1895年，是世界上最早的国际商事法庭（院），也是国际商事纠纷解决领域标杆式的存在。英国商事法院负责审理一审商事案件，英国上诉法院受理当事人对英国商事法院作出判决的上诉。③ 这种审级管辖制度突出了上诉法院在权利救济中的作用。

四 迪拜国际金融中心法院

前文中笔者提到，为使迪拜国际金融中心法院的工作顺利进行，阿联酋特地修改宪法，允许在迪拜国际金融中心法院内施行英美法，并且设立独立的法院体系。具体而言，在迪拜国际金融中心法院内，由金融

---

① Justin Yeo, "On Appeal from Singapore International Commercial Court", *The Singapore Academy of Law Journal*, Vol. 29, No. 574 (2017).

② Xandra Kramer, John Sorabji, "International Business Courts in Europe and Beyond: A Global Competition for Justice", *Erasmus Law Review*, Vol. 12, No. 1 (2019).

③ Joseph Lee, "Court-subsidiarity and Interim Measures in Commercial Arbitration: A Comparative Study of UK, Singapore and Taiwan", *Contemporary Asia Arbitration Journal*, Vol. 6, No. 227 (2013).

中心初审法院审理第一审商事案件，其上诉法院为迪拜国际金融中心上诉法院。① 案件实行两审终审制，上诉法院的判决亦为终审判决，不得再上诉。此类审级管辖制度属于较为典型的上诉救济管辖制度，是国际社会同类国际商事法庭较为普遍采取的审级管辖模式。②

五 WTO 争议解决机制

世界贸易组织（WTO）是当今世界最为成功、最为重要的多边贸易体制。国际贸易的顺利开展离不开 WTO 的规则引导。而 WTO 的争端解决机制（DSU）又被誉为 WTO 规则体系中的明珠。WTO 争议解决机制以其系统性、效率性、强制性、准司法性闻名于世，成为区别于其他多边贸易协定的重要特征。③ WTO 争议解决机制拥有独特的基本原则、组织结构和解决程序。通常由双方先自行协商，如果不成，WTO 争端解决机构就会成立专家组开始审理。如果专家组得出的结论双方都没意见，那就到此为止；如果有一方表示不服，可以诉诸上诉机构进行"二审"。上诉机构的报告一般就是最终裁定。

WTO 的争端解决机构（Dispute Settlement Body，DSB）是整个争端解决机制的核心。DSB 有权设立专家组（Panel），专家组由 3 名（有时是 5 名）来自各个成员国的专家构成，主要审核证据并对成员国的某一违法行为进行裁决。专家组将在规定时间内形成最终报告并提交 DSB 会议审议通过。专家组最终报告的通过采取"反向一致"原则，确保争议解决的效率。若一方当事人不服专家组的最终报告，则可以向 DSB 提起上诉，争端进入上诉程序。针对每个上诉都由争端解决机构设立的七名永久性七人上诉机构的三名成员听取。上诉机构成员的任期为四年。他们必须

---

① S. R. Lutrell, "Choosing Dubai: A Comparative Study of Arbitration under the UAE Federal Code of Civil Procedure and the Arbitration Law of the DIFC", *International Business Law*, Vol. 9, No. 254 (2008).

② Jeremy J. Kingsley, Melinda Heap, "Dubai: Creating a Global Legal Platform", *Melbourne Journal of International Law*, Vol. 20, No. 277 (2019).

③ 张建：《RCEP 背景下国际贸易争端解决机制的创新与完善》，《中国政法大学学报》2022 年第 2 期。

是在法律和国际贸易领域具有公认地位的个人，且不得隶属于任何政府，不接受任何政府的指派。上诉机构的报告也采取"反向一致"原则，以提高争端解决效率。WTO 成立近 30 年来，争端解决机制发挥了重要作用。专家组和上诉机构就 200 多个争端作出裁决，多数都得到顺利解决，一些成功化解的争端案例已载入史册①。

总结国际民商事案件域外或国际审级管辖制度的特点可以发现，绝大多数国际商事法庭都采取了多层级的审级管辖制度，少数采取一审终审审级管辖制度的，也注重了在同级管辖中在具体的审判程序上设置近似于上诉审的大法庭或者是更高级别的终审审判机制，由此，在一审终审审级管辖制度范围最大限度地保障了当事人对救济权利的需求。② CICC 目前采取的一审终审审级管辖制度的审判机制较为刚性。根据《规定》的相关内容，当事人对国际商事法庭作出的已经发生法律效力的判决、裁定和调解书，可以依照《民事诉讼法》的规定向最高人民法院本部申请再审。最高人民法院民四庭负责对第一、第二国际商事法庭的协调与指导工作。尽管从制度上看，在最高人民法院内部确实存在权利救济机制与案件指导机制，但是根据现行《民事诉讼法》的规定，再审程序属于审判监督程序，当事人提请再审的可能性很小，与直接给予权利救济的上诉审或者是相当于上诉审的多层次审理的审级管辖制度相比，对当事人权利救济的机会要小得多，而且对司法审判公平公正性的彰显力度也有限。故拟通过修改《规定》的途径，设立由中国国际商事法庭第一法庭、第二法庭和最高人民法院民事审判第四庭联合组成的大合议庭，给予当事人在一审终审审级管辖制度下以双重救济机会，从而凸显国际商事诉讼机制相较于国际商事仲裁和调解机制所具有的制度优势。

---

① 2019 年 12 月 11 日，由于美国阻挠新法官遴选和任命两位法官的任期，世贸组织（WTO）上诉机构正式瘫痪。这成为 WTO 上诉机构成立近 25 年来首次遭遇停摆危机。

② Patrick M. Norton, "Conflicts on the Belt & Road: China's New Dispute Resolution Mechanism", *Indian Journal of Arbitration Law*, Vol. 8, No. 82 (2019).

第四节　优化中国国际商事法庭审级
　　　　管辖制度的司法价值导向

中国国际商事法庭其法律性质属于国家最高审判机关最高人民法院的内设机构，是代表最高人民法院审理国际商事案件的常设机构，因此，中国国际商事法庭审级管辖制度本身隶属于最高人民法院审级管辖制度，不具有自身的独立性，而最高人民法院审级管辖制度如果需要改革和完善，就必须要从《宪法》《人民法院组织法》的高度来设计一些新颖的审级管辖制度，从制度源头进行管辖制度的创新。要从制度源头创新，必然会涉及创新所依托的司法价值理念，因此，要从制度上来完善中国国际商事法庭审级管辖制度，必须要澄清一些最基本的司法价值，形成具有制度构建能力的司法价值导向。

一　尊重法治原则维护当事人权利

法治是人类共同价值之一，是人类政治文明的重要成果。习近平总书记特别重视法治理念的作用，坚持统筹推进国内法治和涉外法治，是习近平法治思想的重要内容。[1] 习近平总书记用"十一个坚持"系统阐述了新时代推进全面依法治国的重要思想和战略部署，深入回答了新时代为什么要实行全面依法治国和新时代怎样实行全面依法治国等中国社会主义法治建设一系列重大理论和实践问题，并首次明确提出要"坚持统筹推进国内法治和涉外法治"。[2] 司法是落实法治原则的最重要一环，因此针对CICC的程序建设，更应该吸纳世界各国的法治理念精髓，为统筹建设涉外法治添砖加瓦。

上诉制度的设立在于为在一审中未能实现其权益的当事人提供一个救济手段，尽可能地保障当事人实体正义的实现。如果当事人在一审判

---

[1] 黄惠康：《准确把握"涉外法治"概念内涵　统筹推进国内法治和涉外法治》，《武大国际法评论》2022年第1期。

[2] 参见《为千秋伟业夯基固本——习近平法治思想引领新时代全面依法治国纪实》。

决中已经实现其全部诉求,则其不存在上诉利益,当事人无权提起上诉,法院也应作出裁定驳回上诉请求,避免上诉权的滥用,造成司法资源的浪费。[1]

前文中笔者在总结各同类国际商事法庭的有益经验时提出,世界各国的国际商事法庭(院)大多已采纳上诉程序,如法国国际商事法庭、丹麦国际商事法庭等大陆法系国家,而新加坡国际商事法庭则更进一步,允许当事人就上诉权利进行合意处置。

不仅大陆法系的地区和国家,作为英美法系的英国,也通过规定上诉许可的方式来规范当事人上诉权的行使、维护当事人的上诉利益。当事人须在上诉状中列明下级法院裁判的明显错误或严重的违法行为,而对当事人滥用上诉权的行为也会进行相应的制裁。[2]

基于上述论述,笔者认为,如果设立上诉机构或上诉审程序,则最高人民法院要对CICC提出法定的上诉审形式要件和实质要件要求,可以尝试效仿英国实行上诉许可制度,以确保法的安定性、判决的执行力。

在论述上诉利益后,笔者建议对中国国际商事法庭的一审案件实行特定的上诉标准,即在满足某些特定标准的情形下,当事人才可以提请上诉,具体而言,中国国际商事法庭的上诉标准分为形式要件与实质要件,只有同时满足二者才能提请上诉。另外,即使是上诉程序的发起中,也应尊重当事人的意思自治,可以参考新加坡国际商事法庭的做法,即当事人之间可以协商放弃自身的上诉权,以获得判决的更快执行。

二 强化司法权的自身监督

诚然,最高人民法院在面对CICC一审终审的审级管辖制度安排时,打造高标准、高规格的法官团队,建立专业性的专家委员会,吸纳优秀的国内商事仲裁与调解机构等举措,以图将案件的错判可能性降到最低。但是司法有其自身规律,单一的程序无法杜绝错误发生的现实可能性,

---

[1] 张嵘、李少峰:《从程序的功能定位审视民事二审的审查范围》,《东南司法评论》2013年第6期。

[2] Marc J. Goldstein, Andrea K. Bjorklund, "International Commercial Dispute Resolution", *International Law*, Vol. 36, No. 401 (2002).

因此笔者认为，在应对一审终审的审级管辖安排时，最高人民法院须强化自身的内部监督职能，起到对中国国际商事法庭的纠错职能。根据最高人民法院的官方公告，在 2019 年年末，位于深圳的第一国际商事法庭已经顺利审结了首批的 5 个国际商事案件，其管辖权来源均为提级管辖。这 5 个国际商事案件的当事人来自日本、英国等不同法系的国家，最终接纳了中国国际商事法庭"一审终审"的制度安排。① 这进一步说明了 CICC 作为最高人民法院的常设机构应当履行自身的司法监督职能，如果直接作为一审来处理重大涉外案件，在司法监督方面的职能就会无法得到充分和有效的体现。

前文中笔者提及最高人民法院在一国司法体系中的重要地位，其运作程序、审级以及人员构成均应有法律明文规定。CICC 虽和新加坡国际商事法庭同为嵌入式国际商事法庭，但是中国国情与新加坡不同，新加坡为建立国际商事法庭进行了修改宪法与民诉法等重大变革。而在短时间内，笔者认为中国为中国国际商事法庭进行专门的修宪与修法目前看来希望较小。因此，在宪法性法律作出重大改革之前，CICC 很可能长期处于一审终审的审级管辖制度安排下。基于此现实情形，最高人民法院内部对 CICC 的监督就显得尤为重要。

前文中，笔者在介绍各个同类国际商事法庭（院）的审级管辖制度安排时，详细列举了欧洲人权法院与新加坡国际商事法庭的内部审理程序与组织安排。笔者认为，CICC 可以集中吸取两者的优秀经验，因地制宜，制定出适应中国国情的监督机制。此外，笔者还建议最高人民法院针对国际商事法庭的案件可采取汇报制度，及时将案件情况进行分享，以保障更好地解决争议，在对一审判决征求当事人是否申请复核的意见基础上，将一审判决分为无上诉请求的确定性判决和有上诉请求的初步审判意见两类，对于有上诉请求的初步审判意见，可以由最高人民法院组织中国国际商事法庭第一法庭、第二法庭和最高人民法院民事审判第四庭联合组成大合议庭进行审理，在给予当事人再次陈述和申辩权利的

---

① 《最高法院第一国际商事法庭高效审结首批 5 案》，最高人民法院官网，2019 年 12 月 30 日，https：//www.court.gov.cn/zixun-xiangqing-213181.html，最新访问日期：2023 年 6 月 14 日。

基础上，作出具有最终审判效力的一审终审判决。

三 设立上诉机构摈弃一审终审

经过前文的论述，笔者认为CICC无论是从维护当事人权益、拓展国际性视野还是参与国际同类商事法庭（院）的竞争，吸引更多人选择中国国际商事法庭等方面，终极的审级管辖制度目标应该通过修改《宪法》、《人民法院组织法》和相关诉讼法的方式来正式设立上诉程序，摈弃当前一审终审的审级管辖制度安排。

虽然当前除CICC外，其他各国国际商事法庭大都保有上诉机制，但是各国际商事法庭的具体制度、国情与法院层级不同，因此中国国际商事法庭不能照搬他国模式，需结合具体国情具体分析。

针对中国国际商事法庭上诉机构的具体设立，笔者认为应该遵循以下几点司法原则和司法价值取向。

第一，遵守中国《宪法》规定。《宪法》是国家的根本大法，在整个法律体系中，《宪法》具有最高的法律效力，处于最高的法律地位。《宪法》所规定的是国家生活中的根本性问题，包括国家机构的设置及其组织与活动的基本原则。[1] 因此，CICC作为最高人民法院的一部分，其组织制度与程序设置的改革均应该符合《宪法》的规定，这也是法治的基本要求。因此，应当从法理和制度上把最高人民法院一审终审的审级管辖制度的改革有效地纳入合宪性审查的视野来保证其自身的正当性和合法性，特别是可以通过最高人民法院对申请执行的国际商事判决中的国家安全和发展利益是否受到威胁等事由，启动违宪审查程序，从而进一步加强对涉外商事案件管辖"合宪性"的控制。[2]

第二，遵照中国司法改革精神的发展方向。党的十八届四中全会通过的《中共中央关于全面推进依法治国若干重大问题的决定》强调指出，要"加强涉外法律工作"，运用法律手段维护中国主权、安全、发展利益。强化涉外法律服务，维护中国公民、法人在海外及外国公民、法人

---

[1] 莫纪宏：《人大立法中的"法法衔接"问题研究》，《人大研究》2019年第5期。
[2] 朱学磊：《法律规范事中合宪性审查的制度建构》，《中国法学》2022年第5期。

在中国的正当权益。与此同时，该决议还规定，面对改革开放新形势，我们党要更好地统筹兼顾国内与国外两个大局，更好地维护和利用国家发展的重大战略机遇期，更好地整合社会力量、平衡社会利益、规范社会活动。① 该决定进一步强调：全面推进依法治国，"必须从中国基本国情出发，同改革开放不断深化相适应"。中国国际商事法庭作为中国涉外法治建设中的重要组成部分，其改革与制度建设必须遵循中国大政方针，② 更多的是要适合统筹国内法治和涉外法治的政策要求。

　　第三，尊重当事人意思自治，允许当事人协议上诉或者协议限制上诉的范围。一个良好的社会制度不需要借助外在强制力来保障其实现。法律必须要被信仰，一个能够被当事人自愿遵守、自觉实现并内化为行为准则的制度才可以算作良好的社会制度。③ 同样的，对一个法庭庭审制度好坏的最终评价也取决于当事人内心是否真的认可。当下，中国国际商事法庭管辖机制的设计理念应寻求不同于传统民商事诉讼理念的创新点，笔者建议，通过高度尊重当事人意思自治，开创中国国际民商事司法的新格局。具体而言，在制定CICC的上诉庭审规则时，应赋予当事人充足的意思表达空间，这样既可以给予当事人充分的制度关怀，体现CICC的制度弹性，也能提升当事人的参与感，增加其参与诉讼的积极性，使其真正地认可中国国际商事法庭的庭审制度。意思自治原则本是贯穿整个私法领域的一项基本原则，而诉讼法则归属于公法范畴，但在公法与私法的相互交流中，意思自治在公法内也获得了存在空间。因此，在中国国际商事法庭上诉程序的设计方面，应充分考量当事人的意愿，为当事人留下充足的意思自治空间，允许当事人通过协商达成协议，限制、变更、放弃全部或者部分上诉权，自由决定上诉权的行使，使其更好地被当事人自觉遵守。

　　第四，遵循公正优先、提升效率的原则。前文中笔者总结到诉讼制度不同于仲裁或调解制度。诉讼是维护社会公平正义、落实法律法规、

---

① 具体内容参见《中共中央关于全面推进依法治国若干重大问题的决定》。
② 黄惠康：《统筹推进国内法治和涉外法治》，《学习时报》2021年1月27日，第2版。
③ 章礼强：《中国特色社会主义民法信仰取向探析——从法律信仰论起》，《东华大学学报》（社会科学版）2022年第1期。

保障公民权益的最后一道制度防线，因此，在诉讼程序中，公正价值大于效率价值。国际商事法庭的出现蕴含着诉讼制度向仲裁制度借鉴的背景趋势，更短的审判时限、更高的办案效率、更广的意思自治空间都是传统诉讼制度所不具备的，这是国际商事法庭的本质革新。因此，即使为 CICC 设立上诉机构或上诉程序，也不应因噎废食，重回公正优先忽视效率的老路上去。上诉程序的发动、上诉的范围与审查范围均应以提升效率为根本追求，一方面不能使当事人的权益长时间处于悬而未决的状态；另一方面也不能浪费宝贵的最高人民法院的司法资源，对中国法治事业的发展产生拖累。

第五，对未来商事法庭体系的发展要有预见性。经济基础决定上层建筑，国际商事法治也会随着国际商事交往的革新而发生变革[①]，因此，在对 CICC 的未来进行规划时，应充分考虑到中国的经济发展现状，尤其是自贸区法庭的建设进程。目前苏州国际商事法庭、北京国际商事法庭、成都国际商事法庭、南宁国际商事法庭等已经正式建立，未来将会有更多的低层级国际商事法庭和自贸区商事法庭的出现。因此，笔者建议中国国际商事法庭在接下来的建设中，应充分考虑与地方法院的互动，甚至可以将 CICC 独立出去，作为独立的国际商事争议上诉解决中心。

具体而言，笔者建议，中国国际商事法庭可以效仿海事法院、金融法院、知识产权法院的设立与发展经验，将最高人民法院中国国际商事法庭与地方国际商事法庭相衔接，形成一套独立的国际商事法庭体系，促进中央与地方的良性互动。针对案情简单、标的额不大、法律适用与查明无较大困难的案件，可以下放至地方国际商事法庭审理。最高人民法院中国国际商事法庭主要作为上诉法庭，依职权集中审理上诉案件或在全国有重大影响的、案情复杂疑难的第一审国际商事案件，保障中国国际商事法庭的权威性与统领地位。

---

① 黄惠康：《准确把握"涉外法治"概念内涵 统筹推进国内法治和涉外法治》，《武大国际法评论》2022 年第 1 期。

本章小结

中国国际商事法庭采用一审终审的审级管辖制度安排,这样的制度安排从提升诉讼效率的角度而言确实能起到较好的效果,但是其弊端也不容忽视。在笔者看来,一审终审的审级管辖制度安排所带来的弊端大于其优势。因此,笔者认为中国国际商事法庭需要建立上诉机制或者是相当于上诉机制的当事人权利救济机制,从而为涉外商事案件当事人提供更多的通过司法审判途径获得自身权利得到救济的机会。

第四章　中国国际商事法庭协议管辖制度的优化方向

第一节　协议管辖与实际联系原则的理论重述

协议管辖是国际商事法庭管辖制度中最为核心的管辖制度之一，是国际商事案件管辖权具有法律效力的合法性来源。中国国际商事法庭管辖制度也采纳了国际社会普遍认可的协议管辖制度，但从协议管辖在国际商事管辖制度中的作用来看，由于实际联系原则的约束，还存在一些制度上的限制，对协议管辖发挥自身的制度功能存在一定的限缩性影响，故必须要改进中国国际商事法庭协议管辖制度，提升中国国际商事法庭在国际同行竞业中的影响力和权威性。

一　协议管辖的内涵与历史发展

实际联系原则作为协议管辖制度中的效力限制条件，二者相辅相成，均需深刻阐述，不可偏执一端。实际联系原则与协议管辖制度息息相关，欲充分了解实际联系原则，须先阐明协议管辖的内涵。协议管辖也可被称为合意管辖或约定管辖。[①] 按中国民诉法学界通说，是指民事争议的双方当事人经协商后书面选择某一特定的人民法院，对可能发生或已经发

[①] 张冰：《国际商事法庭的协议管辖制度研究——以中国国际商事法庭为中心》，《重庆理工大学学报》（社会科学版）2022年第4期。

生的民事争议行使管辖权。① 在普通法的用语中，协议管辖通常写作 forum selection 或 choice of court，但有时候也被称为 choice of forum。上述英文名称是从当事人意思自治的角度对协议管辖所作的称呼。而若从法院行使管辖权的视角来看，协议管辖也可被称为 contractual jurisdiction 或 jurisdiction by agreement。在大陆法系的国家或地区，立法者更强调协议管辖中的当事人的自由选择，如日本和中国台湾地区民法将其称为"合意管辖"，德国民法则将其称为"管辖约定"。② 笔者认为，大陆法系对协议管辖的界定更符合其本质内涵，体现了对当事人私法自治的尊重。③ 协议管辖制度的发展和成熟离不开意思自治原则的出现与深化。19 世纪，意大利法学家孟西尼最先明确提出了近代民法意义上的"意思自治理论"，其既极大地发展了民法理论，又为后世国际私法的发展奠定了理论基础。允许当事人自由选择处理纠纷的管辖法院与所适用的实体法，既是一国私法体系成熟的标志也是自由市场的本质需求。④ 协议管辖制度自 20 世纪中叶产生，各国司法机关的态度由完全排斥到逐步接受，反映在各国的"民事诉讼法"中，即为协议管辖设定的限制条件越来越少。自 20 世纪 80 年代后，中国也随着"民事诉讼法"理念的更新，逐渐接纳了协议管辖制度。

　　前文中笔者提及，管辖权是一国司法主权的集中体现，是典型的公权力，而诉讼协议背后所体现的意思自治原则则是民法领域的私权观念。因此在协议管辖出现之初，各国均将其视为对自身主权的冲击而严格加以禁止。协议管辖的源头最早可追溯到罗马法汇纂中的规定。⑤ 尽管古罗马法对大陆法系和英美法系有着重大的影响，但是协议管辖正式被后世接纳不过百年。德国是世界上第一个在成文法典中明确协议管辖制度的

---

① 江伟：《民事诉讼法学》，高等教育出版社 2000 年版，第 86 页。
② 刘晓红、周祺：《协议管辖制度中的实际联系原则与不方便法院原则——兼及我国协议管辖制度之检视》，《法学》2014 年第 12 期。
③ 周祺：《国际民商事诉讼协议管辖制度研究》，博士学位论文，华东政法大学，2016 年，第 10 页。
④ 许军珂：《国际私法上的意思自治》，法律出版社 2006 年版，第 26—27 页。
⑤ 邓杰：《论国际民事诉讼中的协议管辖制度》，《武汉大学学报》（社会科学版）2002 年第 6 期。

国家，1877年《德国民事诉讼法》第38条规定，允许所有的民事主体协议管辖其纠纷的一审法院。法国在1976年《法国民事诉讼法》第41条规定，准许双方在争端发生后协议确定其管辖法院，但不得违反专属管辖，如劳资纠纷、消费者权益保护、保险等不能协议管辖。《日本民事诉讼法》第25条也仿照法国与德国立法，允许当事人书面选择一审管辖法院，但是当事人的选择范围仅限于财产案件，这一条较其他大陆法系的国家而言更为严苛。①

除了上述大陆法系的代表性国家之外，自20世纪80年代开始，诸多成文法典国家立法也确认了协议管辖制度。如1987年的《瑞士联邦国际私法》第5条明文规定，双方当事人可就财产争议选定管辖法院，该管辖协议具有排他效力，且不受实际联系原则的限制；再如，1982年土耳其《国际私法典》第31条明文规定，若双方当事人没有违反本国的专属管辖、侵害本国的公共秩序，则可对其纠纷进行约定管辖。②

一向以灵活、重商著称的英美法系在面对协议管辖时，却显得尤为保守。③ 在20世纪中叶之前，英美法系仍恪守传统的管辖权属地原则，将其视为司法主权的重要表现。法官对当事人选择法院协议怀着传统的敌意，认为其有损司法权威、侵犯了司法主权、恶意排除了本国法律适用。④ 在1972年布莱门（Bremen）案之前，美国法院均将当事人之间的管辖权协议认定无效，并将其称为剥夺条款。⑤ 英国法院在1970年埃莱夫特利亚（Elefthria）案中才开始有限地确认了协议管辖的有效性，并对其效力认定设下诸多限制。时至今日英美法系还没有关于管辖权协议的成文法。随着国际商贸的发展，部分国家注意到，在专属管辖、公共秩序、实际联系、公平合理、不方便法院、保护弱者等法律机制（原则）

---

① 常怡主编：《比较民事诉讼法》，中国政法大学出版社2002年版，第82页。
② 陈荣宗：《国际民事诉讼与民事程序法》（第五册），三民书局有限公司1998年版，第21页。
③ ［美］伯纳德：《美国法律史》，王军等译，中国政法大学出版社1997年版，第154页。
④ 周祺：《国际民商事诉讼协议管辖制度研究》，博士学位论文，华东政法大学，2016年，第13页。
⑤ 韩德培、韩健：《美国国际私法（冲突法）导论》，法律出版社1994年版，第83—84页。

的约束下，当事人在商事等领域中选择管辖法院这一行为并不会对国家的司法权产生侵夺。相反，公权力的适度让步反而促进了本国工商业的发展，提升了本国在国际商业版图中的地位。① 因此，各国在本国协议管辖立法的基础上，逐步尝试建立其区域性的协议管辖协调机制，以减少国家间的管辖权冲突，促进区域的经贸发展。最典型的例子有欧盟1968年《布鲁塞尔公约》、2001年《布鲁塞尔条例Ⅰ》等专门处理欧洲各国之间民商事案件管辖权冲突的国际公约。2005年，《海牙选择法院协议公约》生效，中国也于近年加入了《海牙选择法院协议公约》。

中国在对《民事诉讼法》进行修订时，也紧随世界潮流，逐步接纳协议管辖制度。在1982年的《中华人民共和国民事诉讼法（试行）》中，首次出现了关于涉外争议当事人协议管辖的原则性表述，具体条文为第192条第2款，与涉外仲裁协议采取同条规定。② 随后在1991年的《民事诉讼法》第244条及相关的司法解释中初步确定了中国关于涉外协议管辖的基本表述，正式以立法的形式确定涉外协议管辖的实际联系原则。③

2007年的《民事诉讼法》延续了1991年《民事诉讼法》的开放精神，允许涉外争议的当事人以书面协议的形式将争议提交具有实际联系的法院管辖。值得注意的是，无论是1991年的《民事诉讼法》还是2007年的《民事诉讼法》，二者对于涉外协议管辖仅作出笼统的实际联系原则的要求，不同于国内协议管辖的具体的实际联系地的规定（两法均在第25条作出规定）。④ 然而如何理解涉外协议管辖中的实际联系地，法律条

---

① 彭奕：《我国国际民事诉讼协议管辖的立法重构——以海牙〈选择法院协议公约〉为视角》，《中国国际私法与比较法年刊》第16辑，法律出版社2016年版，第127页。
② 具体条文为："外国企业、组织之间的经济、贸易、运输和海事中发生的纠纷，当事人按照书面协议，可以提交中华人民共和国的涉外仲裁机构仲裁，也可以向有管辖权的人民法院起诉。"
③ 王磊：《试论我国涉外民事诉讼协议管辖规则体系的改进》，《武大国际法评论》2018年第2期。
④ 具体法条表述为："合同的双方当事人可以在书面合同中协议选择被告住所地、合同履行地、合同签订地、原告住所地、标的物所在地人民法院管辖，但不得违反本法对级别管辖和专属管辖的规定。"

文没有规定具体的判断标准。对于"与争议有实际联系地点的法院"的理解完全依靠法官的自由裁量。[①] 通过对中国《民事诉讼法》关于涉外协议管辖的条文演变史可以看出，中国虽采纳协议管辖制度，但是依然坚持司法主权和管辖权的绝对刚性，将实际联系原则作为对协议管辖制度的限制要件，这种理念在客观上限制了 CICC 的管辖能力的提升和管辖范围的拓展，降低了自身国际化的标准和尺度。

二 实际联系原则与意思自治原则的冲突与协调

协议管辖制度是意思自治原则引进民事诉讼领域的优秀成果，也是一国司法体制从专制走向开明的体现之一。[②] 何为实际联系原则？在协议管辖制度中，实际联系原则即指双方当事人所合意选定的管辖法院必须与诉讼案件之间存在必要的内外联系。实际联系原则通常作为各国政府限制双方当事人自由选择管辖法院的主要条件。实际联系原则有利于案件的高效处理，其既能在某种程度上减少国际平行诉讼的出现，也可以防止本国法院的司法管辖权遭到不合理排斥；既可以保障本国的司法主权，推动裁判的顺利执行，同时也可以更有效地保障弱势方的利益。[③] 并且实际联系原则还可以节约一国宝贵的司法资源，避免无实际联系的案件大量进入给法院造成过重的负担。虽然英美法系国家并未发展出实际联系原则，但是也采取了类似的"不方便法院"原则，以限制当事人的自由选择权。[④] 虽然实际联系原则存在上述诸多优势，但其消极作用也不能忽视。实际联系原则排斥了当事人的意思自治，使得管辖协议归于无效，既不符合当事人的预期，更不利于国际商事法治的交流发展。综上，实际联系原则背后所体现的是国家司法主权与当事人意思自治之间的博弈。

---

① 袁发强、瞿佳琪：《论协议管辖中的"实际联系地"——立法目的与效果的失衡》，《国际法研究》2016 年第 5 期。
② 李双元：《关于我国国际民商事管辖权的思考》，《海峡两岸法律冲突及海事法律问题研究》，山东大学出版社 2001 年版，第 20 页。
③ 刘元元：《中国国际商事法庭司法运作中的协议管辖：挑战与应对措施》，《经贸法律评论》2020 年第 6 期。
④ 陈南睿：《不方便法院原则在中国法院的适用及完善——以 125 例裁判文书为视角》，《武大国际法评论》2021 年第 2 期。

意思自治原则是个既古老又崭新的原则。称其历史悠久，是因为它产生于古希腊、古罗马的哲学思辨之中。16世纪时，杜摩兰在先哲的思想基础上建立了近代意思自治原则的基本理论框架，并将其认定为私法领域的第一准则。称其崭新，是因为其经历了跌宕起伏的理论提炼过程，从而在法律实践中不断丰富和完善自身内容，在新的历史阶段仍旧发挥着重大的作用。① 关于意思自治，各学派有着不同的理论视角，如狄骥强调当事人意思自治的优位属性，当事人的真实意思表达优先于私法的适用，他人不得干预。② 而有的学者认为，意思自治是当事人为自身设立权利义务，当事人的自由意志是其权利义务的效力来源。③ 虽然各个学派的理念有所不同，但都承认意思自治的核心要义是尊重当事人的个人意愿。国际私法与民法同样具有私的属性，当意思自治原则引入民法后，其对国际私法的理论发展也产生了重大影响。遵循契约自由的理念，双方当事人可以自由选择其管辖法院与争议所适用的实体法。

三 实际联系的认定标准演变

中国对实际联系的认定标准经历了从模糊到明确的发展过程，法官的自由裁量权逐步限缩。1991年《民事诉讼法》将协议管辖分为国内协议管辖与涉外协议管辖两个部分，2007年的《民事诉讼法》沿用了1991年的立法体例。针对纯国内民商事诉讼的协议管辖，先后两部民诉法均将可供当事人协议选择的人民法院局限在五种情况之中，并且没有兜底条款。④ 而1991年《民事诉讼法》第244条（2007年《民事诉讼法》第242条）仅原则性地规定了涉外民商事争议的当事人可以书面选择与争议具有实际联系的法院管辖，但如何理解协议管辖中的实际联系地，法律

---

① 许军珂：《国际私法上的意思自治》，博士学位论文，武汉大学，2006年，第1页。
② ［法］莱昂·狄骥：《〈拿破仑法典〉以来私法的普通变迁》，徐砥平译，中国政法大学出版社2003年版，第49页。
③ 尹田：《契约自由与社会公正的冲突与平衡——法国合同法中意思自治原则的衰落》，《民商法论丛》1994年第2卷，第253页。
④ 具体为被告住所地、合同履行地、合同签订地、原告住所地、标的物所在地这5种情况。

条文的规定过于原则，既缺少对实际联系标准的指南，也没有列举有实际联系的地点。这导致在司法实践中，是否具有实际联系取决于主审法官的自由裁量。①

针对这一情况，2004 年最高人民法院民事审判第四庭表示，针对协议管辖的法院是否具有实际联系，需要综合考虑被告住所地、原告住所地、合同签订地、财产所在地、合同履行地等多个因素。2005 年，最高人民法院在《第二次全国涉外商事海事审判工作会议纪要》中再次重申这一态度，赋予主审法官较大的自由裁量空间。但 2012 年的《民事诉讼法》则开始限缩自由裁量的空间，第 34 条以列举方式罗列了法律认可的实际联系地的类型。② 2021 年新修订的《民事诉讼法》第 35 条沿用了旧法第 34 条的条文表述。纵观中国《民事诉讼法》的修法历史可以发现，中国在涉外协议管辖方面逐渐限缩与明确了实际联系原则的具体认定标准，表明了中国对实际联系原则客观联系说的司法态度。

关于实际联系原则的具体阐释，学界形成两派不同的理论进路，简单来说可以概括法律联系说与客观联系说，中国一向坚持客观联系说。③法律联系说是指双方当事人依据法律的规定，在合同中约定采用第三国法律作为调整该合同的实体法，则当争议发生时，该第三国便与本案具有实际联系，成为实际联系地。法律联系的存在必须同时符合以下两个要求：一是选定其管辖法庭，二是选定以法院地法作为案件审判的实体法。实行法律联系标准的国家通常认为：作为理智的争议双方当事人，一旦就管辖法院与争议适用的实体法作出约定，即可推断当事人更认可该国的实体法律，由该国法院适用自身的法律更为合理，因此该国的法院便取得了实际联系。④ 相比法律联系说，客观联系说更重视当事人协议

---

① 刘贵祥、沈红雨、黄西武：《涉外商事海事审判若干疑难问题研究》，《法律适用》2013 年第 4 期。
② 即"合同或者其他财产权益纠纷的当事人可以书面协议选择被告住所地、合同履行地、合同签订地、原告住所地、标的物所在地等与争议有实际联系的地点的人民法院管辖"。
③ 王吉文：《涉外协议管辖中的"实际联系原则"评述》，《中国国际私法与比较法年刊》（第 13 卷），北京大学出版社 2011 年版，第 144 页。
④ 刘晓红、周祺：《协议管辖制度中的实际联系原则与不方便法院原则——兼及我国协议管辖制度之检视》，《法学》2014 年第 12 期。

管辖的法院与争议之间是否存在真实、客观、显性的外部关联，因此该说大多将原被告的住所地、原被告的注册地、法律行为发生地、结果发生地、合同签订地、合同履行地、标的物所在地等列为常见的实际联系地。[①] 客观联系说立足于当事人协议选择的管辖法院是否与争议存在外部的、显性的客观联系。中国目前采用客观联系说。虽然客观联系说具有确定性的优势，但是在中国国际商事法庭的建设中，则会成为其走向国际化的掣肘条件。

四 域外国际商事法庭的经验

随着世界各国民商事交往的不断深入，尊重当事人意思自治原则已经成为民法、商法、民事诉讼法、冲突法的核心原则之一。国际商事法治的发展，其核心要义在于契约自由。国家将公权力让渡一部分给私主体，任其自由选择，非但不会破坏一国的司法体系，反而会提升该国的司法审判水平与其在国际上的商业地位。基于此，世界主流国家（尤其是大陆法系国家）开始逐步抛弃实际联系原则，赋予当事人更大的选择空间。例如按照《日本民事诉讼法》的规定，日本法院不能因当事人协议管辖的法院与案件之间不存在实际联系而将管辖协议认定为无效，实际联系原则不再是协议管辖的效力要件。日本司法界认为，排除实际联系原则，有助于维护当事人的自由意志，有助于当事人选定中立法院获得公正判决，有助于国际商贸的健康发展。除日本外，国际公约也逐步放弃实际联系原则，如2005年《海牙选择法院协议公约》与2012年《布鲁塞尔条例Ⅰ》均无实际联系的要求。

目前，全球各国际商事法庭（院）的发展趋势为向离岸国际商事法庭演进，不再将目光局限于本国涉外商事纠纷。各国政府均试图扩大本国国际商事法庭在解决国际商事纠纷案件中的国际影响力。[②] 为了满足国际商事纠纷当事人寻求中立法院的期望，目前，世界各地的主要国际商

---

① 刘力：《我国国际民事诉讼协议管辖中"实际联系"辨析》，《法律适用》2008年第12期。

② 刘元元：《中国国际商事法庭司法运作中的协议管辖：挑战与应对措施》，《经贸法律评论》2020年第6期。

事法庭（院）包括新加坡国际商事法庭、英国国际商事法院、荷兰国际商事法院、迪拜国际金融中心法院、阿斯塔纳国际金融中心法院以及比利时布鲁塞尔国际商事法院等，都不再设置实际联系的限制。[①]

第二节　中国国际商事法庭实际联系原则的运用及缺陷

一　中国国际商事法庭的受案范围与管辖权行使的目标

《最高人民法院关于设立国际商事法庭若干问题的规定》（以下简称《规定》）第 2 条第 1 款要求，CICC 所受理的当事人之间的协议管辖必须符合民诉法的相关规定，且标的额不得低于人民币 3 亿元。2021 年新修订的《民事诉讼法》第 35 条对可供当事人选择的法院地作出了列举式的规定，其中包括：被告住所地、合同履行地、合同签订地、原告住所地、标的物所在地等与争议有实际联系的地点。根据上述规定可以得出，中国国际商事法庭针对当事人协议管辖设定了诸多限制条件。首先，《规定》要求协议管辖符合民诉法的规定，而根据新修订的《民事诉讼法》第 35 条的规定，当事人的协议管辖合意必须以书面的形式确定下来，口头协议不具备法律效力；其次，当事人协议选择的管辖法院必须与案件具有实际联系，该条规定直接导致在协议管辖的受案范围方面，中国国际商事法庭与地方涉外商事法庭并未在本质上区别开来，中国国际商事法庭的"国际性"不显，仅为更高规格的"涉外"商事审判庭，与同类国际商事法庭存在较大差距；再次，中国国际商事法庭还要求当事人协议管辖的案件标的额不得低于 3 亿元人民币；最后，当事人在管辖协议中约定的法院须为最高人民法院。可见，中国国际商事法庭仍坚守实际联系原则。

CICC 之所以采取实际联系原则，与设立该法庭的初衷有密切联系。前文中，笔者详细阐述了中国国际商事法庭的建设背景与重要性，具体而言，中国国际商事法庭的建立是为"一带一路"倡议的顺利实施提供

[①] 许军珂：《国际私法上的意思自治》，博士学位论文，武汉大学，2006 年，第 7 页。

高效率的司法服务和公平的法治保护，以期增进各成员国间的经济合作与文化交流。在中国国际商事法庭的运作中，其主要审理的案件为中国与"一带一路"沿线各国的商事纠纷，自然具有实际联系的特征。故CICC的设立主要是顺应当前国家发展的战略目标，还未把自身作为解决国际商事纠纷的在国际社会具有公信力的"离岸法庭（院）"，故初期的受案范围仍然与国内法治之间有着紧密的制度联系。

二 中国国际商事法庭管辖范围采用实际联系原则的制度优势

中国国际商事法庭现阶段仍采取实际联系原则，其背后的主要原因除上述建设目的之外，也和当前中国国际商事法庭的审判能力息息相关。在中国国际商事法庭的运作中，保留实际联系原则的限制，充分符合现阶段中国的司法需求，具体而言有以下几个制度优势。

第一，减少法院的负荷，节约司法资源，保障法庭声誉。中国国际商事法庭作为嵌入式的国际商事法庭，其人员组成均由最高法院进行抽调。在建设初期，中国国际商事法庭的人力资源是明显不足的。若放开实际联系的要求，则会导致大量的案件涌入中国国际商事法庭，造成案件负担过重，甚至拖慢审判进程，最终影响中国国际商事法庭的声誉。此外，中国国际商事法庭不同于先发的同类国际商事法庭（院），中国国际商事法庭的法官面对国际案件时可能存在经验不足的隐患，如果大量案件进入中国国际商事法庭，只会进一步拖慢审判程序，造成案件积压，同样对中国国际商事法庭的声誉造成不利影响。

第二，降低审判难度，弥补审判经验不足，提高判决质量。虽然放弃实际联系原则有助于受案量的增加，将会使中国国际商事法庭成为真正的"离岸型"国际商事法庭。允许无实际联系的当事人协议管辖，中国国际商事法庭的法官将会接触到大量的国际性案件，有助于中国法官在外国法查明与适用、中立性、公正性、效率、审判语言、司法说理等方面获得长足的进步，最终构建起中国国际商事法庭的国际声誉。但中国国际商事法庭毕竟处于建设初期，中国国际商事法庭的第一批法官尚未经历过长期针对性的司法实践，还未积累起丰富的国际案件审判经验，可能在外国法的查明、解释与适用方面存在不足。维持实际联系原则的适用,将保证每一个进入中国国际商事法庭的案件均为"涉外"商事案件,使得中国国际商事法庭的法官处理起来更为得心应手,确保中国国际商事法庭建设初期的平稳运作。

中国民诉立法之所以长期坚持实际联系原则,除了其可以有效维护中国的司法主权、确保中国法律适用的完整以外,还有以下两方面原因。一是实际联系原则可以起到保护弱者利益的作用。尽管在理论上,国际民商事贸易的主体法律地位是平等的,但在现实的商业贸易中,一方当事人可能会因为资金、技术、市场波动等而处于实质上的弱势地位。虽然目前中国没有在涉外协议管辖领域引入弱者保护制度,但是依靠实际联系原则,可以确保优势一方当事人无法恶意排除相关法院的管辖权、侵害弱势方的实际利益,这在相当程度上可以给予弱势方法律保障。[①] 如果一方当事人由于其劣势地位而被迫承受明显对其不利的管辖协议时,中国法院就可以依据实际联系原则将其认定为无效,既维护了私法的基本价值理念,又维护了弱势当事人的合法利益。二是因为中国目前所加入的国际公约中没有明确排斥实际联系原则的表述,如《海牙选择法院协议公约》,因此中国目前也没有取消实际联系原则的国际义务。

三 中国国际商事法庭管辖权制度中的实际联系原则在实践中的缺失

尽管为了适应中国目前司法审判管辖制度的现状而确立了中国国际商事法庭管辖权制度的实际联系原则来限缩 CICC 处理国际商事案件的管辖能力,但毕竟从本质上来看,国际商事法庭的受案范围应当是面向全球商事主体的,在经济全球化趋势仍然具有强劲活力的国际经贸发展大背景下,国际商事法庭对自身管辖能力的自我限缩不利于在国际社会同业竞争中有效地生存和建立自身的国际信誉和影响力,从追求"国际性""开放性"的角度来看,中国国际商事法庭管辖范围中的实际联系原则存在以下方面的制度性缺失。

---

① 林欣宇:《涉外协议管辖中实际联系原则的理性思辨与实践探索》,《法律适用》2018 年第 24 期。

其一是坚持实际联系原则已不符合国际潮流。根据相关法律和司法解释，CICC要求当事人之间订立的管辖权协议必须符合中国《民事诉讼法》第34条（新修订的《民事诉讼法》第35条）所规定的实际联系原则。① 相较之下，其他国家和地区的国际商事法庭（院）均没有实际联系的要求。譬如，新加坡国际商事法庭、阿斯塔纳国际金融中心法院、布鲁塞尔国际商事法庭、迪拜国际金融中心法院均在其法庭规则中明确规定，本国际商事法庭（院）不得仅以当事方之间的争议与本国无实际联系为由拒绝行使管辖权。②

其二是坚持实际联系原则将会不利于中国获得主动地位。随着中国经济的飞速发展，中国的商业组织在国际贸易中的角色已经出现了变化，不再是弱势一方。特别是在"一带一路"倡议沿线各国内，中国作为倡议的发起国和经济较为发达的工业制造国，往往占据主导地位。得益于此，中国的商业组织也通常处于优势地位。笔者认为，继续坚持实际联系原则，很可能会限制中国当事人维护自身利益的选择范围，造成实质上的国家利益损失。③ 通常而言，在国际经贸投资、跨境基础设施建设与国际货物贸易的往来中，本国的大型跨国企业会出于合理避税、遵守东道国法律、企业运营便利等原因，可能采取将企业注册于"避税天堂"（如开曼群岛）或在当地重新设立一个独立的公司等商业操作。虽然从实质而言，其仍为中国的企业，争议涉及中国的资金、资源、人员，但是却与中国法院不存在实际联系而难以进行协议管辖。④ 这对维护中国国家利益、提振中国企业"走出去"的决心是不利的。因此从掌握"一带一路"倡议的建设主动权、维护中国的发展利益的角度而言，继续固守实际联系原则可能会起到负面作用。

---

① 即合同或者其他财产权益纠纷的当事人可以书面协议选择被告住所地、合同履行地、合同签订地、原告住所地、标的物所在地等与争议有实际联系的地点的人民法院管辖。

② 具体参见新加坡《法庭规则》第110号令第8条，《阿斯塔纳国际金融中心法院规约》《布鲁塞尔国际商事法庭草案》。

③ 朱怡昂：《中国国际商事法庭管辖权研究》，《法律适用》2021年第7期。

④ 唐明、田王婧：《我国个人所得税受控外国公司反避税规则研究》，《国际税收》2021年第7期。

其三是作为理性的国际商事纠纷的当事人，会根据自身的利益需要寻求合适的法院行使案件管辖权。坚持实际联系原则，未必会使国际争议当事人主动选择中国国际商事法庭行使案件管辖权；放弃实际联系原则，也未必会造成大量的国际案件进入中国国际商事法庭，造成案件堆积。[①] 长期以来，国际商事争议的当事人对中国法院的涉外审判制度并不熟悉，CICC 作为后发的国际商事法庭并未占得制度创新的先机，再加上诸多限制条件以及上诉权的缺失，更是在管辖权领域缺少灵活性和可拓展性。可以预见，在成立初期，移送管辖将是中国国际商事法庭行使管辖权的主要方式。目前的司法实践也证实了这一点。在最高院公布的判决文件中，除 5 起仲裁司法审查案件外，其余 2 起案件均为移送管辖。[②] 随着中国综合实力的增强和跨国经贸活动的深入发展，实际联系原则的历史使命已经完成，中国国际商事法庭须在未来一段时间内对实际联系原则的去留或解释进行认真思考。

国际商事法庭（院）的发展取决于当事人对法院公正解决争端能力的信任。然而，实际联系的存在会引起外国当事人对中国国际商事法庭具有地方保护主义的怀疑，会极大地限制中国国际商事法院的案件受理范围。为了提升自身在国际商事竞争格局中的地位和竞争力，维护国际商业活动的正常交流，也为了展示中国负责任的大国形象，最高院应以更加开放的态度放开实际联系原则的限制。

第三节　拓展实际联系原则的理论基础

基于前文的论述，笔者认为无论是从国际发展趋势还是维护中国实际利益的需求方面，实际联系原则在法理和实践中均需得到一定程度的拓展或弱化，促进 CICC 离岸诉讼业务的增长，以使 CICC 真正转变为国际性的商事争端解决中心。

[①] 卜璐：《"一带一路"背景下我国国际商事法庭的运行》，《求是学刊》2018 年第 5 期。
[②] 具体案件文书参考中国国际商事法庭官网，https：//cicc.court.gov.cn/html/1/218/180/index.html。

一　实际联系概念的理论拓展

实际联系原则与基于当事人意思自治的协议管辖制度存在着一定的结构性矛盾。在传统法学理论中，大陆法系的德国、日本等倾向于实际联系的作用。因为放任当事人随意选择管辖法院可能会导致本来应当由本国法院管辖的案件而因为当事人的协议选择流失到域外法院管辖，对于本国司法主权的完整性和独立性来说，是比较大的冲击。例如《德国民事诉讼法》规定：无特殊情况下当事人协议管辖必须建立在实际联系原则基础上。所谓特殊情况包括：一是当事人双方皆为商人，二是法院不具有一般管辖权。此外，法国、丹麦、墨西哥等国家也要求被选择法院应当与争议事项具有实际或直接的联系。但随着时间迁移和国际民商事案件的遽然增加，一些原来高度重视实际联系原则的国家也开始放松对实际联系的要求，试图掌握参与国际民商事纠纷争议解决的国际性竞争的主动权和主导权，例如，土耳其和比利时等国家都积极地放弃了实际联系的要求。[1]

在英美法系语境下，对于被选择法院是否应当与争议事项具有制度或事实上的实际联系，一直不太重视，而是把侧重点放在了当事人意思自治原则上。故在英美法系传统法理下，中立的第三方法院可能更受当事人青睐，当事人之间的管辖协议除非明显不公正不合理，否则，一般都会具有选择法院的效力。[2] 美国《第二次冲突法重述》也明确规定：一国司法权并不会因为当事人之间的协议而被剥夺，当事人之间的协议可以被赋予效力，除非这种协议明显不公平不合理。由于英美法系文化传统对当事人意思自治原则的尊重，导致了不采取实际联系原则的国际商事法庭在管辖国际商事案件中具有明显的竞争优势。

从法理上看，当事人双方自愿选择完全与彼此争议无关的法院作为管辖法院存在着诸多实际操作上的不便，从交通、出庭、文化、语言到

---

[1] 汪炜晨：《论国际民商事诉讼协议管辖中实际联系原则之废除》，《国际法学刊》2022年第2期。

[2] 陈海明：《国际法演进的内在逻辑：从私法到公法》，《学习与探索》2022年第4期。

对管辖法院所在国的程序法和实体法，都不如在自己熟悉的法院来审理更加方便。但出于对无联系的法院的独立性和公正性的信赖和追求，当事人自愿选择无实际联系的法院管辖案件更容易形成具有确定力的司法判决，便于当事人自愿服判。① 故近年来在国际上有影响力的国际商事法庭，都是依靠自身的程序简明公正而赢得国际商事主体的广泛认可，在追求效率与公正价值平衡方面，公正价值始终占据优先的地位。

CICC 主要职能是审理涉外商事案件，目前的《民事诉讼法》以及相关法律确立的实际联系原则，实际上从管辖权根据上就限定了中国国际商事法庭自身审判能力的提升，尽管在创立初期可以分流一部分国际商事主体自愿协议选择管辖的案件，减轻受案量和工作负担。但长此以往由于实际联系原则限制了 CICC 可能成为"离岸法庭"的发展方向，CICC 的受案范围只能限于"涉外性"的，而不具有真正开放性特征的"国际性"，这一点与当今国际社会的国际商事法庭主流存在样态并不一致，故可考虑放松对实际联系的要求，通过引进外国法官（特别是英美法系法官）加入的方式来尝试受理一些无实际联系的国际商事案件，进而不断地增强 CICC 处理涉外商事案件的能力，扩大自身的影响，树立自身的权威，吸引更多的国际商事主体自愿选择 CICC 作为有管辖权的法院。

二 不方便法院原则

不方便法院原则也被称为不便管辖原则，是指在国际民商事诉讼活动中，原告可能滥用自由选择权，将案件诉至对己方有利而对被告不利的法院，造成实质的不公，给当事人及司法裁判带来种种不便。② 针对此情形，该法院虽然对案件具有管辖权，但若发现有管辖权的其他法院，则该法院可以自身属不方便法院为由，依职权或根据被告的请求拒绝对本案行使管辖权。不便管辖原则实质上是对国际商事案件协议管辖制度

---

① 戴曙：《我国涉外协议管辖制度的理解与适用》，《法律适用》2019 年第 17 期。
② 丁小巍、王吉文：《论不方便法院原则的价值转化和我国的因应》，《政法学刊》2021 年第 3 期。

的一种制度化的修正，也是对实际联系原则正当性的一种补正。事实上，即便是当事人双方通过管辖协议自愿选择了与争议事项无关的法院来管辖案件，也可能出现被当事人选择的法院基于种种因素的考虑，特别是基于对有关国家的司法主权和国家安全的尊重而拒绝管辖某类案件。不便管辖原则是在英美法系国家中对当事人意思自治原则的一种限缩性条件。在大陆法系国家中，一般把当事人之间的协议管辖视为具有排他性的，其他未被选择的法院不得行使管辖权。英美法系国家没有把当事人的管辖协议视为具有排他性，但如果出于种种原因，特别是政治因素或者是国家安全、国家主权因素的考虑，通过不便管辖原则可以对当事人意思自治原则作出一定的限制，从而使得"实际联系原则"又具有了一定的实践依据的支持。① 例如，在埃莱夫特里亚（Eleftheria）一案中，英国法院就认为，法官在行使自由裁量权时必须要综合性地考虑涉案的所有因素，如证据在何国取得，合同约定适用的外国实体法是否与英国法存在矛盾和不一致，当事人与哪个国家的法律具有更加紧密的联系，等等。故"英国法院在该案中的综合考量因素，在实质上体现了不方便法院原则"。②

不方便法院原则最早起源于苏格兰。20 世纪中后期逐渐为英美法系国家所接受。20 世纪 80 年代，美国运用不方便法院原则处理了著名的印度博帕尔毒气泄漏案的管辖权问题，由此推动了不方便法院原则理论研究与实践应用的发展。③ 随后，英美法系国家和地区的新加坡、新西兰、加拿大、澳大利亚以及中国香港等采纳了这一原则。这一原则的核心是赋予了有管辖权法院较大的自由裁量权来决定是否行使管辖权，这样在国际民商事案件的管辖问题出现了以当事人意思自治为基础的协议管辖与以不方便法院原则为依托的主权管辖相结合的复合型管辖模式。④ 这两

---

① 杨锴铮、魏莼：《谁来填补"国际私法"管辖权上的"空白地带"》，《人民论坛》2016 年第 28 期。
② J. J. Fawcett, ed., *Declining Jurisdiction in Private International Law*, Clarendon Press, 1995, p. 47.
③ 卢正敏、齐延安：《论涉外民事诉讼中不方便法院原则》，《山东审判》2005 年第 5 期。
④ 齐树洁主编：《美国民事司法制度》，厦门大学出版社 2011 年版，第 147 页。

个方面的结合实际上近似地实现了"实际联系原则"的制度目标。

不方便法院原则在中国法院管辖的实践中也进行了尝试。① 中国法院最早处理涉外民商事案件自发地运用不方便法院原则的首个案件是 1995 年广东省高级人民法院再审的原审原告东鹏贸易发展公司诉被告东亚银行有限公司信用证纠纷案。在该案中，广东省高级人民法院依据最高人民法院的批准，采用不方便法院原则，最终裁定了此案应当由香港法院行使管辖权②。此外，最高人民法院在佳际有限公司、锐享有限公司与永侨企业有限公司、中侨国际投资有限公司股东权益纠纷案等裁判中，虽然没有明确适用不方便法院原则，但是明显地包含了不方便法院原则的精神。③

所以，从法理上来看，如果要拓展"实际联系原则"在维护国家司法主权、维护本国企业和公民在国际商事活动中合法权益的功能，在不能完全放松"实际联系原则"的背景下，进一步发挥 CICC 在"管辖权根据"方面的自由裁量权，可以有效地防范在"实际联系原则"松动的情形下因为当事人完全意思自治可能会带来的不利于维护司法主权以及本国利益的问题的出现。因此，从长远角度来看，加强对"不方便法院原则"的法理研究以及适时地植入中国国际商事法庭管辖制度中，对于强化 CICC 自主性管辖能力具有非常重要的实践意义。

三　维护国家发展利益原则

党的二十大报告对国家安全形势作出了科学的分析和判断，强调要高度重视中国面临的生存安全问题和发展安全问题。但伴随中国改革开放的持续深化，当今世界各国之间，利益相互交织，矛盾也逐渐加剧，保障中国安全与国家利益的任务更为艰巨。随着"一带一路"倡议的实施走向深入，各种安全风险不断凸显，国家主权安全、信息安全与发展利益均遭受到威胁。为维护中国国家利益，促进区域的和平发展，中国

---

① 陈南睿：《不方便法院原则在中国法院的适用及完善——以 125 例裁判文书为视角》，《武大国际法评论》2021 年第 2 期。

② 参见广东省高级人民法院（1995）粤法经二监字第三号民事裁定书。

③ 参见最高人民法院（1995）经终字第 138 号民事裁定书。

国际商事法庭应发挥积极作用。

中国国际商事法庭管辖制度中的"实际联系原则"在具体适用过程中，围绕着维护国家发展利益，也应当不断强化"实际联系原则"适用的效果，坚持公平与效率价值的平衡。"实际联系原则"是以管辖权的排他性为前提的，因此，对司法主权和最大限度地保护本国企业的海外商业利益具有很好的掌控作用。"实际联系原则"是一个较为相对具体的管辖权确认原则，但也存在着多种具有实际联系的具有共同管辖权的多个国际商事法庭管辖权制度。所以，在具体适用"实际联系原则"作为"管辖权根据"时，也应当从维护国家发展利益的角度出发，来寻找最佳连接点。协议管辖中应当充分尊重当事人的意思自治，但是，如果当事人意思自治不利于维护国家发展利益的，就应当采取必要的制度限缩性条件来限定当事人意思自治的范围。为此，《中华人民共和国涉外民事关系法律适用法》对维护国家发展利益原则作了非常清晰的规定，该法第5条规定：外国法律的适用将损害中华人民共和国社会公共利益的，适用中华人民共和国法律。很显然，该条规定具有双重意义，一方面有确定"管辖权根据"的意义；另一方面又有确立审理国际商事案件实体法的价值。与此同时，该法第10条第2款也规定：不能查明外国法律或者该国法律没有规定的，适用中华人民共和国法律。上述规定背后的基本法理仍然是维护国家利益和司法主权。

四 弱者利益保护原则

早在中国国际商事法庭管辖制度产生之前，中国现行涉外方面的法律法规已经粗具规模，并形成了较为完备的制度。"弱者保护原则"是"二战"之后逐渐发展起来的一项国际私法原则，各国立法者在制定冲突法规则的时候，都尽量设计有利于"弱者保护"的连接点，并实现国际私法的"规则导向"向"内容导向"的转变。[①] 在中国《涉外民事关系法律适用法》颁布之前，有关冲突法规范都散见在法律法规和司法解释

---

① 贾明顺、夏春利、张欣：《国际私法中弱者保护与意思自治问题探究》，《北京航空航天大学学报》（社会科学版）2015年第3期。

中,《中华人民共和国民法通则》第 148 条规定扶养适用与被扶养人有最密切联系的国家的法律,《中华人民共和国合同法》确立最密切联系原则,1988 年《最高人民法院关于贯彻执行〈中华人民共和国民法通则〉若干问题的意见》中有几处涉及弱者保护问题,《中华人民共和国收养法》第 21 条和《外国人在华收养登记办法》第 3 条规定,外国人在华收养子女重叠适用中国法和其所在国的法律。《中华人民共和国涉外民事关系法律适用法》全面系统地体现了"弱者保护原则"的要求,既在总纲,又在具体规定中,对弱者保护原则进行了系统的设计。① 上述规定突出强调了"弱者保护原则"。

把"弱者保护原则"作为选择国际商事案件所适用的准据法的标准,并以此来寻找"最具密切联系"的"连接点",从法理特征上来看,是通过内容之间的紧密联系来影响"管辖权根据"中的"实际联系原则",也是在拓展"实际联系原则"在国际商事法庭管辖制度中的制度功能的重要路径。因此,在健全和完善中国国际商事法庭管辖权制度的过程中应当重点加以研究,并在制度上形成更加完备的"弱者保护原则"体系。

总之,从法理拓展"实际联系原则"的制度功能路径很多,淡化"实际联系原则"的决定性作用并不是唯一一条法律路径。事实上,在国际商事案件管辖权制度上存在着多重复合性的价值选择,应当从"管辖权根据"以及实体准据法的最优化选择等多种角度来探讨充分发挥"实际联系原则"制度功能的法理路径。

第四节 实际联系原则的制度改进

"实际联系原则"是建立在协议管辖基础上,是对当事人管辖协议中的不受限的意思表达的限制。从法理上来看,不受限制和绝对限制都是代表着事物极端的两面,② 因此,在中国国际商事法庭协议管辖制度完善

---

① 例如,第 25 条规定:父母子女人身、财产关系,适用共同经常居所地法律;没有共同经常居所地的,适用一方当事人经常居所地法律或者国籍国法律中有利于保护弱者权益的法律。

② 王磊:《试论我国涉外民事诉讼协议管辖规则体系的改进》,《武大国际法评论》2018 年第 4 期。

过程中，对"实际联系原则"的制度改进就必须稳扎稳打、循序渐进，不宜大刀阔斧，要充分考虑目前 CICC 实际的管辖能力以及目前在国际商事纠纷诉讼界的影响力，在参照国外同行经验基础上，拿出稳步推进的制度改革措施。

一　重塑中国国际商事法庭的司法功能定位

中国最高人民法院在 2015 年 6 月发布了《关于人民法院为"一带一路"建设提供司法服务和保障的若干意见》，2018 年 1 月中央深改组通过《关于建立"一带一路"国际商事争端解决机制和机构的意见》（以下简称《意见》），提出了国际商事法庭设立的指导原则与发展愿景。CICC 也是在《意见》的指导精神下设立的。CICC 的建设目标在于为"一带一路"提供司法服务，解决好"一带一路"合作中产生的摩擦与争议。

CICC 的成立凸显了中国深度参与国际经贸治理的决心和制度自信。作为负责任的大国，中国应率先倡导和维护国际法治。为适应高水平对外开放的需要，改革和完善 CICC 的运行机制，最高院应打破涉外民商事案件的审判传统，立足本国国情，吸收国际商事仲裁与国际商事调解的经验，这是一个总的原则。中国国际商事法庭受理的案件目前是"涉外"商事案件，未来要面向国际社会，具有更强的"国际性"，要努力向建设"离岸法庭"目标看齐，在国际商事纠纷诉讼机制激烈竞争中站稳脚跟、占有一席之地。与其他同类国际商事法庭（院）相比，CICC 在协议管辖的范围上受到实际联系原则的限制，当事人的意思自治未能获得充分的尊重。因此，中国应找准中国国际商事法庭的定位，积极吸纳离岸案件，赋予当事人更大的选择空间，增强 CICC 解决疑难复杂、涉及面广、在全球范围内都有巨大影响的国际商事案件的管辖和审判能力，不断提升自身在该领域同行中的国际影响力。

二　借鉴美国法中域外适用法规的先行经验

前文中，笔者在总结当今国际私法管辖权理论的最新发展时，着重介绍了美国长臂管辖制度的发展历史与背后理论支持。虽然美国的长臂管辖是美国用于维护其国际霸权、侵犯他国主权的一整套法律工具,[①] 但是笔者认为中国可以吸收其管辖权形式上的合理部分,他山之石,可以攻玉,对长臂管辖加以修正,用于维护中国的商事利益和主权利益。长臂管辖最初为美国司法管辖权中的民事管辖权[②],其主要解决美国州法院对州际案件被告的人身管辖权问题。[③] 美国《第二次冲突法重述》第 27 节将"最低限度联系"的具体确定标准内容归纳为 10 个方面,方便法院进行审判工作。[④] 长臂管辖权自国际鞋业公司诉华盛顿州案后,其发展经历了由州际适用扩展至国际适用、由民事案件拓展至刑事案件、由司法权转变为三权混同的过程。[⑤] 虽然长臂管辖在后续的发展中加入了美国霸权主义的因素,但是在民事案件管辖方面,仍有众多经验可供 CICC 借鉴。

美国在金融、贸易、出口管制、洗钱、打击恐怖主义等领域进行相应的立法,扩张其立法管辖权,[⑥] 具体而言包括但不限于下列法律文件:致力于金融、公司透明度和市场管理方面的《萨班斯—奥克斯利法案》,打击洗钱与恐怖主义的《银行保密法》,反垄断领域的《谢尔曼法》,人权保护领域的《外国人侵权请求法》以及出口管制领域的《出口管理法》(已失效)、《出口管制改革法》、《出口管理条例》、《武器出口管制法》、《国际紧急经济权力法》,等等。[⑦] 中国在"一带一路"的建设中,也将

[①] 王学棉:《美国民事诉讼管辖权探究——兼论对 Personal Jurisdiction 的翻译》,《比较法研究》2012 年第 5 期。

[②] 郭玉军、甘勇:《美国法院的"长臂管辖权"——兼论确立国际民事案件管辖权的合理性原则》,《比较法研究》2000 年第 3 期。

[③] 覃斌武、高颖:《美国民事诉讼管辖权祖父案件——彭诺耶案的勘误与阐微》,《西部法学评论》2015 年第 6 期。

[④] 包括当事人在该州出现,在该州有住所,居住在该州,是该国国民或公民,同意该州法院管辖,出庭应诉,在该州从事业务活动,在该州曾为某项与诉因有关的行为,当事人在国(州)外做过某种导致在该州发生效果的行为,在该州拥有、使用或占有与诉因有关的产业,等等。凡是具有上述情形之一者,均可被视为该当事人与该州有最低联系,该州法院即可对其行使管辖权。

[⑤] 李庆明:《论美国域外管辖:概念、实践及中国因应》,《国际法研究》2019 年第 3 期。

[⑥] 肖永平:《长臂管辖权的法理分析与对策研究》,《中国法学》2019 年第 6 期。

[⑦] 李秀娜:《制衡与对抗:美国法律域外适用的中国应对》,《国际法研究》2020 年第 5 期。

会面对金融、贸易、恐怖主义等领域的挑战,因此笔者建议,中国可以在遵守国际法、尊重他国主权的基础上,积极沟通、协商,构建出中国法律的域外适用机制。一方面可以维护"一带一路"沿线的区域和平与稳定,另一方面也能更好地造福周边各国。

三 扩张解释实际联系原则

海牙国际私法会议通过的《海牙选择法院协议公约》已经在 2015 年 10 月生效。中国于 2017 年 9 月签署该公约,虽然没有批准该公约,但从未来的发展趋势来看,批准该公约在理论上没有任何问题。出于种种原因,"实际联系原则"并没有被写入该公约。[①] 事实上,因中国的《民事诉讼法》和《涉外民事关系法律适用法》确立了"实际联系原则",使得在批准公约上遇到了"瓶颈",但如果采取"扩张解释"实际联系原则的制度措施,就很容易解决立法中"实际联系原则"的刚性约束力。

在制度上,如果把"实际联系原则"的拘束力下移,从立法中心主义转化为司法中心主义,让管辖商事案件的法院和法官根据实际情况来自由决定当事人选择的法院与争议无关时该选择是否有效,把法院和法官作出的决定作为"实际联系原则"的具体表现形式,这样就可以扩张"实际联系原则"的适用范围,将维护国家发展利益等价值引入"实际联系原则"的内涵中,无疑可以使得"实际联系原则"在形式功能与实质作用两个方面都得到拓展。

四 明晰连接点的概念

"连接点"(connection point)本来是机械学的术语,是指两个物体之间的接口部分。传统国际私法中的"连接点"又称为联系依据(connecting ground)或联系要素(connecting factor),是指冲突规范中就范围所指法律关系或法律问题指定应适用何地法律所依据的一种事实因素。因此,连接点在冲突法的适用中起着至关重要的作用。从结构上说,连接点是

---

① 杜涛:《中国批准海牙〈选择法院协议公约〉的法律问题及对策》,《武汉大学学报》(哲学社会科学版)2016 年第 4 期。

冲突规则中将一国的实体法律和某一法律关联起来的一个纽带或者媒介。通常而言，每一个冲突规则中至少应包含一个连接点，以确保该冲突规范能顺利发挥其指定准据法的功能。从实质上看，这种纽带或媒介又反映了该法律关系与某一法律之间存在着内在的、实质的或合理的联系或隶属关系。① 新修订的《中华人民共和国民事诉讼法》第35条对涉外民事案件管辖根据"实际联系原则"详细列举了"管辖连接点"。② 上述条款中的"合同签订地、合同履行地、诉讼标的物所在地、可供扣押财产所在地、侵权行为地或者代表机构住所地"就是体现"实际联系原则"的管辖"连接点"，这样的"连接点"的功能是决定了有管辖权的法院，也就是说，使得"管辖权根据"能够在制度上得到实证。而对于"准据法"的选择，"连接点"往往倾向于对某种法律事实的描述，例如《中华人民共和国涉外民事关系法律适用法》对选择"准据法"的"连接点"作了全面和系统的规定。其中以第29条和第30条规定的"连接点"为例，第29条规定："扶养，适用一方当事人经常居所地法律、国籍国法律或者主要财产所在地法律中有利于保护被扶养人权益的法律。"上述规定不只是强调了具有物理属性的"经常居住地""国籍国""财产所在地"这样的"物理连接点"，而且要对"有利于保护被扶养人权益"作出价值判断，故这里的"经常居住地""国籍国""财产所在地"是具有法律特性的"物理连接点"，表述的是一种法律事实状态。再如，第30条规定："监护，适用一方当事人经常居所地法律或者国籍国法律中有利于保护被监护人权益的法律。"同理，上述"经常居住地""国籍国"只具有"物理连接点"的特性，而加上法律价值的要求"有利于保护被监护人权益"便使得"经常居住地""国籍国"成为一种法律事实状态的"连接点"。

---

① 汤净：《域外立法管辖权的第三条路径》，《当代法学》2022年第3期。
② 该条规定：因合同纠纷或者其他财产权益纠纷，对在中华人民共和国领域内没有住所的被告提起的诉讼，如果合同在中华人民共和国领域内签订或者履行，或者诉讼标的物在中华人民共和国领域内，或者被告在中华人民共和国领域内有可供扣押的财产，或者被告在中华人民共和国领域内设有代表机构，可以由合同签订地、合同履行地、诉讼标的物所在地、可供扣押财产所在地、侵权行为地或者代表机构住所地人民法院管辖。

总的来说,"连接点"概念对于确立"管辖权根据"和"准据法"具有直接的识别功能,使得"实际联系原则""最密切联系原则"成为在制度上可以操作和实现的法律措施。因此,通过深化对"连接点"理论的研究,可以对"实际联系原则""最紧密联系原则"的制度特征有比较精准的把握,进而为中国国际商事法庭管辖制度的完善提供新的制度增长点。

本章小结

本章侧重介绍和分析了中国国际商事法庭协议管辖制度的几个法理问题。首先对协议管辖与实际联系原则进行了理论重述,详细地分析了协议管辖的内涵与历史发展、实际联系原则与意思自治原则、实际联系的认定标准演变、域外国际商事法庭的经验等。根据本书提出的分析结论,对中国国际商事法庭实际联系原则的运用与缺陷进行了深入剖析,在分析中国国际商事法庭的规定与建设目的和介绍中国实际联系原则的制度沿革基础上,揭示了中国国际商事法庭实际联系原则的现实中存在的问题和不足,在此基础上,提出了拓展实际联系原则的理论基础的几点建议,包括对连接点概念的理论重构,加强国家主权安全原则的理论分析及维护国家发展利益原则的理论分析,同时要对弱者保护原则进行科学和有效的理论分析。为此,笔者提出了实际联系原则制度改进方面的建议,包括重塑中国国际商事法庭的定位(离岸法庭)、借鉴美国法中域外适用法规的先行经验、扩张解释实际联系原则以及明晰连接点的概念等。本章从法理和制度两个角度全面和深入地探讨了"实际联系原则"在中国国际商事法庭管辖制度中的性质、地位、作用和可以改进的措施,为增强中国国际商事法庭对涉外商事案件的管辖和审判能力提供了有益的学术参考建议。

第五章 "一站式"平台管辖制度建设的方法与路径

第一节 "一站式"平台管辖制度与多元化纠纷解决机制的理论背景

一 多元化纠纷解决机制的理论基础

最高人民法院国际商事法庭"一站式"纠纷解决平台的设立,是顺应中国多元化纠纷解决机制建设的关键一步。何谓多元化纠纷解决机制?多元化纠纷解决机制是指在一个社会中,各种纠纷解决方式既保留其特有优势又互相协助,进而形成的适应社会主体多元化需要的、动态的社会矛盾处理机制。[1]法治社会的建设需要国家构建和健全一整套多元化纠纷处理体系,准确、快捷、公开、公正、高效地解决社会矛盾。多元化纠纷解决机制的建设对维护社会的公平正义、预防矛盾的发生有着重要的积极意义。[2]正因如此,构建一个有机融合、高效衔接诉讼、仲裁与调解的多元化纠纷解决机制成为世界潮流,各国均作出了大量努力。[3]

诉讼与仲裁融合具有深厚的理论基础。前文中笔者已经论述,诉讼事关一国的司法主权,具有强大的公法性与强制性,当事人意思自治的空间较小。诉讼是整个社会最权威的纠纷解决方式,也是正义的最后一

---

[1] 范愉:《以多元化纠纷解决机制保证社会的可持续发展》,《法律适用》2005年第2期。
[2] 胡仕浩:《多元化纠纷解决机制的"中国方案"》,《中国应用法学》2017年第3期。
[3] 范愉:《以多元化纠纷解决机制保证社会的可持续发展》,《法律适用》2005年第2期。

道屏障。① 而商事仲裁则发轫于商人阶层的壮大，从某种程度上说，商事仲裁是纯粹的"商人驱动型"纠纷解决方式。商事仲裁以当事人的意思自治为核心，充分体现了民间性、高效性与私法自治的特征。当事人对仲裁程序的开展拥有广泛的自主权，表现为当事人对仲裁的程序规则、证据规则、仲裁员的选定、争议实体法的适用等方面均可协商后作出。虽然仲裁庭的管辖权源自双方的仲裁协议，但仲裁裁决的强制执行力却由法律赋予。因此，为了防止仲裁机制被滥用，在仲裁过程中，法院既有权进行司法审查，也有义务对仲裁实行司法监督，确保仲裁程序的顺利进行。②

仲裁与诉讼的衔接主要体现在司法权对仲裁程序的支持与监督这两个方面。就司法对仲裁程序的支持方面而言，司法的支持贯穿了整个仲裁程序的始终，从案件受理、临时措施至当事人申请执行，仲裁程序不能离开司法权的支持。③ 仲裁对司法起到案件分流的作用，司法则对仲裁起到监督和保障作用。通过司法权的介入与支持，保障仲裁裁决的公正性与强制执行力，促进仲裁机制的蓬勃发展。诉讼与仲裁制度的衔接包容，对争议的妥善处理具有很大的现实意义。就司法对仲裁程序的监督方面而言，仲裁程序同样需要满足实体正义与程序正义的要求，这不仅关乎当事人的实际利益的实现，更关乎一国的法治建设水平。④ 因此仲裁庭适用法律公正与否，就关乎着一国司法适用体制是否统一、完善的重要问题。所以，司法便有义务对仲裁活动进行必要的审理和监督，维护当事人的合法权益，保障社会的公平正义。⑤ 在国际实践中，所有商事法治发达的国家司法机关都在认真履行对仲裁的支持与监督义务，既确保本国的法治建设水平，维护社会的安定团结，又为本国仲裁机构的国际

---

① 王睿倩：《试析我国仲裁司法监督制度的不足与完善》，《常州大学学报》（社会科学版）2016 年第 6 期。

② 赵文岩：《仲裁与诉讼衔接制度研究》，《北京仲裁》2008 年第 4 期。

③ 冯硕、王誉：《国际商事争议多元化解决的理论基础与体系生成——兼论上海自贸区商事争议多元化解决的改革》，《上海法学研究》集刊 2022 年第 2 卷，第 83 页。

④ 孔媛：《从仲裁诉讼化看仲裁法的修改》，《北京仲裁》2004 年第 2 期。

⑤ 刘晓红：《国际商事仲裁协议的法理与实证》，商务印书馆 2005 年版，第 338 页。

化作出坚实的制度背书。①

仲裁与调解融合也有着深层的理论基础。诉讼是典型的公力救济，体现着一国法律的权威，而仲裁与调解则是典型的私力救济，二者均以当事人的意思自治为效力来源。虽然仲裁与调解在程序价值上各有侧重，但是共同承担着减轻司法负累，保障当事人接近正义的可能性。在20世纪80年代之前，仲裁与调解的作用一直被忽视，二者只是被单独采用。但是随着案件数量的急剧增加，法院已经不堪负累，并且诉讼也未必是解决所有纠纷的最合适手段。在"庞德会议"后，替代性纠纷解决机制（ADR）获得了巨大的关注，仲裁与调解的互相融合也正式开始，各知名仲裁机构纷纷提供调解服务。② 仲裁与调解的效力均源自当事人的意思自治，所以从程序的启动方面便具有高度的一致性。仲裁与调解的结合能充分发挥二者的优势，使得争议能够获得公正高效的解决。相较于调解，仲裁背靠司法支持，拥有更为严谨的程序、专业的仲裁员以及司法保全种种优势，在当事人双方争执不下时，仲裁可以凭借自身的强制力优势，自主决定作出仲裁裁决。③ 而调解相比于仲裁，其意思自治的范围更宽广，并且因为调解协议是当事人自主签订的，当事人更容易认可协议内容，也更愿意配合履行协议义务。④ 当仲裁与调解融合时，若能先达成调解协议，则不必继续组成仲裁庭，大大提高纠纷解决效率，若当事人之间不能达成调解协议，则仲裁员可利用法定职权，强制作出仲裁裁决，维护当事人的利益，节省当事人的时间与金钱。⑤

调解与诉讼融合也具有实践价值的理论基础。调解机制与诉讼机制的衔接体现在：在调解机制与诉讼机制的融合中，调解一般是前置于诉

---

① 杨桦：《论国际商事仲裁裁决效力的正当性》，《重庆大学学报》（社会科学版）2012年第3期。
② 吴俊：《中国商事调解制度研究综述（1996—2011）》，《北京仲裁》2012年第3期。
③ Gary B. Born, International Commercial Arbitration, 2779 - 2782 (2d ed., Kluwer Law International 2014).
④ 王钢：《论民商事调解中的当事人意思自治原则》，《中国国际私法与比较法年刊》（第18卷）北京大学出版社2015年版，第212页。
⑤ 岳力：《论仲裁中调解的功能》，《北京仲裁》2008年第2期。

讼的，其目的是进行案件分流，减轻诉讼负累。① 当然，在中国现行的民商事审判制度下，调解除了作为诉讼前置程序之外，还伴随着诉讼程序的始终，也就是说，在人民法院作出最终判决之前，当事人出于自愿，在任何阶段都可以通过调解达成结案协议，由人民法院作出具有法律效力的调解书。②

因此，调解、仲裁和诉讼在解决法律纠纷中就如同三驾马车，各有所长，相互取长补短，共同协作，构成一个法治社会解决纠纷的制度化机制。在传统法学框架下，调解、仲裁和诉讼通常是在国内法治框架下来加以"统筹"的，在处理涉外商事案件中，如何将具有共同处理事项的涉外调解、涉外仲裁和涉外诉讼有机地结合起来，发挥各自解决商事纠纷的特长，形成商事争议解决机制的合力，这个问题在国际社会也日益引起各国司法界的关注。③

二 多元化纠纷解决机制的现实基础

在中国，多元化纠纷解决机制的提出、建立、完善与深化改革经过了一个长期的历程。从 2005 年至 2018 年中国国际商事法庭"一站式"平台的制度出台，中国在多元化纠纷解决机制的构建方面积累了大量的实践经验。④ 在中国多元化纠纷解决机制的探索方面，最高人民法院起到了至关重要的作用。2005 年在最高人民法院颁布的《人民法院第二个五年改革纲要（2004—2008）》中，正式把多元化争议处理制度纳入重要改

---

① 《关于建立健全诉讼与非诉讼相衔接的矛盾纠纷解决机制的若干意见》第 15 条："经双方当事人同意，或者人民法院认为有必要的，人民法院可以在立案后将民事案件委托行政机关、人民调解组织、商事调解组织、行业调解组织或者其他具有调解职能的组织协助进行调解。当事人可以协商选定有关机关或者组织，也可商请人民法院确定。调解结束后，有关机关或者组织应当将调解结果告知人民法院。达成调解协议的，当事人可以申请撤诉、申请司法确认，或者由人民法院经过审查后制作调解书。调解不成的，人民法院应当及时审判。"

② 朱素明：《人民调解协议司法确认制度的发展及其完善》，《学术探索》2012 年第 8 期。

③ 范愉：《当代世界多元化纠纷解决机制的发展与启示》，《中国应用法学》2017 年第 3 期。

④ 例如，在各地就出台了《厦门经济特区多元化纠纷解决机制促进条例》《山东省多元化解纠纷促进条例》《黑龙江省社会矛盾纠纷多元化解条例》《福建省多元化解纠纷条例》《四川省纠纷多元化解条例》《安徽省多元化解纠纷促进条例》等。

革内容。2009 年最高人民法院颁布的《人民法院第三个五年改革纲要（2009—2013）》与《关于建立健全诉讼与非诉讼相衔接的矛盾纠纷解决机制的若干意见》，进一步完善了中国多元化纠纷解决机制。2010 年，《人民调解法》正式颁布，作为多元化纠纷解决机制的重要组成部分，《人民调解法》的生效预示着大调解时代的到来。党中央一直高度重视多元化纠纷解决机制的建设，自土地革命战争时期，中央便颁布了《山东省调解委员会暂行组织条例》等一系列文件，在解放区设立"仲裁部""人民调解委员会"以解决农民之间的纠纷。党的十八大之后，中央进一步推动多元化争议处理机制的改革工作，建立具有中国特色的争议处理新体系，打造顺应人民需求的纠纷解决新模式。[①] 2014 年，党的十八届四中全会颁布《中共中央关于全面推进依法治国若干重大问题的决定》，进一步强调建设健全多元化纠纷解决机制，促进诉讼、调解、仲裁之间的衔接。同年，最高人民法院顺应党中央号召，颁布《关于确定多元化纠纷解决机制改革示范法院的决定》，列举了一批法院（如北京西城区人民法院）作为改革示范法院，用实际行动为多元化纠纷解决机制的成熟积累经验。次年 2 月最高人民法院出台《人民法院第四个五年改革纲要（2014—2018）》，将建立健全多元化纠纷解决机制作为构建阳光司法的重要举措之一。[②]

　　2015 年 10 月，在吸纳最高人民法院先期成果的基础上，中共中央办公厅联合国务院办公厅，依据《关于完善矛盾纠纷多元化解机制的意见》（中央全面深化改革领导小组第十七次会议审议通过），颁布了中办发〔2015〕60 号文件，进一步强调多元化纠纷解决机制的顶层建设的重要性，提升纠纷化解能力。2016 年 6 月最高人民法院为贯彻落实党的十八届四中全会改革要求，出台了《关于人民法院进一步深化多元化纠纷解决机制改革的意见》。该意见确立了今后一段时间，最高人民法院多元化机制改革的三大目标与三步走的战略，并第一次正式使用了"一站式"

[①] 俞可平：《推进国家治理体系和治理能力现代化》，《前线》2014 年第 1 期。
[②] 廖永安、王聪：《我国多元化纠纷解决机制立法论纲——基于地方立法的观察与思考》，《法治现代化研究》2021 年第 4 期。

纠纷解决平台的概念。三个月后，最高人民法院出台《关于进一步推进案件繁简分流优化司法资源配置的若干意见》，要求加强诉讼与非诉制度的衔接工作，强调诉前分流工作与调解制度在诉前诉中的独特作用。随后最高人民法院分别在社会保险、证券、劳动人事争议、涉侨争议、民营经济等领域与相关行政部门开展了试点合作，积极拓宽多元化纠纷解决机制的深度与广度，以图在全面保护当事人合法权益的同时，有效降低当事人的经济成本与时间成本，充分满足人民群众对高效率的多元化纠纷解决机制的热切需求，促进中国特色多元化纠纷解决机制的进一步健全。①

在吸收先期成功经验的基础上，2019 年 8 月最高人民法院颁布《关于建设一站式多元解纷机制一站式诉讼服务中心的意见》，创造性地提出了两个"一站式"平台的建设要求，努力推动中国多元化纠纷解决理念的革新，为中国"一带一路"建设提供更为广泛的制度基础与公正高效的司法服务。② 笔者认为，"一站式"纠纷解决平台的概念，是在中国全面推进国家治理能力和社会治理能力现代化的过程中探索出来的，具有鲜明的中国特色，具有高度的理论与实践创新。因此，在中国国际商事法庭的建设设想中，"一站式"纠纷解决平台的提出与建设，既具有丰富的先期经验、坚实的理论基础，又带有前瞻性的顶层制度设计创新，充分顺应中国"走出去"的战略要求。也因为中国在多元化纠纷解决机制中的顶层设计与持续发力，才使得中国国际商事法庭"一站式"纠纷解决平台成为同类国际商事法庭（院）所不具备的竞争优势。笔者认为，中国国际商事法庭"一站式"纠纷解决平台的建设可谓恰逢其时，前景远大。

三 "一站式"平台建设的理论创新

在国际商事纠纷解决机制互相借鉴融合的发展趋势下，中国国际商事法庭充分发挥制度与经验优势，从顶层设计的角度，以诉讼制度为核心，将调解、仲裁等多元化纠纷解决制度进行整合完善。对于多元化纠纷解决机制的融合以及"一站式"平台的建设，最高人民法院已经积累了十几年

---

① 丁亚琦：《诉源治理视域下诉调衔接机制的完善》，《人民论坛》2022 年第 3 期。
② 赫荣平、秦富：《浅议一站式多元解纷机制》，《辽宁行政学院学报》2020 年第 1 期。

的成功经验,在中国已经初步完成了调解、仲裁、和解、诉讼等多种制度的互补与衔接。①除制度层面的先期准备外,最高人民法院还选定并公布了专家委员会名单与入选"一站式"平台建设的国际商事仲裁机构与国际商事调解机构名单,从而在为"一带一路"倡议实施提供有效法律服务这个制度目标下,最大限度地整合各种司法资源来维护国家发展利益、捍卫国家司法主权。具体而言,"一站式"纠纷解决平台有以下理论创新。

首先,调解、诉讼、仲裁三者的有机结合。根据《最高人民法院关于设立国际商事法庭若干问题的规定》(以下简称《规定》)的第11条,最高人民法院支持"三位一体"的"一站式"纠纷解决平台的建设工作,将择优考察并选定符合条件的优秀国际商事仲裁机构、国际商事调解机构,辅助中国国际商事法庭的工作,打通诉讼与仲裁、调解之间的隔阂,将三者有机地结合起来,共同建设"一站式"纠纷解决平台。目前,第一、第二批次的国际商事仲裁机构与国际商事调解机构的名单已经公布,开始履行其法定职能。其中,针对诉讼与调解融合,当事人经由选定的国际商事仲裁、调解机构或专家委员会达成调解协议的,中国国际商事法庭有权按当事人的需求制作具有法律确定力的调解书或判决书。"一站式"纠纷解决平台的一大理论创新便在于将调解贯穿于争议解决的整个过程。在进入审判程序前,允许当事人选择专业商事纠纷解决机构或专家委员会进行调解,如当事人不愿意调解或审前调解失败时,中国国际商事法庭将积极引导当事人通过诉讼或仲裁解决纠纷。当事人选择诉讼方式后,中国国际商事法庭应根据《最高人民法院国际商事法庭程序规则(试行)》组织庭前会议,在审前会议中仍应当鼓励当事人进行调解。即使进入案件审理过程,法官也可继续引导当事人进行调解,维护当事人之间的商业信赖利益。而当调解协议作出后,当事人可以申请中国国际商事法庭进行司法确认。根据《规定》第13条的要求,针对经由国际商事专家委员会或"一站式"平台下国际商事调解机构调解达成调解协议的,当事人可以向CICC申请制发调解书或判决书。由此可见,中国国际商事法庭通过全过程、高规格的理论创新,实现了调解程序和具体案

---

① 范愉:《诉讼调解:审判经验与法学原理》,《中国法学》2009年第6期。

件的高效配合。而针对诉讼与仲裁的结合，中国国际商事法庭在证据、财产、行为保全、执行等方面作出超出现有制度框架的突破，更坚定高效地支持仲裁发挥其长处。

其次，建立国际商事专家委员会。根据《规定》的第 11 条，最高人民法院将组建国际专家委员会，加强国际交流合作，促进多元化纠纷解决机制的有机融合，进一步保障和促进国际商事法庭审判工作的展开。根据刘贵祥大法官在国务院新闻发布会上对《关于建立"一带一路"国际商事争端解决机制和机构的意见》的解读，国际商事专家委员会将从中国和"一带一路"沿线国家中选出，充分考虑不同国家的历史民情与法律传统，具有广泛的国际性、代表性、中立性和专业性。国际商事专家委员会成员应在国际贸易法、国际投资法等领域具有扎实的基础，在司法、仲裁、调解实务界具有深厚功底与公认的影响力。[①] 截止到 2022 年，已有 47 位国内外知名专家入选专家委员会。

根据《规定》与《最高人民法院国际商事专家委员会工作规则（试行）》，国际商事专家委员会成员的职能主要有四项：一是应当事人选择，主持调解案件；二是就域外法的查明与适用等方面，为国际商事法庭的审判活动提供专业的咨询意见；三是对最高人民法院制定司法解释、出台司法政策等方面提供咨询与建议；四是对中国国际商事法庭的发展和改革方向提出意见和建议，此外在国际商事法庭的审判程序中，专家委员可依当事人申请，出庭提供咨询意见。近期联合国国际贸易法委员会起草并通过的《联合国关于调解所产生的国际和解协议公约》（又称《新加坡调解公约》）[②]，将为 CICC 处理调解纠纷提供更加有力的保障。

[①] 《中国发布丨最高法：联合国贸法会判例库已收录中国法院裁判文书 35 份》，中国网，2021 年 9 月 24 日，http://news.china.com.cn/2021-09/24/content_77771396.html，最新访问日期：2023 年 6 月 14 日。

[②] 2019 年 8 月 7 日，46 个国家在新加坡出席会议，签署《新加坡调解公约》。其中包括中国、美国、印度、韩国以及多个东盟国家。另有 24 个国家的代表出席了签署仪式和相关会议。《新加坡调解公约》2018 年 12 月由联合国大会通过，这项公约须至少获得三个国家签署及核准才能生效，并且仅适用于商业和解协议。受《新加坡调解公约》约束的签署国必须执行在有关框架下达成的调解协议。连同国际仲裁协议《纽约公约》和《海牙选择法院协议公约》在内，三项公约将形成完整的国际争议解决执行框架。

第五章　"一站式"平台管辖制度建设的方法与路径

再次，以司法力量支持纠纷的高效、公正解决。前文中笔者已对中国国际商事法庭对调解的全方位支持措施进行列举分析。而就仲裁而言，CICC对入选"一站式"纠纷解决平台的国际商事仲裁机构，提供超出现有法律框架的强有力支持。

其一是为"一站式"平台下的仲裁活动提供更全面的司法支持。相较于《民事诉讼法》的规定，"一站式"平台下的仲裁保全的范围与时间跨度均获得了突破。就保全申请的时效而言，仲裁庭可以在庭审前或庭审中向国际商事法庭提出证据、行为与财产的保全申请。就保全的范围而言，相较于现有法律，中国国际商事法庭所允许的保全范围更大。依据《仲裁法》与《民事诉讼法》的规定，当事人仅有权申请证据保全与财产保全，而中国国际商事法庭允许当事人申请行为保全。此外为保障仲裁的高效优势，中国国际商事法庭为国际商事仲裁当事人提供了"一站式"的保全措施支持，不受《仲裁法》与《民事诉讼法》的限制，直接向国际商事法庭申请保全，无须前往财产所在地。中国国际商事法庭更大范围、更长时间的保全措施支持，既顺应了当事人的实际需求，又为中国国际商事法庭带来了竞争优势。虽然中国不承认仲裁庭有权发布临时措施，但是中国国际商事法庭对"一站式"平台保全措施的宽容态度弥补了这一缺憾，也为未来进一步改革指出方向。

其二是针对仲裁裁决的司法审查权，中国国际商事法庭也以高效为行动宗旨。根据《仲裁法》和《民事诉讼法》，就国际商事仲裁裁决的司法审查而言，若当事人意图撤销该仲裁裁决，则应向仲裁机构所在地的中级人民法院提出申请；就国际商事仲裁裁决的执行而言，当事人须向财产所在地或被告住所地中级人民法院申请执行仲裁裁决。而根据现行的仲裁审查报核制度，如果受案中级法院决定撤销或不予执行仲裁裁决的，必须向上级法院申请报核，若高级人民法院仍决定撤销或不予执行的，则必须报请最高院进行审核。由此可见，传统的仲裁司法审查制度耗时冗长，不利于当事人高效解决其纠纷。对此，最高人民法院通过《规定》，免去了层层报核程序，降低了国际商事仲裁被法院撤销或不予执行的风险，极大地提升了司法审查的效率，进而间接保障了"一站式"平台的效率，有利于当事人尽快获得生效的仲裁裁决，维护自身的合法利益。①

第二节　司法介入调解、仲裁的边界

一　诉讼、仲裁与调解的性质区别

若按强制力的高低进行排序，那么诉讼程序中包含的强制力最强，仲裁居中，调解的强制力最弱；若按当事人意思自治的权利大小进行排序，则调解中的意思自治最强，仲裁次之，诉讼程序中当事人的意思自治限度最低，这是三者之间的本质区别。② 具体来说，将诉讼与仲裁相比：第一，审理机构的法定地位不同，遍观世界各国的商事仲裁组织，不论是常设的仲裁机构（仲裁委员会）或者临时性的仲裁庭，均属于民间组织，而法院则只能由官方建立，是国家机构的重要组成部分，依照《宪法》和法律的规定，代表国家的司法主权，行使案件的审判权；第二，案件管辖权的渊源也不同，国际商事仲裁机构对某一案件的管辖权只能来自当事人之间签订的仲裁协议或仲裁条约，仲裁协议是整个仲裁程序的核心与发起点，若当事人之间无仲裁协议或仲裁协议被认定无效，则仲裁庭无权就当事人之间的争议行使管辖权，若当事人之间存在真实有效的仲裁协议，则可据此排除法院的管辖权，进入仲裁程序。而法院对某类案件的管辖权则由法律明确规定，是其法定职责，大多数情况下不以当事人的意志为转移。③ 具体而言，若一个案件为某法院的法定管辖，则法院可以审判法定范围内的任何事项，不须考虑当事人的意愿，若法律允许当事人进行协议管辖，也会受到实际联系等条件的限制，且不能对诉讼程序法作出约定。由上述可知，诉讼程序中司法的强制力大于当事人的自由意志，而仲裁中当事人的意思自治处于优位，但是仲裁程序的开展仍需要接受司法的支持与监督。

---

① 薛源、程雁群：《以国际商事法庭为核心的我国"一站式"国际商事纠纷解决机制建设》，《政法论丛》2020年第1期。

② 陆益龙：《转型中国的纠纷与秩序：法社会学的经验研究》，中国人民大学出版社2015年版，第247页。

③ 涂广建：《论国际民商事仲裁与诉讼的平行程序》，《南大法学》2021年第4期。

仲裁与调解相比：仲裁与调解虽同属 ADR[①]，但是两者之间也存在较大区别，除前文中提及司法强制力介入的程度之外，当事人意思自治的掌控程度与强制执行力之间的差别也较为显著。[②] 具体而言，在调解程序中，当事人的意思自治程度高于仲裁程序。调解程序着力于争端的最后处理，其既不关注如何调查了解案件事实真相，也不会作出具有执行力的法律文书，其更多的是着眼于维护当事人之间的利益与商业互信，并寻求双方共赢的解决方案。[③] 当事人可以利用协商的过程，充分磋商，表示自己的实际想法，并寻求共同点，或者在双方利益具有直接冲突时进行让步妥协以缓解双方矛盾，从而增进合作关系。当然调解中同样会出现双方无法达成协议的情况，因为调解程序不具备强制力，所以调解无权强制当事人达成调解协议，只能宣布调解失败，即使达成调解协议，也不具备强制执行力，而仲裁程序虽经仲裁协议发起，但是仲裁程序受到较多法定限制，证据规则等更加规范化、制度化，且仲裁裁决具有强制执行力。

因此，若要清楚地界分诉讼、仲裁与调解三者管辖权之间的边界，必须基于对三者本质的充分理解之上。

二 当事人意思自治原则

前文中笔者已经详细论述意思自治原则在国际民商事诉讼中的重要性，在司法管辖中引入意思自治是诉讼文明的体现，笔者认为在 CICC 的建设中，必须将尊重当事人意思自治作为指导制度变革的核心原则。对于仲裁与调解而言，尊重当事人意思自治是贯穿始终的基本准则。对于"一站式"平台建设中诉讼、仲裁与调解三者处置权的边界划分，除依照

---

① ADR，即 Alternative Dispute Resolution 的缩写，这一概念源于美国，原来是指 21 世纪逐步发展起来的各种诉讼纠纷解决方式，现已引申为对世界各国普遍存在着的、民事诉讼制度以外的非诉讼纠纷解决程序或机制的总称。这一概念既可以根据字面意义译为"替代性（或代替性、选择性）纠纷解决方式"，亦可根据其实质意义译为"审判外（诉讼外或判决外）纠纷解决方式"或"非诉讼纠纷解决程序"、"法院外纠纷解决方式"等。

② 刘晓红：《构建中国本土化 ADR 制度的思考》，《河北法学》2007 年第 2 期。

③ 王生长：《仲裁与调解结合的理论与实务》，法律出版社 2001 年版，第 35 页。

司法主权、维护国家利益的总原则外，在进行具体程序安排时，应尽量尊重当事人意思自治，在不违反法律的前提下，诉讼、仲裁与调解的处置权界分与磨合，应以当事人意思为优先考量。

当然，当事人意思自治的范围与深度也必须受到法律的限制。无论是国际商事案件处置中的调解、仲裁还是诉讼，在尊重当事人意思自治方面尽管存在着一些程度不同的差异，但都有一些必须遵循的共同限制。这些限制性条件主要包括：当事人可以选定国家的任意性立法，但不得以意思自治为由排除国家强行法的适用；当事人只可以选择实体法，而不能选择冲突法，并且当事人实行意思自治时也必须考虑保护弱者权利，不能恶意减轻己方责任和加重对方责任。① 选择的法律不能同国内的公共秩序相抵触。因此，调解、仲裁和诉讼管辖权的合法性来源有一定的差异，而严格意义上讲，调解机构的调解权的法理基础并非"管辖权"，而纯粹是当事人之间的合意。但是，当事人意思自治原则都要得到调解、仲裁和诉讼的普遍的尊重，此外，即便是在调解和仲裁程序中，当事人意思自治原则也不是不受法律限制的，也需要符合最低限度的法律限制要求。② 这就为 CICC"一站式"平台建设提供了法理依据，也就是说，参与调解、仲裁和诉讼的涉外商事案件的当事人都必须要服从由 CICC 行使管辖权所采取的各项协调措施，否则，调解、仲裁和诉讼的执行效力就无法得到有效保证，故 CICC 对于国际调解、国际仲裁和国际商事诉讼享有制度上较强的"统筹"权限，这一点也是中国国际商事法庭管辖制度区别于域外国际商事法庭（院）管辖制度的一个重要特征。

三 司法裁判终局性原则

在调解、仲裁与诉讼三种纠纷解决机制中，调解机制始终与诉讼机制相关联，两者之间的连接渠道畅通，调解不成的，可以进入诉讼程序。但是仲裁程序具有很强的当事人意思自治特征，故如果当事人不履行仲

---

① ［澳］亚历山大主编：《全球调解趋势（第二版）》，王福华等译，中国法制出版社 2011 年版，第 363 页。
② 范愉：《委托调解比较研究》，《清华法学》2013 年第 3 期。

裁协议就会严重动摇仲裁制度的合法性基础,所以,在仲裁与诉讼制度的连接上,往往采取的是"或裁或审"的原则。当事人选择了仲裁途径解决彼此间的涉外商事纠纷,就无权再提起诉讼,这主要是为了保障仲裁协议的确定力。当然,仲裁行为离不开法庭的支持。[①] 根据《规定》,在仲裁前或者仲裁程序开始后应当事人的申请,CICC 可以进行证据、财产或者行为保全。由此可见,从调解、仲裁与诉讼三者法律效力来看,诉讼程序的效力最强。CICC 在处理涉外商事案件中发挥着决定性作用,故由 CICC 来统筹国际调解机构、国际仲裁机构处理涉外商事案件的活动,在制度上是可靠的,加上 CICC 实行"一审终审"审级管辖制度,故由 CICC 来承担"一站式"平台建设的任务可以从宏观上和整体上来把握涉外商事案件纠纷解决的情况,从而从实体法上来更好地维护国家发展利益、保护弱者、支持中国企业和公民在国际商事竞争中应当享有的各项权利。

第三节 仲裁、调解与诉讼的程序衔接

一 调解与仲裁的程序衔接

前文中笔者总结到,调解与仲裁均以当事人的意思自治为程序的核心价值和效力依据。因此,调解与仲裁生来便可以有机结合在一起,共同发挥出单一一方不能比拟的成效。虽然中国国际商事法庭已对二者衔接作出初步规定,如《最高人民法院国际商事法庭程序规则(试行)》第 17 条与《规定》第 11 条,但是在具体实施层面仍存在冲突与模糊之处,主要有:第一,调解员与仲裁员的身份剥离问题;第二,或调或仲的纠纷解决协议的效力问题;第三,不同专业机构之间的调解仲裁衔接问题;第四,同一商事纠纷解决机构内部的调解仲裁的衔接问题;第五,庭前会议法官的角色问题;等等。从笔者前文中的列举可知,中国国际商事法庭的调解分为三种形式,即专家委员会调解、专业商事调解机构调解以及法庭调解。但是现有的法庭程序规则较为粗疏,对调解与其他纠纷

---

① 范愉:《非诉讼纠纷解决机制研究》,中国人民大学出版社 2000 年版,第 47 页。

解决机制的衔接并未作出明确的规定。具体到调解与仲裁的衔接规定，只有原则性的叙述。

因此，针对调解与仲裁的程序衔接，尤其是当事人选择专业商事调解机构或者仲裁机构后，调解与仲裁的程序衔接是亟须细化的。搜集资料时笔者发现，在"一站式"纠纷解决平台下的部分商事仲裁中心规则中对调解与仲裁的衔接已有不错的尝试。

例如，《中国（上海）自由贸易试验区仲裁规则》（以下简称《自贸区仲裁规则》）规定了两种调解与仲裁相结合的形式。一是将调解作为独立的前置程序。根据《自贸区仲裁规则》，在自贸区仲裁委受理仲裁案件后，若双方当事人达成书面一致，则可在仲裁庭组成前进入调解程序。自贸区仲裁委将根据当事人的书面申请，由自贸区仲裁委员会主任为双方当事人指定调解员。为不影响仲裁程序的进行，避免当事人借调解而故意延长审理时间，《自贸区仲裁规则》第50条第2项规定[①]，上述调解程序不影响仲裁庭的组成，除非双方当事人书面同意，自贸区仲裁委秘书处方能延迟仲裁庭的组成。若双方当事人达成调解协议，则可依双方当事人意愿不再组成仲裁庭，也可组成仲裁庭将调解协议转化为仲裁裁决。最后，在仲裁庭组成后，无论调解程序已经取得何种进展，除非当事人一致同意延期，否则前置调解程序立刻终止。二是在仲裁程序中进行调解，调解程序不再作为独立的前置程序，而是内嵌于仲裁程序中。在仲裁庭成立后，双方若有调解意向可向仲裁庭提出申请，在各方当事人均无异议的前提下，仲裁庭便有权开展调解工作。若在调解程序中，任意一方当事人拒绝继续进行调解程序，该程序即告终止。并且为了避免因调解程序而带来信息泄露的风险，《自贸区仲裁规则》规定了在调解程序中仲裁员所获得的相关信息不得作为裁决案件的依据，充分保障当事人对调解程序的信心。[②]

关于调解员的选任，北京仲裁委员会调解中心允许当事人自由选择

---

① 具体条文内容参见《中国（上海）自由贸易试验区仲裁规则》。
② 刘晓红、冯硕：《制度型开放背景下境外仲裁机构内地仲裁的改革因应》，《法学评论》2020年第3期。

调解员，不受调解员名册的限制。为保障当事人的商业隐私，避免恶意调解的出现，《自贸区仲裁规则》规定，调解员原则上不得担任后续仲裁程序的仲裁员，除非各方当事人作出书面同意。《北京仲裁委员会调解规则》也作出同样的规定，除非当事人双方书面同意，否则禁止调解员在后续程序中成为同一案件的仲裁员、法官、代理人等，避免因调解程序中的信息泄露而给一方当事人带来损失。因此，笔者建议中国国际商事法庭在探索调解与仲裁程序的融合时，可以参考中国知名国际商事争端解决机构的成功做法。

二 调解与诉讼的程序衔接

前文中笔者提及诉调结合的几种方式，其中诉前调解与诉中调解这两个方面存在一个共性的瑕疵，即专家委员会的调解的地位问题。《最高人民法院国际商事法庭程序规则（试行）》第 20 条规定：专家委员会主持调解，应当依照相关法律法规，遵守本规则以及《最高人民法院国际商事专家委员会工作规则（试行）》对调解的有关规定，在各方自愿的基础上，促成和解。上述规定涉及诉前调解和庭前会议调解两个方面。《最高人民法院国际商事法庭程序规则（试行）》第 21 条、第 22 条涉及了诉前调解，第 27 条第 2 款第 11 项涉及庭前会议调解。但不论哪种调解，专家委员会在调解中的地位并没有得到完全的明确，专家能否介入庭前会议调解这些问题也没有予以明确，故调诉程序衔接中，"调"对"诉"有多大的实际影响力尚需进一步加以规范和明确。

三 仲裁与诉讼的程序衔接

仲裁虽然是平行于诉讼的争议解决方式，但是仲裁程序的有效开展离不开诉讼程序的大力支持。依照仲裁程序的进行流程，仲裁与诉讼的衔接可以分为三个阶段：仲裁发起前、仲裁进行中以及仲裁裁决作出后。在仲裁程序开始前，最为重要的一步便是确认仲裁协议的效力。仲裁协议是整个仲裁程序的核心，其影响贯穿整个仲裁程序。一个有效的仲裁协议既是仲裁庭获得管辖权的基石，也是仲裁裁决获得执行的保障。中国不承认仲裁庭的"自裁管辖权"，因此法院承担着确认仲裁协议效力的重任。① 在仲裁程序进行中，诉讼有权受理仲裁庭关于证据、财产及行为的保全的申请。而在仲裁裁决作出后，诉讼承担着依当事人申请强制执行仲裁裁决，或撤销、不予执行该裁决的职责。② 前文中笔者已经详细列举与论述了"一站式"平台中司法在纠纷处理前与裁决作出后的支持力度，笔者认为并没有太多疏漏之处。而在纠纷审理阶段，司法对临时措施的保障问题，笔者将在下一小结详细论述。

第四节 司法对仲裁与调解的支持与监督

一 司法对仲裁临时措施的支持

在民事诉讼和仲裁程序中都存在临时措施。仲裁程序中的临时措施，又称临时保全措施，是指仲裁庭在作出终局裁决前，应当事人一方的要求，防止具有优势地位的当事人进行财产转移或证据销毁，以致仲裁裁决无法作出或作出后无法执行。③ 不同于国际通行的法院与仲裁庭共享临时措施发布权的立法模式，中国临时措施的发布权一直归属于法院。

针对 CICC，笔者认为，当前 CICC 在对仲裁临时措施的支持方面是滞后的，不仅落后于国际通行做法，也落后于中国自贸区法院的仲裁改革措施。笔者认为，中国国际商事法庭"一站式"平台中，司法对仲裁临时措施的支持，完全可以借鉴自贸区法院的先行经验。

2013 年上海自贸区建立，截至目前，中国已有 21 个自贸试验区。④

---

① 金鑫：《国际商事仲裁自治性强化背景下的弱势方保护——法国的经验及启示》，《时代法学》2022 年第 1 期。
② 吴英姿：《论仲裁救济制度之修正——针对〈仲裁法（修订）（征求意见稿）〉的讨论》，《上海政法学院学报》2021 年第 6 期。
③ 赵秀文：《〈国际商事仲裁示范法〉对临时性保全措施条款的修订》，《时代法学》2009 年第 3 期。
④ 中国现有自贸区有：上海、广东、天津、福建、辽宁、浙江、河南、湖北、重庆、四川、陕西、海南、山东、江苏、广西、河北、云南、黑龙江、北京、湖南、安徽。参见商务部网站，更新日期 2020 年 11 月 30 日。

自贸试验区作为中国新一轮改革开放策略的窗口，在全国仲裁制度的改革实验方面起着引导作用，针对境外仲裁机构入驻自贸区提供仲裁服务的改革实验，目前仅有上海、深圳和北京三地放开。2013 年上海自贸区正式成立，乘上海自贸区建设之东风，上海相关仲裁机构率先进行国际化改革。2014 年上海国际仲裁中心推出的《中国（上海）自由贸易试验区仲裁规则》，首次引入开放仲裁员名册、紧急仲裁、友好仲裁等制度，赢得世界仲裁行业的一致赞赏。[①] 2019 年国务院下发《中国（上海）自由贸易试验区临港新片区总体方案》指出，针对境外知名仲裁机构在自贸区内开展业务的，自贸区法院应积极支持和保障临时措施的申请和执行。[②] 同年，最高人民法院在《最高人民法院关于为中国（上海）自由贸易试验区临港新片区建设提供司法服务和保障的意见》中也重申上述要求，要求自贸区法院依法支持与保障境外仲裁机构的临时措施。上海市第二中级人民法院出台的《司法审查和执行的若干意见》第 6 条规定对当事人提出仲裁保全申请，若情况紧急，法院应当在 24 小时内批准执行。这一条款充分体现了上海二中院对仲裁效率价值的重视与维护。甚至以《中国国际经济贸易仲裁委员会仲裁规则（2015 版）》为代表的国内仲裁规则也规定：仲裁庭依据所适用的法律或当事人的约定可以决定采取其认为必要或适当的临时措施，为请求临时措施的一方当事人提供适当的担保。[③]

因此，笔者建议为了 CICC 与世界接轨，最高法院可以吸取自贸区司法改革的成果经验，充分吸收相关境外仲裁机构仲裁规则对临时措施的规定，完善"一站式"平台下仲裁临时措施发布制度，赋予仲裁庭更大的临时措施决定权，减少司法在临时措施发布权中发挥的作用以提高仲裁效率并减轻法院负担。

[①] 袁发强：《自贸区仲裁规则的冷静思考》，《上海财经大学学报》2015 年第 2 期。
[②] 参见《国务院关于印发中国（上海）自由贸易试验区临港新片区总体方案的通知》国发〔2019〕15 号。
[③] 参见《中国国际经济贸易仲裁委员会仲裁规则（2015 版）》第 23 条。

二 司法对调解协议的确认

司法对调解协议的确认是指经过调解机构调解，出于参与调解当事人双方的自愿达成的调解协议，可以申请法院审查后出具法律文书确认调解协议并予以强制执行的效力。2010 年通过的《人民调解法》第 33 条规定，经人民调解委员会达成的调解协议，在 30 日内当事人可以向法院申请司法确认，经由法院司法确认的调解协议具有强制执行力。司法对调解协议的确认起源于中国的人民调解制度，通过对调解协议的司法确认，使得调解协议与法院出具的调解书一样具有强制执行的效力。这种制度体现了调解深度"嵌入"诉讼制度，也是调解制度具有确定性的司法保障。

《最高人民法院国际商事法庭程序规则（试行）》第 34 条肯定了对国际商事调解的司法确认制度，允许当事人将经由国际商事调解机构或专家委员会调解达成的调解书，申请国际商事法庭制发调解书或判决书。上述规定中有两个重要特征：一是国际商事调解既包括专家委员会进行的诉前调解，也包括了国际商事调解机构的调解，这两种国际商事调解协议都需要经过 CICC 的司法确认才具有可执行的效力；二是 CICC 确认调解协议的形式可以是出具调解书，也可以是判决书。如果是判决书，实际上通过司法确认的方式赋予了调解诉讼的制度功能。因此，相对于国内法治中的人民调解的司法确认来说，对国际商事调解协议司法确认的意义更加重要，实际上通过司法确认，将调解有效地转为诉讼，从而进一步扩大了中国国际商事法庭管辖制度的管辖功能。

三 司法对仲裁裁决的监督

根据中国现行《民事诉讼法》与《仲裁法》的规定，司法对仲裁裁决的监督体现在：一是对当事人不服仲裁裁决的案件，当事人可以申请撤销裁决，法院有权对争议事项进行司法审查，人民法院具有最终的决定权；二是针对当事人申请不予执行仲裁裁决时，人民法院同样具有实体审查权。① 中国《仲裁法》与《民事诉讼法》允许当事人在不服仲裁裁决时可以向法院提起诉讼，这一立法安排在实质上损害了仲裁制度的独立性与权威性，使得仲裁裁决长期处于效力待定的状态，更影响了仲裁"一裁终局"的高效优势。遍览世界各国对仲裁的监督立法，都尽可能地赋予仲裁在程序上以及裁决效力等方面应有的独立地位，保证仲裁制度在解决民事经济纠纷时发挥出其应有的价值。②

《最高人民法院国际商事法庭程序规则（试行）》第七章"支持仲裁解决纠纷"用两个条文详细规定了司法对仲裁裁决的监督机制。其中第34条规定，当事人依照《规定》第14条第1款的规定，就标的额人民币3亿元以上或其他有重大影响的国际商事案件申请保全的，应当由国际商事仲裁机构将当事人的申请依照《民事诉讼法》《仲裁法》等法律规定提交CICC。CICC应当立案审查，并依法作出裁定。第35条又规定：当事人依照《规定》第14条第2款的规定，对国际商事仲裁机构就标的额人民币3亿元以上或其他有重大影响的国际商事案件作出的仲裁裁决向CICC申请撤销或者执行的，应当提交申请书，同时提交仲裁裁决书或者调解书原件。CICC应当立案审查，并依法作出裁定。上述两条规定通过CICC对两种情形的仲裁裁决或仲裁措施的"立案审查"实现了司法对仲裁裁决的监督，这充分体现了中国国际商事法庭"一站式"平台建设是以诉讼为主体的解决国际商事纠纷的管辖机制，凸显了CICC对国际商事纠纷各种处理机制的制度"统筹"功能。

四 仲裁对调解的引入

仲裁中调解制度，顾名思义也就是仲裁和调解两种程序相结合的一种制度。仲裁与调解的结合具有广义和狭义两种形式，所谓广义的仲裁与调解的衔接包含：（1）先协调后仲裁；（2）影子协调；（3）在仲裁中调解；（4）仲裁与调解并行；（5）仲裁后协调。而狭义的仲裁与调解的

---

① 吴英姿：《论仲裁救济制度之修正——针对〈仲裁法（修订）（征求意见稿）〉的讨论》，《上海政法学院学报》2021年第6期。
② [日]小岛武司：《诉讼制度改革的法理与实证》，陈刚等译，法律出版社2001年版，第178页。

衔接则特指在仲裁过程中实施调解。调解被称为争议解决的东方智慧，已经在世界范围内引起了广泛关注，各国都在加紧多元化纠纷解决机制的建设步伐，其中调解便是最受关注的争议解决制度。[①] 中国《民事诉讼法》与《仲裁法》均认识到了调解的独特作用，已经明文规定允许在诉讼或仲裁中进行同时调解。正因为中国仲裁制度中引入了调解制度，而调解协议可以嵌入诉讼，甚至可以转化为诉讼判决，仲裁裁决必须接受CICC 的立案审查和司法监督。因此，仲裁对调解的引入，更有利于中国国际商事法庭发挥"一站式"平台的作用，从而大幅度提升对涉外商事案件的审理效率，提高涉外商事案件管辖的能力和水平。在国际仲裁程序中引入调解程序来形成调解协议，继而通过调解协议转化为诉讼判决，使得对涉外商事案件的国内司法管辖制度更加具有整体性和效率，是中国国际商事法庭"一站式"平台建设的制度亮点。

第五节　管辖权统筹安排与"一站式"平台建设

一　尊重意思自治方便当事人选择

随着国际商事交往的日渐频繁，商事行为的准则对争议解决的影响力日趋增强，在诞生仲裁与调解这两种以当事人意思自治为核心的争议解决方式后，国际商事诉讼也开始积极吸纳意思自治原则，呈现出诉讼仲裁化的趋势。各国际商事法庭（院）均试图将多种争议解决方式有机地融为一体，中国国际商事法庭"一站式"纠纷解决平台也是如此。前文中，笔者在阐述诉讼、仲裁与调解三者的管辖衔接机制时，强调应以尊重当事人意思自治为主要原则，如果不违反强行法、不损害国家利益，则程序的开始、终结与流转均可按当事人的选择而定。具体而言，在商事纠纷解决的各个不同阶段，当事人可以自发选择诉讼、仲裁、调解等各种争议解决途径的单一使用或者协调使用。

[①] 沈芳君：《"一带一路"背景下涉外商事纠纷多元化解机制实证研究》，《法律适用》2022 年第 8 期。

当事人对与自身利益相关的争议应有权自由选择争议解决方式，这是尊重当事人意思自治的应有之义。允许当事人自由选择争议解决的手段，是一种司法开明主义的体现，其既可以增强多元化纠纷解决机制的业务能力，更能为当事人提供高效、自愿服从的争议解决结果。[①] 中国国际商事法庭"一站式"纠纷解决平台的建设重点在于，将诉讼与非诉讼这两大纠纷解决方式相互融合，取长补短，使其共同服务于多元化纠纷解决机制的建设之中。保障当事人的意思自治，方便当事人行使自由选择权，不仅为多元化纠纷解决机制的建设提供了现实合法性、突出了非诉纠纷解决机制的独特价值，更为当事人自觉执行仲裁裁决和调解协议塑造坚实的心理预期，共同促进社会稳定，维持法治和谐。

二　出台相应规则消除当事人顾虑

前文中笔者论述的诉讼、仲裁与调解衔接不畅、管辖范围和事项界分不明等问题需要相应的制度解决。制度的缺位不仅会造成程序的不确定性，更会影响当事人的信心。法律的确定性是法治的前提之一，法律的确定性对社会秩序的建立、对国家权力的制约以及对司法权威的树立都有极为重要的意义。当下，中国国际商事法庭"一站式"平台的建设中，规则缺位的问题较为严重。[②] 上述信息表明，CICC从一开始就关注了"一站式"平台建设中的规则建设问题，但总的来说，相关规则系统性还显得很不够，因此笔者建议最高人民法院需要在"一站式"平台建设中，在制度的创新和衔接方面作出更大胆、更明确的尝试，具体有以下几个方面。

第一，针对商事调解的制度构建，笔者建议最高法院可以出台相应

[①] 黄健昀：《国际商事混合争议解决机制论》，《国际经济法学刊》2022年第1期。
[②] 2019年5月31日，最高人民法院第一国际商事法庭在深圳公开开庭审理原告广东本草药业集团有限公司与被告贝斯迪大药厂（Bruschettini S. R. L.，住所地为意大利热那亚）产品责任纠纷一案［案号为（2019）最高法商初1号］。此前，合议庭于4月29日就此案召开庭前会议，组织双方当事人确定相关程序性事项，并向双方当事人详细说明了国际商事法庭"一站式"争端解决机制及相关规则。《最高人民法院第一国际商事法庭首次公开开庭审理案件》，最高人民法院官网，2019年6月4日，https：//www.court.gov.cn/zixun-xiangqing-162022.html，最新访问日期：2023年6月14日。

的引导文件，鼓励目前已经纳入"一站式"国际商事纠纷多元化解决机制的国际商事调解组织积极学习域外同类组织的先进经验，尽早满足《新加坡公约》的要求，为中国正式批准《新加坡公约》积累有益经验。

第二，针对调解员与仲裁员的身份剥离与程序隔离问题，虽然有些国际商事仲裁机构与调解机构内部有相关的文件，但是并未有一个统一的规范用以指导和约束"一站式"平台下的国际商事仲裁与调解机构。因此，为了加强制度的一致性与可预见性，最高人民法院有必要对已纳入"一站式"平台建设的两批国际商事仲裁与调解机构作出专业性的要求。

第三，针对程序的衔接与回转问题，最高人民法院可以考虑出台不同机构间的共性规范要求。各机构在最高人民法院的指导下，必须达到相应的最低程序规范要求，有条件的机构可以在此基础上进一步提高自身的服务水平。

第四，针对专家委员会的调解制度，笔者建议最高人民法院应出台文件，将专家委员会成员在各机构的任职与专家委员会的职能分开。另外，经由专家委员会调解后的案件，若进入诉讼程序，可以考虑不进行诉前调解，以节省时间提高处理效率。

第五，针对当事人申请仲裁临时措施的，最高人民法院应细化处理临时措施的审理时间、审理规则与保全期限和条件等，尽可能地提升司法对仲裁的支持力度，满足当事人对效率的呼唤。

三 将非诉解决机制置于首要位置

在"一站式"平台的建设中，笔者认为必须将非诉解决机制置于首位，这既是现实的需求也是对党的政策的贯彻坚持。党的十八届四中全会作出的《中共中央关于全面推进依法治国若干重大问题的决定》指出，健全社会争议预防化解机制，完善诉讼、仲裁、调解、行政复议等多元化争议解决制度的有机衔接。2015年中共中央办公厅联合国务院办公厅出台《关于完善矛盾纠纷多元化解机制的意见》，从法律体制方面对多样化争议处理体系的完善指出了前进目标。2019年习近平总书记在中央政法工作会议上作出了重大指示，明确提出要"坚持把非诉纠纷解决机制挺在前面"，要从源头预防、多样化处置矛盾纠纷。

对应中国国际商事法庭"一站式"平台的建设，应秉持"和为贵"的中国传统司法精神，将"少诉"的理念贯彻在每一个案件的处理中。鼓励当事人选择非诉解决机制，积极引导案件分流进入国际商事仲裁机构、国际商事调解机构与专家委员会调解之中。[①] 即使当事人因无法达成和解协议或获得仲裁裁决而进入诉讼程序，最高人民法院也应尽力发挥庭前会议调解的重要性，力图维护当事人之间的商业往来，高效率地解决争议。

四 达到相应的国际公约要求

前文中笔者总结到，CICC 现阶段面临的诸多问题，其症结在于国际化视野的缺失。因此，在"一站式"平台的构建中，最高法院需要保持国际化视野。具体而言，针对仲裁，CICC 与"一站式"平台中所吸纳的商事仲裁机构应对标《联合国国际商事仲裁示范法》和《纽约公约》的要求，吸纳国际公认的仲裁规则，弱化"仲裁委员会"的法律作用，降低仲裁协议有效性的门槛，积极推动临时仲裁落地，赋予仲裁庭临时措施的发布权，为实现"把非诉讼纠纷解决机制挺在前面"提供法律支持。[②] 充分领会《纽约公约》关于仲裁裁决承认与执行的规定精神，尽可能地放弃现行仲裁裁决"双轨制"的司法审查模式，统一仲裁裁决的司法审查标准。

针对诉讼而言，笔者建议 CICC 尝试跟进《海牙选择法院协议公约》的要求，放弃实际联系要求，尽可能地扩大自身的管辖权。针对调解而言，中国也已签署了《新加坡公约》，因此笔者建议，CICC 与"一站式"平台中所吸纳的国际商事调解机构在受案范围与调解人员的专业性建设等方面，努力跟上国际先进发展方向，为当事人提供一流的争议解决服务。

---

① 宋连斌、胥燕然：《我国商事调解协议的执行力问题研究——以〈新加坡公约〉生效为背景》，《西北大学学报》（哲学社会科学版）2021 年第 1 期。
② 郭声琨：《坚持以习近平新时代中国特色社会主义思想为指导 进一步提升新时代政法工作能力和水平》，求是网，http://www.qstheory.cn/dukan/qs/2019-06/01/c_1124561482.htm，最新访问日期：2023 年 6 月 14 日。

本章小结

中国所要建设的"一站式"国际商事纠纷解决平台，是众多意图为"一带一路"沿线国家提供争议解决服务的争端解决机构中的一个。若要中国国际商事法庭在同类法庭中脱颖而出，其核心目标就是打造国际化、中立、公正、快捷、高质量、多元化的商业纠纷处理服务机制。在国际商事仲裁体系中，全球的大部分国家和地区，均已加入《纽约公约》，国际商事仲裁裁决获得了前所未有的跨境执行力。此外，针对国际调解协议执行的《新加坡公约》也于2019年8月正式生效。《新加坡公约》旨在赋予调解双方所自愿达成的国际商事调解协议在成员国之间的强制执行力，推动国际商事调解的一体化与高水平发展。在国际商事诉讼方面，《海牙选择法院协议公约》目前也已经正式生效。2019年海牙国际私法会议制定了《承认与执行外国民商事判决公约》，意在实现国际民商事判决的全球流动与跨境执行。上述国际公约的出现与发展，预示着未来在国际范围内，诉讼、仲裁与调解将会发挥更大的作用，形成有机融合的、多层级的纠纷解决机制。在此国际商事法治发展的大背景下，中国建设"一站式"纠纷解决平台恰逢其时，未来可期。但若要建好中国国际商事法庭"一站式"纠纷解决平台，则需要中国积极完善《民事民诉法》《仲裁法》《人民调解法》《人民法院组织法》等配套法律法规的修改工作，以开放包容的姿态，悉心接纳国内外的有益意见与先进经验，结合自身国情与自贸区的实验改革成果，形成最适合中国国际商事法庭的法律制度框架。

结语　对健全和完善中国国际商事法庭管辖制度的建议

中国国际商事法庭是顺应"一带一路"倡议的实施，进一步增强中国司法审判机关运用司法手段有效保护"走出去"的中国企业和公民的合法权益，构建有利于"一带一路"的商业交往规则和商业竞争秩序的时代之需，在现行涉外商事案件司法审判制度中应运而生的。[①]

中国国际商事法庭的建立，一方面强化了最高人民法院作为国家最高审判机关对涉外商事案件的审判管辖能力，另一方面又为涉外商事纠纷的有效解决提供了更加富有效率和权威的司法审判管辖机制。[②] 但必须认识到，由于成立时间较短，加上目前审判人员的国际化审判能力欠缺，并且要服从中国现行审判制度所确立的"实际联系原则"，故无论是法理还是实践，中国国际商事法庭相关制度存在诸多需要认真加以研究和亟待解决的问题。为此，本书归纳总结了同类国际商事法庭（院）的有益

[①] 2021年12月10日上午，最高人民法院第一国际商事法庭公开开庭审理了原告 Zhang Yufang 与被告谢钰珉、深圳澳鑫隆投资有限公司、刘贺超、陈靖合同纠纷一案。庭审结束后，最高人民法院第一巡回法庭副庭长、第一国际商事法庭负责人胡仕浩以及本案合议庭成员与旁听代表进行了座谈。最高人民法院民事审判第四庭王淑梅庭长介绍了最高人民法院国际商事法庭成立三年以来开展的工作和取得的成效，与会代表充分肯定了最高人民法院国际商事法庭的建设成果，并就最高人民法院国际商事法庭如何更好地平等保护中外当事人合法权益、服务保障高质量共建"一带一路"提出了意见和建议。参见《最高人民法院第一国际商事法庭近日公开开庭审理一起国际商事合同纠纷案》，最高人民法院国际商事法庭官网，https：//cicc.court.gov.cn/html/1/218/149/192/2157.html，最新访问日期：2023年6月14日。

[②] 王淑梅：《公正高效化解复杂涉外商事争议》，中国国际商事法庭官网，https：//cicc.court.gov.cn/html/1/218/62/164/2249.html，最新访问日期：2023年6月14日。

经验，详细列举和分析了现有的案例，明确指出了当前中国国际商事法庭管辖制度中所存在的若干重大理论问题和实践问题，包括管辖权制度，特别是"管辖权根据"问题；一审终审审级管辖制度与有效保障当事人的权利救济方式；协议管辖制度与最大限度地尊重当事人意思自治原则；"一站式"平台建设等与中国国际商事法庭管辖制度相关的重点事项。在此基础上，主要的建议如下。

一 从理念和制度层面重塑"国际性"与"商事性"的概念

国际商事法庭作为专门的国际商事审判的机构，对"国际性"和"商事性"的明确与界定具有重要性和必要性。针对"国际性"而言，《最高人民法院关于设立国际商事法庭若干问题的规定》第3条规定了四种判断标准，即一是依据当事人一方或双方的国籍来判断（无国籍人也包含在内）；二是依据当事人一方或双方的经常居所地来判断；三是依据案件标的物的所在地来判断；四是依据产生、变更或者消灭商事关系的法律事实发生地来判断。[1] 无疑，该规定直接使用中国《民事诉讼法》对"涉外"的定义。但此类型的"国际性"定义与中国涉外司法体系发展的理念存在不一致性。一方面，国际商事法庭所具有的"国际性"的内涵远大于"涉外性"。国际性不仅包含本国与外国的联系，而且包含本国与多个外国的联系，甚至包括多个外国之间的联系。另一方面，此处的"国际性"定义也滞后于中国实践。例如，《最高人民法院关于适用〈中华人民共和国民事诉讼法〉的解释》《最高人民法院关于适用〈中华人民共和国涉外民事关系法律适用法〉若干问题的解释（一）》均纳入了"可以认定为涉外民事关系的其他情形"。

如前文所述，中国应从理念上重塑国际商事法庭的"国际性"的概念，使得国际商事法庭的建设更加国际化。基于上述理由，笔者建议最高人民法院应对《关于设立国际商事法庭若干问题的规定》进行增补，

---

[1] 第3条具体条文为："具有下列情形之一的商事案件，可以认定为本规定所称的国际商事案件：（一）当事人一方或者双方是外国人、无国籍人、外国企业或者组织的；（二）当事人一方或者双方的经常居所地在中华人民共和国领域外的；（三）标的物在中华人民共和国领域外的；（四）产生、变更或者消灭商事关系的法律事实发生在中华人民共和国领域外的。"

可以将原有的第3条增加第5款，即"可以认定为国际商事关系的其他情形"。由此，国际商事法庭可结合具体情形，将其他含有国际商事关系的情形纳入国际商事法庭的受理范围。

针对"商事性"而言，《最高人民法院关于设立国际商事法庭若干问题的规定》并没有对"商事"作出定义。由于理论和实务界对"商事"的内涵理解存在不一致性，这显然不利于中国国际商事法庭的建设。如前文所述，本质上而言，国际商事法庭对"商事"的认定应与中国在《纽约公约》等协定的义务相契合。在加入《纽约公约》时，中国认为国际商事纠纷应当仅限于平等的商事主体之间在从事贸易、投资过程中产生的契约性和非契约性的商事事项，并认为劳务、环境污染也属于商事案件。为此，笔者认为，对"商事"的解释应符合中国已批准的各项国际公约的规定及中国作出的承诺。同时，结合最新实践，若当事人明确同意争议具有商事性的，在不违反强制性规定的前提下，应认可案件的商事属性。

二　解决中国国际商事法庭的审级管辖的"一审终审"制

中国国际商事法庭为嵌入式的国际商事法庭，其在组织架构上为最高人民法院的常设机构之一，其审级安排只能遵循《宪法》与《人民法院组织法》的规定，采取"一审终审"的审级制度。虽然较高的法院层级体现了中国对建设中国国际商事法庭的决心，但是这也迫使中国国际商事法庭采取"一审终审"制。换言之，一旦当事人协议选择中国国际商事法庭管辖，便自动失去了上诉的机会与上诉利益。这使得当事人对自身实体利益的保护产生担心。虽然《最高人民法院关于设立国际商事法庭若干问题的规定》第16条赋予了当事人向最高人民法院本部申请再审的权利，但是必须指出的是，当事人的上诉权和再审权的权利来源及其规则制度并不相同。赋予当事方再审的权利，与当事方上诉的权利不可相提并论，将特殊的救济机制变为一般性的救济机制，这不仅颠覆了再审制度的设计基础，更不利于国际商事法庭的长远发展。为此，建立职能清晰、定位合理的国际商事法庭审级架构，是当前应解决的重要课题。

笔者认为，在短期内，可探索在最高人民法院内部设立"一法院两审级"的制度。较为可取的方向之一是，在中国国际商事法庭的内部设立专门从事上诉审理的合议庭，当事人对中国国际商事法庭一审判决或裁决不服的，可交由国际商事法庭专门上诉机构进行上诉审理，由此确保当事人的上诉权利。并且，在当前的实践中还应认识到，国际商事法庭的上诉制度与传统民事案件的上诉机制是存在不同之处的。笔者还建议，针对国际商事法庭的上诉案件，最高人民法院可以尝试吸纳英国上诉法院的"上诉令"模式或欧洲人权法院的上诉审核机制，避免当事人滥用上诉权造成司法资源的浪费。

针对长期而言，应考虑修订《人民法院组织法》《民事诉讼法》等相关法律，将中国国际商事法庭提升为专门法院，并可作为省级以下各级人民法院审理涉外商事案件的上诉法院。作为上诉法院，中国国际商事法庭主要是受理省级高级人民法院审理的涉外商事第一审案件，也可以审理第一审案件，但作为"一审终审"的上诉法院，本身也可以设立一审案件的初审程序和作出最终判决的复核程序。最高人民法院可以履行审判监督职能，对中国国际商事法庭生效的最终判决实行法律监督。作为专门法院，中国国际商事法庭由全国人民代表大会常务委员会依法设立。通过将中国国际商事法庭确立为管辖和审理涉外商事案件的专门法院，可增强商事法庭（院）的独立性，逐步采取各种"离岸"管辖措施，增强商事法庭（院）自身的"国际性"，吸引全球范围内有成就和水平的商事法官加盟，组建可以真正管辖"国际"商事案件的审判机构，确保在国际同行竞争中赢得一席之地。

三 探索中国国际商事法庭对"离岸"案件的管辖制度

《最高人民法院关于设立国际商事法庭若干问题的规定》第2条第1项要求，当事人之间订立的管辖权协议必须符合中国（2021年新修订）《民事诉讼法》第35条所规定的实际联系原则。CICC强制要求当事人选择与争议具有实际联系的法院，较大程度地限制了当事人意思自治的空间。与中国形成鲜明对比的是，其他同类国际商事法庭（院）在协议管辖的制度规定中，均未采用实际联系原则，中国国际商事法庭在协议管辖制度中强制要求实际联系，这不符合中国国际商事法庭的未来发展方向。[①]

笔者认为，要对目前《民事诉讼法》等法律所规定的涉外民商事案件管辖制度中的实际联系原则进行细化、软化。一方面，要从"管辖权根据"和"准据法"两个角度来细化"连接点"，不仅要关注现有法律所规定的"物理连接点"，还要对"物理连接点"作出符合特定司法价值的要求，由此来扩大"连接点"的法律内涵，使得"实际联系原则"变成具有很大司法解释空间的司法管辖原则，这种扩张解释"实际联系原则"的方式可以使得中国国际商事法庭管辖制度具有更大的开放性和包容性；另一方面应当以国家发展利益、司法主权、弱者利益保护等为理由，赋予中国国际商事法庭对行使涉外商事管辖权的"自由裁量权"，同时被选择的法院自身的管辖决定权来实现"实际联系原则"由立法中心主义向司法中心主义的转变，确保"实际联系原则"司法解释的主动权和主导权，要打破规则主义的限制，在具体的司法实践中，通过发挥法官的司法能动性来用好、用活"实际联系原则"。

从具体路径上，针对短期而言，应放松"实际联系原则"的限制，引入"最低联系"原则。最高人民法院在《关于人民法院进一步为"一带一路"建设提供司法服务和保障的意见》中明确指出中国国际商事法庭在中国国际纠纷解决机制创新方面的重要地位，鼓励中国国际商事法庭进行角色转型，吸纳更多的离岸国际民商事案件。当前，修订中国《民事诉讼法》的规定时机尚不成熟，获得授权也存在一定的困难，短期内最为理性和可行的途径在于通过司法解释或指导意见的方式，放宽"实际联系原则"的限制。例如，在处理好协议管辖和实际联系原则关系的基础上，可充分发挥对"与争议有实际联系的其他地点"的解释，通过对"其他"的解释，软化实际联系原则的需求。实践中，可尝试将当事人对中国国际商事法庭的管辖协议视作满足实际联系，这一事实弱化联系原则的实际约束力。

[①] 汪炜晨：《论国际民商事诉讼协议管辖中实际联系原则之废除》，《国际法学刊》2022年第2期。

就长期而言,应支持国际商事法庭对"离岸案件"的管辖。2015 年 10 月 1 日生效的《海牙选择法院协议公约》便允许当事人选择其认为中立的法院解决纠纷,不再要求管辖协议与被选择法院所在地之间存在实际联系。① 未来,有更多的当事人信任中国国际商事法庭作为中立的法院,公正解决争议。为此,中国可通过修订《民事诉讼法》的方式,专门赋予中国国际商事法庭审理当事人协议选择但与中国无直接连接点的争议,特别是案件的主体、客体、法律事实与中国无关、不受中国法律调整,或案件与中国的唯一联系在于当事人选择由 CICC 管辖,作为中国国际商事法庭可管辖的"离岸案件"。

四 推动"一站式"平台中诉讼仲裁与调解衔接机制的落地

《最高人民法院关于设立国际商事法庭若干问题的规定》第 11 条对"一站式"纠纷解决平台作出了基础性规定,要求最高人民法院积极推动诉讼、仲裁与调解的高效衔接,组建国际商事专家委员会,考察和选定入选"一站式"平台建设的杰出国际商事仲裁机构与国际商事调解机构,保障当事人可以在"一站式"平台下自由选择争议解决方式,高效解决争议。"一站式"国际商事纠纷解决机制有利于及时有效化解国际商事争议,最大限度地保护中外当事人合法权益。但在理论上,调解、仲裁和诉讼的法律性质不同。法院对国际商事案件的管辖主要分为法定管辖和协议管辖。仲裁机构对国际商事争议的管辖权来自自愿订立的仲裁协议和协议约定的仲裁事项。调解协议的达成则全部依赖于当事双方的意思自治。② 从这一层面,"一站式"国际商事纠纷解决机制应在认识不同争议解决的法律性质基础上,完善诉讼、仲裁与调解的衔接机制。

针对调解而言,根据《最高人民法院关于设立国际商事法庭若干问题的规定》第 12 条,经由双方当事人一致同意,CICC 可以在受理案件的 7 天内,将该案委托给"一站式"纠纷解决平台下的国际商事调解机

---

① 姜曦、赵仙:《我国涉外协议管辖制度中实际联系原则的去与留——以加入海牙〈选择法院协议公约〉为视角》,《理论观察》2021 年第 9 期。

② 顾维遐:《论调仲作为中国跨境商事及投资争议的多元化纠纷解决方式》,《国际法研究》2022 年第 4 期。

结语　对健全和完善中国国际商事法庭管辖制度的建议　◀◀　187

构或专家委员会进行调解。这意味着，此处的调解是诉讼中的调解。国际商事法庭委托调解的案件，应是国际商事法庭具有管辖权的案件。针对仲裁而言，依据《最高人民法院关于设立国际商事法庭若干问题的规定》第 11 条和第 14 条，针对"一站式"平台下的国际商事仲裁案件，当事人在仲裁程序开始前或仲裁程序进行时，可以向中国国际商事法庭申请保全。实际上，国际商事法庭受理的仲裁保全和仲裁裁决审查案件的范围比国际商事法庭委托调解的范围更广。从此层面，司法在与调解、仲裁的衔接机制上起到核心作用，司法是其他两种争议解决方式的坚实后盾，司法凭借其终局效力与国家强制力保障仲裁与调解的权威性、公正性与高效性。①

在具体的实践操作中，笔者有以下几个建议。第一，充分发挥国际商事法庭协调指导办公室的指导与协调职能。② 为了指导协调国际商事法庭和"一站式"机制的建设、审判管理、对外交流等工作，最高人民法院设立了国际商事法庭协调指导办公室。国际商事法庭协调指导办公室同时还负责国际商事专家委员会日常工作。国际商事法庭协调指导办公室的设立，有利于统筹和协调国际商事法庭、国际商事专家委员会和"一站式"平台的运转，进一步将"一站式"机制制度化。对于同一案件在各个机构之间的高效流转、避免司法资源的浪费与程序的空耗，国际商事法庭协调指导办公室可以发挥出独特的作用。

第二，尝试引进"共享案号"机制。③ 在现有的制度安排下，进入"一站式"平台的案件实际上仍分属于各个争端解决机构，当事人在"一站式"平台的不同的争端解决方式之间转换仍存在一定障碍。一个实体的、无障碍运行的"一站式"机制需要诉讼、仲裁和调解三者之间的有

---

① 参见杜新丽《"一站式"纠纷解决机制中诉讼与调解的衔接》，中国国际商事法庭官网，https://cicc.court.gov.cn/html/1/218/62/164/2271.html，最新访问日期：2023 年 6 月 14 日。

② 参见《最高人民法院"国际商事专家委员会办公室"更名为"国际商事法庭协调指导办公室"》，中国国际商事法庭官网，http：//cicc.court.gov.cn/html/1/218/149/192/1312.html，最新访问日期：2023 年 6 月 14 日。

③ 单文华、冯韵雅：《中国国际商事法庭：迈向国际商事争端"融解决"体系》，中国国际商事法庭官网，https://cicc.court.gov.cn/html/1/218/62/164/2269.html，最新访问日期：2023 年 6 月 14 日。

机融合，为当事人选择适当的争端解决方式提供充分便利。对此，笔者建议可以采取"共享案号"机制。在"共享案号"机制下，当一个案件进入"一站式"平台后，其将获得一个固定的共享案号，由国际商事法庭协调指导办公室统一建档；当该案件在平台的不同争端解决机制中流转时，其共享案号不变，但是每个争端解决机构仍有权添加自己的案号，并建立自己的档案。通过"共享案号"机制，既可以便利进入"一站式"机制的案件在不同争端解决机制中流转，使当事人得以选择最合适的争端解决方式，又可以便利国际商事法庭协调指导办公室对这些案件进行追溯和管理。

第三，建立国际商事专家委员会调解中心，对已经经历过"一站式"平台调解程序的案件，不再采用硬性的审前调解机制。在前文的论述中，笔者论述过专家委员会的地位和作用未得到充分发挥，各国际商事专家的调解职能与"一站式"平台下的调解中心和审前调解相重复，容易造成智力资源的浪费和司法程序的空耗。因此，笔者建议，可以扩大国际商事专家委员会的规模，建立专业、独立的国际商事专家委员会调解中心，对已经经历过"一站式"平台调解程序的案件不再适用强制性的审前调解机制，提升案件的处理效率。①

本质上，"一站式"国际商事纠纷解决平台的建立与完善需要《民事诉讼法》《人民调解法》《仲裁法》等相关法律法规、司法解释及其他规范性文件的修订，发挥中国国际商事法庭"一站式"平台在诉讼、仲裁与调解的机制衔接安排中的示范作用，通过司法对调解协议的确认、调解嵌入仲裁以及诉讼对仲裁的监督和支持，把涉外商事案件的管辖权和主动权掌握在中国国际商事法庭手上，最大限度地发挥当事人意思自治的作用，依托国际调解机构、国际仲裁机构对涉外商事案件的积极介入分担中国国际商事法庭过于繁重的管辖任务，实现当事人满意，中国国际商事法庭便捷，调解、仲裁和诉讼功能协调一致、合力一处的"共赢局面"，凸显中国国际商事法庭在国际同行中的地位和特色。②

---

① 金震华：《专家意见书的法律性质》，《华东政法学院学报》2004 年第 1 期。
② 付本超：《多元争议解决机制对营商环境法治化的保障》，《政法论丛》2022 年第 2 期。

五 为中国国际商事法庭的建设提供更充分的法律授权

基于全书的分析，笔者认为，中国国际商事法庭的规则建构不仅事关当事人争议解决的公正与效率，更关乎中国法治在世界商事法律竞争中的地位与声誉。中国国际商事法庭的制度架构与创新，既需要最高人民法院的因势利导，更离不开《宪法》《人民法院组织法》《民事诉讼法》《仲裁法》等法律的授权与协调。中国国际商事法庭是中国对外展示法治建设水平的重要窗口，是提升中国司法影响力的绝佳途径，是维护"一带一路"倡议的重要手段。因此中国应提高对中国国际商事法庭的重视程度，由最高法院总结初期的经验教训，提请全国人大及其常委会进行高级别的立法活动以充分保障中国国际商事法庭制度改革的合法性。

必须指出的是，现阶段最高人民法院出台"规定"或"意见"是在现有的法律框架下进行的探索和尝试，其无法突破《民事诉讼法》对于管辖制度的规定。为此，应对国际商事法庭的建设提供更多更充分的法律授权。一个路径是通过立法的方式，修订《民事诉讼法》或者是通过特别立法的形式突破现行规定，解决国际商事法庭运行中的管辖权问题。当前，由于立法资源相对有限，修法与制定新法持续的过程较为持久。另一个路径是通过全国人大或其常委会的特别授权，特别是可结合中国签署的《海牙选择法院协议公约》《新加坡调解公约》等国际公约，探索在国际商事法庭的适用性。

当然，中国国际商事法庭的发展与中国涉外法治体系建设相关，与高质量共建"一带一路"的目标和宗旨相关。这要求通过健全和完善中国国际商事法庭管辖制度为中国企业和公民"走出去"、为深化改革开放和构建人类命运共同体提供行稳致远的法治保障。最高人民法院作为国家的最高审判机关，在新的发展时点上，可围绕国际商事法庭的管辖制度，探索制定并发布关于服务和保障"一带一路"建设的第三个指导意见，积极统筹国内法治与涉外法治，进一步增强中国司法的国际影响力。

中国国际商事法庭管辖制度的研究涉及面广。笔者难以做到面面俱到，为此重点针对上述几个关键问题作了较为全面、系统的分析和梳理，提出了自己的学术观点和对策建议，旨在以微薄之力为健全和完善中国国际商事法庭管辖制度贡献一份学术方案。

附 录 一

本书正文完结于 2022 年 11 月下旬，在正文之后，笔者对中国国际商事法庭的已有案例以及最新发展情况进行持续跟踪，以附录的形式附于全书正文之后，通过实际案例与相关数据，直观体现学术研究的时效性与严谨性。资料更新截至 2023 年 5 月底。

一 判决书

经中国国际商事法庭官网检索，截至 2023 年 5 月，中国国际商事法庭仅公开判决书一项，名为【（2019）最高法商初 1 号】《广东本草药业集团有限公司与贝斯迪大药厂产品责任纠纷一审民事判决书》，判决书签发日期为 2019 年 10 月 25 日。

案情简介

原告：广东本草药业集团有限公司，住所地中华人民共和国广东省广州市白云区三元里大道 1146 号自编 2 幢二、三、四楼（以下简称本草公司）。

被告：贝斯迪大药厂（Bruschettini S. R. L.），住所地意大利热那亚（Via Isonzo, 6 - 16100 Genova, Italy）（以下简称贝斯迪药厂）。

原告的诉讼请求：1. 判令贝斯迪药厂赔偿其库存细菌溶解物 Lantigen "兰菌净"（以下简称"兰菌净"）的损失合计人民币 21124710 元（234719 瓶×人民币 90 元/瓶）及其利息（以人民币 21124710 元为基数按中国人民银行同期同类贷款基准利率自 2017 年 11 月 22 日起计至实际给付赔偿款之日止，暂计至 2018 年 8 月 31 日为人民币 712481.48 元）；

2. 判令贝斯迪药厂赔偿其因进口"兰菌净"抽检而产生的样品损耗人民币 700156.80 元（10080 瓶×进口平均价人民币 69.46 元）以及检测费用损失人民币 3311920 元，合计人民币 4012076.80 元；3. 判令贝斯迪药厂赔偿其因向贝斯迪药厂追偿产生的公证费人民币 8000 元、律师费人民币 80000 元，合计人民币 88000 元；4. 判令贝斯迪药厂立刻依法处理已过有效期的在本草公司处的库存"兰菌净"并承担全部处理费用；5. 判令贝斯迪药厂赔偿其因承担广东省高级人民法院（2017）粤民终 3184 号民事判决所确定赔偿责任产生的损失人民币 52298347.06 元；6. 判令贝斯迪药厂赔偿其因与上海大陆药业有限公司（以下简称大陆药业）纠纷一案而支出的一审、二审案件受理费人民币 645071 元、诉讼保全费人民币 5000 元、律师费人民币 435566 元，合计人民币 1085637 元；7. 判令贝斯迪药厂赔偿其因向贝斯迪药厂追偿损失而产生的公证费人民币 8000 元；8. 判令贝斯迪药厂承担本案全部诉讼费用。

原告主张的事实：2008 年 6 月 13 日，贝斯迪药厂向 Aprontech CO. LTD（以下简称 Aprontech 公司）出具授权书，授权其在中国销售贝斯迪药厂生产的"兰菌净"。2009 年 9 月 30 日，国家食品药品监督管理总局（以下简称国家食药监管总局）就"兰菌净"颁发了相应的《进口药品注册证》《药品注册批件》，注册证有效期至 2014 年 9 月 29 日。2014 年 7 月 30 日，国家食药监管总局就"兰菌净"再次颁发了相应的《进口药品注册证》《药品注册批件》，注册证有效期为 2014 年 7 月 30 日至 2019 年 7 月 29 日。2009 年 12 月 15 日，广东省食品药品监督管理局向本草公司颁发《药品经营许可证》，有效期为 2009 年 12 月 15 日至 2014 年 12 月 14 日，批准本草公司从事药品批发业务。2014 年 8 月 18 日，广东省食品药品监督管理局再次向本草公司颁发《药品经营许可证》，有效期为 2014 年 8 月 18 日至 2019 年 8 月 17 日。2013 年 11 月 6 日，本草公司与 Aprontech 公司签订《独家经销协议》，约定本草公司独家从 Aprontech 公司进口贝斯迪药厂生产的"兰菌净"，在中国内地地区独家进口、推广、销售、分销。2013 年 12 月 10 日，贝斯迪药厂作出《总代理授权书》，授权本草公司作为"兰菌净"在中国的总代理，负责投标及经销有关一切事宜，授权期限为 2013 年 12 月 10 日至 2018 年 7 月 29 日。2013

年 11 月 28 日至 2015 年 3 月 15 日期间，本草公司与 Aprontech 公司相继签订采购合同，以 10 美元/瓶或 7.3 欧元/瓶的价格采购共计 1566632 瓶"兰菌净"。在 2014 年至 2015 年间，本草公司以人民币 90 元/瓶的价格销售上述"兰菌净"。2016 年 1 月 18 日，国家食药监管总局发布《关于停止进口脑蛋白水解物注射液等 4 个药品的公告》（2016 年第 13 号），贝斯迪药厂生产的"兰菌净"实际生产工艺与注册工艺不一致，实验室存在数据完整性问题，生产过程中存在交叉污染风险，要求停止进口，并责令召回存在安全隐患的药品。2016 年 7 月 19 日，国家食药监管总局召集广东省食品药品监督管理局、本草公司等单位召开关于"兰菌净"召回工作会议，要求本草公司停止销售"兰菌净"、贝斯迪药厂主动召回"兰菌净"。此后，本草公司派人前往告知贝斯迪药厂前述会议决定，并多次发函要求其主动召回，但贝斯迪药厂一直未公布并实施任何召回计划和措施。由于贝斯迪药厂怠于履行法定召回义务，2017 年 11 月 22 日，国家食药监管总局向贝斯迪药厂发出《关于责令召回和整改的通知》，明确贝斯迪药厂生产的"兰菌净"存在安全隐患，要求停止进口，责令贝斯迪药厂召回。2018 年 7 月 13 日，本草公司委托律师发函敦促贝斯迪药厂履行召回义务。然而，贝斯迪药厂时至今日仍未履行召回义务。本草公司认为，贝斯迪药厂未召回存在安全隐患的"兰菌净"，违反了《药品召回管理办法》的相关规定，侵害了本草公司的合法权益。

另，2015 年 4 月 20 日，大陆药业与本草公司签订《分销合同》，大陆药业成为"兰菌净"在中国大陆的分销商，并在 2015 年 4 月至 10 月期间共向本草公司支付货款人民币 47966080 元采购 599576 瓶"兰菌净"。因"兰菌净"存在安全隐患，大陆药业停止了销售"兰菌净"并将尚未售卖的 592456 瓶"兰菌净"退回本草公司，同时起诉要求本草公司赔偿损失。2017 年 9 月 12 日，广东省广州市中级人民法院作出（2017）粤 01 民初 58 号民事判决，判决：一是解除大陆药业与本草公司于 2015 年 4 月 20 日签订的《分销合同》；二是本草公司于判决生效之日起 10 日内返还大陆药业已经支付的货款人民币 47408800 元及利息（利息以人民币 47408800 元为本金，自 2016 年 9 月 23 日起计算至判决生效之日止，按中国人民银行同期贷款利率计算）；三是本草公司于判决生效之日起 10 日内支付大陆药业退货时产生的运费人民币 79200 元；四是驳回大陆药业的其他诉讼请求。一审案件受理费人民币 373176 元，由大陆药业负担人民币 101281 元，本草公司负担人民币 271895 元。诉讼保全费人民币 5000 元，由本草公司负担。2018 年 10 月 12 日，广东省高级人民法院就该案作出（2017）粤民终 3184 号民事判决，判决驳回上诉，维持原判。二审案件受理费人民币 373176 元由本草公司承担。本草公司认为，根据《药品召回管理办法》第 3 条及《中华人民共和国侵权责任法》（以下简称《侵权责任法》）第 15 条、第 46 条等规定，贝斯迪药厂应赔偿未履行召回义务而导致本草公司遭受的全部财产损失和因此支付的费用。

被告辩称：（一）本草公司对其提出索赔请求违背了承诺。本草公司提交的《总代理授权书》系伪造的，上面仅有签章没有签字，贝斯迪药厂从未向本草公司出具过《总代理授权书》。本草公司隐瞒了其与 Aprontech 公司在 2013 年 12 月 5 日签订的《独家经销协议》以及 2014 年 3 月 21 日签订的《2013 年 12 月 5 日之独家经销协议之附录》，在附录的 18（d）（e）中本草公司放弃了对贝斯迪药厂的索赔权。（二）在现行中国法律下，召回"兰菌净"的责任人是本草公司而非贝斯迪药厂。首先，只有存在安全隐患的药品才需召回，本草公司提交的证据远不能证明"兰菌净"存在《药品召回管理办法》第 14 条规定的"危及人体健康和生命安全"情形。其次，《药品召回管理办法》第 3 条未明确召回的责任主体。再次，根据《药品召回管理办法》第 15 条第 2 款"在境内进行召回的，进口单位按照本办法的规定负责具体实施"之规定，召回的责任人应是进口单位本草公司。（三）本草公司索赔的损失属于商业损失而非产品责任损失，其与贝斯迪药厂之间没有合同关系，无权向贝斯迪药厂主张商业损失赔偿。首先，本草公司索赔的损失为商业损失而非产品责任损失。本草公司是依据《侵权责任法》第 46 条之规定，因产品缺陷造成损害而提起本案索赔。根据《中华人民共和国产品质量法》（以下简称《产品质量法》）第 41 条、第 44 条的规定，本草公司主张的第一项库存"兰菌净"损失实质上是库存"兰菌净"的采购价格加其预期转售利润，该损失属于商业损失而非产品责任损失。本草公司的其余诉请均系建立在第一项诉请的基础上，也均不能成立。其次，本草公司与贝斯迪药厂之间不存在合同关系,其无权向贝斯迪药厂提出商业损失索赔。本草公司应当向与其有合同关系的 Aprontech 公司提出商业索赔。再次,《侵权责任法》和《中华人民共和国合同法》(以下简称《合同法》)之间存在界限,商业索赔不应当根据《侵权责任法》提出。《侵权责任法》和《产品质量法》将"产品缺陷造成的财产损害"限定为缺陷产品以外的财产损害,并不包括产品本身的损伤或损毁。而本草公司提出的索赔并不属于"产品缺陷造成的损害"。《侵权责任法》的主要目的是保护处于弱势地位的消费者,而非商业交易中的货物买方。在普通的商业交易行为中,产品质量问题引起的商业交易利润减少或丧失等问题属于买方未能实现合同预期目的的情形,属于《合同法》的调整范围。综上,请求本院驳回本草公司的全部诉讼请求。

本案所适用的程序规则与管辖权规定:原告本草公司与被告贝斯迪药厂产品责任纠纷一案,原由广东省广州市中级人民法院于 2018 年 10 月 11 日立案管辖,案号为(2018)粤 01 民初 1068 号。最高人民法院国际商事法庭依据《中华人民共和国民事诉讼法》第 38 条第 1 款、《最高人民法院关于设立国际商事法庭若干问题的规定》第 2 条第 5 项之规定,即"上级人民法院有权审理下级人民法院管辖的第一审民事案件;确有必要将本院管辖的第一审民事案件交下级人民法院审理的,应当报请其上级人民法院批准""(五)最高人民法院认为应当由国际商事法庭审理的其他国际商事案件",对本案实行提级管辖,将该案的管辖权由广州市中院提审至中国国际商事法庭第一国际商事法庭。

本案作为中国国际商事法庭公开判决第一案,其在管辖权的获得方面采用了提级管辖制度,与大众所期望的协议管辖有较大区别。这一方面体现了中国国际商事法庭创设之初,最高人民法院的谨慎态度,以职权行使尽力回避管辖权争议;另一方面体现了正文中笔者所强调的中国国际商事法庭在管辖制度规定方面的不足,以及中国国际商事法庭的过高层级所带来的管辖体系缺陷。

案件点评:本案的争议焦点为:第一,意大利贝斯迪药厂是否对"兰菌净"负有召回的主体义务;第二,贝斯迪药厂应否向本草公司承担赔偿责任及如何确定赔偿范围。本案的判决结果认为意大利贝斯迪药厂作为生产者对于产品召回应承担终极责任，且澄清了《侵权责任法》中可得利益损失系商业风险，不属于侵权责任法的涵盖范围。

本案作为现今中国国际商事法庭公开判决书第一案，在以下几个方面具有开创性意义：第一，通过详细的说理，明确了产品召回制度之宗旨，即使境外生产公司未曾与内陆公司签署有效的分销合同，生产方依旧为产品召回责任的终极责任人；第二，通过严谨的事实查证与裁判说理，体现了中国国际商事法庭的高度专业性，使潜在的受案群体吃了定心丸。

本案入选第三批涉"一带一路"建设典型案例，最高法院在本案中充分发挥国际商事法庭一审终审优势，促进国际商事纠纷高效化解。本案作为"一带一路"建设中的典型案例在跨境产品召回责任问题上形成了有示范意义的裁判规则。

但是，笔者认为该案存在以下不足。第一，以公开判决第一案的地位，仅对产品责任召回制度进行阐述，实有大题小做之嫌。笔者在正文中论述中国国际商事法庭的未来发展之路时便论及，应对中国国际商事法庭进行独立化、层级式架构安排。最高人民法院民四庭仅应对具有重大影响的国际案件行使管辖权，以彰显中国对某些重大司法事项的态度以及未来的立法趋势。纵观世界各国的司法体制，一国的最高法院承担着释法、造法、创建先例的重要职能，其每一次审判与表态，均会对一国乃至国际司法环境产生重要影响，因此，中国国际商事法庭不应将宝贵的司法资源与机构高度浪费在价值较小的案件之上。

第二，该案回避了案件实体法的确认问题。在本案中，本草公司和贝斯迪药厂在庭审时均表示同意本案适用中华人民共和国法律进行审理。《中华人民共和国涉外民事关系法律适用法》第3条规定："当事人依照法律规定可以明示选择涉外民事关系适用的法律。"因此，本案回避了当事人对实体法律的选择与法院的适用问题。而一个国际商事法庭想要真正成为一个合格的、饱受尊敬的国际商事法庭，就必须要在外国法的查明与适用方面具有相当的造诣与成功经验，如果仅是重复适用与解释本国法，那么其国际性与专业能力便会遭受质疑。因此，未来中国国际商事法庭的发展之路仍显漫长。

第三，本案的管辖为级别管辖制度，具体而言是最高人民法院依其地位对较低层级法院的案件管辖权实行了提级管辖。在正文中，笔者曾论述，同类国际商事法庭（院）的管辖制度以协议管辖为中心。中国的协议管辖制度存在实际联系原则的限制，在面对国际当事人时力有未逮。一方面，国际的发展趋势要求我们放开实际联系原则；另一方面实际联系原则的突破又会引起最高人民法院的受案量激增。因此，如何既与国际接轨又符合中国司法体制的国情便是紧迫问题。笔者在正文中建议适度放开实际联系原则、设立最低联系原则、实行理论与实践的分野、创立相对独立的中国国际商事法院体系，可能是应对国际需求与顺应国情发展的良好举措。

总之，作为中国国际商事法庭公开判决书第一案，在相当程度上体现了最高人民法院审慎的司法取向，也在一定程度上表现了最高人民法院对中国国际商事法庭的建设决心。虽然起了一个好头，但是未来的发展之路仍充满挑战。

二 裁定书

截至 2023 年 5 月下旬，中国国际商事法庭官网共公开裁定书 7 个。笔者对现有的 7 个裁定书进行归纳总结，发现这 7 个裁定书均与管辖权问题相关。具体见表 1。

表 1　　　　　　　　中国国际商事法庭裁定书汇总

裁定书案号	作出时间	争议焦点	裁判内容	裁判结果
（2019）最高法民特 3 号	2019 年 9 月 18 日	仲裁协议效力	确认仲裁条款独立性、仲裁协议有效	排除法院管辖权
（2019）最高法民特 2 号	2019 年 9 月 18 日	仲裁协议效力	确认仲裁条款独立性、仲裁协议有效	排除法院管辖权

续表

裁定书案号	作出时间	争议焦点	裁判内容	裁判结果
（2019）最高法民特1号	2019年9月18日	仲裁协议效力	确认仲裁条款独立性、仲裁协议有效	排除法院管辖权
（2019）最高法商初2号	2019年10月25日	法院管辖权异议、适格被告	支持法院管辖权异议，被告不具有适格性	排除法院管辖权
（2019）最高法民特4号	2020年12月29日	仲裁庭的组成是否符合当事人约定、是否存在撤销情形	尽可能使仲裁规则条款生效	确认仲裁庭组成合法
（2019）最高法民特5号	2020年12月31日	仲裁庭的组成是否符合当事人约定、是否存在撤销情形	尽可能使仲裁规则条款生效	确认仲裁庭组成合法
（2020）最高法商初4号	2021年8月12日	仲裁条款的事项范围	确认仲裁条款的范围与有效性	排除法院管辖权

从表1中可以得出，中国国际商事法庭所作出的裁定均与仲裁协议的有效性相关，即诉争案件是由仲裁机构受理管辖，还是由国际商事法庭受理管辖。

在上述的7个案件中，中国国际商事法庭强调了以下几个法律原则。第一，仲裁的条款的独立性。仲裁条款是否成立，主要是指当事人双方是否有将争议提交仲裁的合意，即是否达成了仲裁协议。当事人双方达成仲裁合意则仲裁条款生效。主合同无效并不代表仲裁条款无效。第二，国际商事法庭遵循仲裁条款独立且优先原则。国际商事法庭对此7件仲裁管辖与国际商事法庭管辖争议的案件均作出相同的裁定：确认当事人原合同中或原仲裁条款是有效的，国际商事法庭不受理管辖有效仲裁条款的案件,遵循仲裁管辖排除司法管辖的基本管辖原则。

三 未决案件

(一) 红牛中国商标纠纷与股权纠纷系列案件

自2018年中国国际商事法庭成立开始,至今已有5个年头,除上述的已决案件外,笔者通过中国裁判文书网进行检索,发现有下列未决案件,共计9个,笔者将对这些案件的管辖权行使进行详细阐述。

在9个案件中,有4个移交第二国际商事法庭的案件是围绕红牛中国的股权、红牛商标的商标权权属纠纷,该纠纷被最高人民法院称为"中国国际商事法庭第一槌"。具体包括以下4个关联案件:(1) 英特生物制药控股有限公司与严彬损害公司利益责任纠纷;(2) 泰国华彬国际集团公司与红牛维他命饮料有限公司股东资格确认纠纷;(3) 英特生物制药控股有限公司与红牛维他命饮料有限公司公司盈余分配纠纷;(4) 环球市场控股有限公司与许馨雄损害公司利益责任纠纷。最高人民法院认为:本案系具有重大影响和典型意义的第一审国际商事案件,案情疑难、复杂,纷争所涉利益巨大,社会各界高度关注,宜由国际商事法庭审理。有关各方还涉及多起与本案相关的关联案件,宜一并审理。本院依照《中华人民共和国民事诉讼法》第20条、第38条第1款,《最高人民法院关于设立国际商事法庭若干问题的规定》第2条第5项之规定,由本院第二国际商事法庭审理。

红牛中国的系列纠纷尚未有最终判决。但是通过此案可以管窥中国国际商事法庭打造全球一流的国际商事纠纷解决中心的决心。这一系列案件的管辖权均采用最高院的职权管辖与指定管辖的方式,由中国国际商事法庭行使管辖权。自2019年至今,已经过去四年,仍未有明确的判决作出。笔者认为,除该案案情疑难、复杂,纷争所涉利益巨大,社会各界高度关注之外,管辖制度的不利因素也是最高人民法院迟迟不能落槌的原因之一。

正文中笔者详细论述过中国国际商事法庭在案件管辖权来源受限、一审终审的局限等不利因素,这些管辖制度中的不利因素,都在影响最高人民法院判决的作出。虽然笔者相信最高院的专业素养,但是也期待在此案后，能够针对性地解决目前中国国际商事法庭管辖制度中所暴露出的不足。

（二）Zhang yufang 与担保纠纷

原告 Zhang yufang（中文曾用名张雨方、张玉方）与被告谢钰珉、深圳澳鑫隆投资有限公司（以下简称澳鑫隆公司）、刘贺超、陈靖让与担保纠纷一案，广东省深圳市中级人民法院于 2019 年 7 月 3 日立案。最高人民法院认为，本案系具有重大影响和典型意义的第一审国际商事案件，社会各界高度关注，纷争所涉利益巨大，宜由国际商事法庭审理。依照《中华人民共和国民事诉讼法》第 38 条第 1 款、《最高人民法院关于设立国际商事法庭若干问题的规定》第 2 条第 5 项规定，由第一国际商事法庭管辖。

在此案中，最高法院依旧采取职权管辖、提级管辖与指定管辖，国际商事法庭因此获得管辖权。

（三）光宝移动私人有限公司股权转让纠纷

原告 Lite-On Mobile Pte. Ltd 与被告星星触控科技（深圳）有限公司（以下简称星星触控公司）、浙江星星科技股份有限公司（以下简称浙江星星公司）股权转让纠纷一案，广东省广州市中级人民法院于 2021 年 7 月 7 日立案。最高人民法院认为，本案系具有重大影响和典型意义的第一审国际商事案件，社会各界高度关注，纷争所涉利益巨大，宜由国际商事法庭审理。依照《中华人民共和国民事诉讼法》第 38 条第 1 款、《最高人民法院关于设立国际商事法庭若干问题的规定》第 2 条第 5 项规定，由第一国际商事法庭管辖。

综上，针对笔者所列举的，目前中国国际商事法庭所结案的判决书、裁决书，以及尚未结案的相关纠纷的管辖权行使情况分析，可以得出以下结论。

协议管辖并未获得广泛采纳。从笔者所罗列的可公开查询的案件管辖权获得方式可知，至今并未有国际案件当事人采取协议管辖的方式，约定最高人民法院或中国国际商事法庭为管辖法院。在正文中，笔者列举同类国际先进商事法庭的管辖制度时，便明确指出，协议管辖应是国际商事法庭获得案件管辖权的核心方式，如新加坡国际商事法庭、英国国际商事法院等便依此逻辑运行。但是中国目前进入中国国际商事法庭的案件，均采取先由最高人民法院提级管辖（职权管辖），再由最高院指定中国国际商事法庭管辖（指定管辖）的方式运行。

对此，笔者已经在正文中详细分析过原因，一审终审的审级管辖与协议管辖的实际联系原则是当事人不愿意采纳协议管辖制度的根本原因。最高人民法院虽然采取指定管辖的方式，使中国国际商事法庭得以正式运作，但是此种管辖权操作方式绝非久远之计，中国国际商事法庭想要跻身世界一流的国际商事法庭之列，除了先期判决积累之外，扫清管辖制度中的掣肘之处势在必行。针对解决方法，笔者已在正文中详细论述，在附录中便不再重复。

附录二

在正文中，笔者详细论述了中国国际商事法庭"一站式"纠纷解决机制的构建之路，论述诉讼、仲裁、调解三者之间的管辖权统筹规划问题，在正文完成后的6个月内，最高人民法院对"一站式"纠纷解决机制进行了相应的制度更新。对此，为保证研究的时效性与预见性，笔者在附录中对"一站式"纠纷解决机制的制度更新进行列举。

一　国际商事专家委员会

2023年4月10日，最高人民法院发布《关于聘任国际商事专家委员会第三批专家委员的决定》（法〔2023〕49号），该决定将丁丁、王瀚、赵宏、贾兵兵、高之国、高燕平、黄惠康、黄解放、郑若骅、克里斯托夫·坎贝尔·霍尔特（Christopher Campbell-Holt）、范维敦（Danny Patrick McFadden）、约瑟法·西卡德·米拉布尔（Josefa Sicard-Mirabal）、穆罕默德·阿卜杜勒·瓦哈卜（Mohamed S. Abdel Wahab）、奥卢芬克·艾德科娅（Olufunke Adekoya）这14位专家为国际商事专家委员会第三批专家委员。

2022年8月24日，最高人民法院发布《关于续聘国际商事专家委员会首批专家委员的决定》（法〔2022〕195号），该决定将继续聘任张月姣、黄进、王利明、沈四宝、卢松、刘敬东、单文华、石静霞、杨良宜、王贵国、袁国强、李复甸、安娜·曼塔库（Anna P. Mantakou）、芮安牟（Anselmo Reyes）、大卫·安德浩特（David Unterhalter）、乔治·贝尔曼（George A. Bermann）、申熙泽（Hi-Taek Shin）、陶景洲（Jingzhou Tao）、奈拉·科迈尔·欧贝德（Nayla Comair-Obeid）、马培德（Peter Malanczuk）、范思深（Susan Finder）、弗拉基米尔·库里洛夫（Vladimir I. Kurilov）、威廉·布莱尔（William Blair）等23人为国际商事专家委员会专家委员，聘期四年。

加上第二批专家委员，如今中国国际商事法庭专家委员会已经有61名专家。在正文中，笔者对专家委员会在相对独立地位，专家委员会的"一站式"纠纷机制中的独特作用，以及被赋予更大的职权，独立进行调解仲裁程序抱有巨大的期待，但是目前看来，最高法院对于国际商事法庭专家委员会的建设仍处于初级阶段，先期任务为扩大专家委员会的容量，提升专家委员会的国际性、代表性、专业性。对于专家委员会在"一站式"纠纷解决平台建设中的独特地位与潜在作用并没有深入探究。笔者期待在专家委员会的名单扩充完毕，"一站式"纠纷解决平台充分运行之后，最高院能对《国际商事专家委员会工作规则》进行相应的改进。针对可行的提升方向，笔者已在正文对策部分进行详细阐述，此处不再赘述。

二 诉调结合的新发展

在正文中笔者高度认同调解机制在"一站式"纠纷解决平台中的突出作用以及灵活优势，调解可以作为贯穿"一站式"纠纷解决平台的核心机制，将诉讼与仲裁有机串联。伴随着《新加坡调解公约》的广泛采纳，商事调解在未来的国际商事纠纷解决中，将扮演更为重要的角色。最高法院也高度重视诉讼、仲裁与调解机制的有机衔接，将中国特色的全面调解制度推向国际化。

在2023年4月1日，中华人民共和国二级大法官、最高人民法院副院长陶凯元与新加坡最高法院上诉庭大法官洪素燕在北京人民大会堂共同签署两国最高法院《通过诉中调解框架管理"一带一路"倡议背景下国际商事争议的合作谅解备忘录》。"一带一路"倡议背景下，国际贸易和商务相关争议日趋复杂。为促进中新两国友谊，推动共建"一带一路"高质量发展，为当事人提供灵活、创新和高效的争议解决方式，中新两国最高法院通过诉中调解框架加强"一带一路"国际商事争议管理方面的合作，并签署谅解备忘录。备忘录对诉中调解框架的制定和实施、与其他各方的合作、信息共享、诉中调解框架的特征、诉中调解示范条款、其他事项等六方面内容进行规定，自签署之日起生效。

三 "一站式"争端机制的新进展

在正文中笔者认为，针对当前的"一站式"纠纷解决平台的具体运作问题，将诉讼与调解有机衔接是发挥多元化纠纷解决机制的优势、真正做到案结事了、减轻诉讼压力的重要途径。尽管在制度层面，中国国际商事法庭并未在"一站式"纠纷解决平台下作出明确的各争议解决方式之间的衔接与流转，但是笔者收集到了相关的最新案例，从中可以得见中国国际商事法庭对多元化争端解决机制的灵活使用。

在2023年4月，第二国际商事法庭成功调解处理了两起国际商事案件。原告贝达药业股份有限公司与被告贝达医药有限公司（Beta Pharma，Inc.）等损害公司利益责任纠纷案［（2020）最高法商初1号］，在最高人民法院第二国际商事法庭的主持下达成和解协议。和解协议采取一揽子解决纠纷的方式，在解决本案纠纷的同时，促使各方当事人握手言和，分别撤回在第二国际商事法庭的关联诉讼［（2021）最高法商初1号］以及在上海浦东新区人民法院、美国佛罗里达州棕榈滩县第15巡回法庭的其他诉讼，最大限度促成了各方当事人之间商业合作关系的修复。

上述两案涉及中国上市公司与境外主体在药品研发合作过程中产生的纠纷，所涉标的额人民币10亿元，案件的有效调处彰显了最高人民法院国际商事法庭公正、高效、便捷、低成本化解纠纷，服务创新驱动发展战略，营造市场化、法治化、国际化营商环境的司法能力。

四 管辖制度的最新进展

除上述实际案例以外，最高人民法院也在积极履行释法职责，顺应"一带一路"倡议建设需求，调整涉外民商事案件的管辖制度。2022年11月15日，最高人民法院发布《关于涉外民商事案件管辖若干问题的规定》（以下简称《规定》），自2023年1月1日起施行。

早在2002年2月，为应对中国加入世界贸易组织后涉外民商事审判面临的形势任务，最高人民法院出台《关于涉外民商事案件诉讼管辖若干问题的规定》（法释〔2002〕5号文），以司法解释的形式对涉外民商事案件的管辖权作出调整，将以往分散由各基层人民法院、中级人民法院管辖的涉外民商事案件集中由少数收案较多、审判力量较强的基层人民法院和中级人民法院管辖。随着涉外民商事审判的实际需求增加，最高人民法院又于2004年出台《关于加强涉外商事案件诉讼管辖工作的通知》（法〔2004〕265号文），于2017年出台《关于明确第一审涉外民商事案件级别管辖标准以及归口办理有关问题的通知》（法〔2017〕359号文），适时调整涉外民商事案件集中管辖机制。涉外民商事案件集中管辖机制实施二十余年来，形成了以"特定管辖法院、专门审判机构、专业审判人员"为特征的涉外民商事审判格局，培养造就了一支高素质、专业化的涉外法官队伍，涉外民商事案件的审判质量明显提高。

党的十八大以来，以习近平同志为核心的党中央坚定不移推进高水平对外开放，形成全方位、多层次、宽领域的全面开放新格局。随着中国开放型经济的深入发展、高质量共建"一带一路"的深入推进以及自由贸易试验区和海南自由贸易港的深化建设，涉外民商事案件数量明显上升，案件类型和分布区域发生较大变化，现有的涉外民商事案件集中管辖机制已经难以完全满足新形势新任务的需要。党的二十大提出，要依法保护外商投资权益，营造市场化、法治化、国际化一流营商环境，推动共建"一带一路"高质量发展。《规定》的出台是贯彻落实党的二十大精神的具体举措。配合已有的《最高人民法院关于审理仲裁司法审查案件若干问题的规定》等，在《规定》出台后，将进一步优化涉外民商事案件管辖机制、便利中外当事人诉讼、维护中外当事人的合法权益、提升涉外民商事案件审判质效，实现涉外民商事审判"调结构""定职能"的作用，推动基层人民法院重在准确查明事实、实质化解纠纷；中级人民法院重在二审有效终审、精准定分止争；高级人民法院重在再审依法纠错、统一裁判尺度；最高人民法院监督指导全国涉外审判工作，确保法律正确统一适用。

2022年10月28日，最高人民法院院长周强向十三届全国人大常委会作《最高人民法院关于人民法院涉外审判工作情况的报告》（以下简称

《报告》)。在《报告》中,周强院长表示针对当前涉外审判工作面临的问题和困难,提出以下建议:"一是加快民事诉讼法涉外编的修法进程。适时将修订海事诉讼特别程序法纳入立法规划。修改全国人大常委会关于在沿海港口城市设立海事法院的决定,授权海事法院审理特定类型的海事刑事案件,有效维护我国海洋权益。二是推动解决国际商事法庭运行中存在的瓶颈问题,促进提升中国国际商事争端解决机制和机构的国际竞争力。适时制定商事调解法,充分发挥调解机制优势,为中国国际商事争端解决机制蓬勃发展提供充分法律依据。三是授权广东等涉港澳案件集中的地方法院试行简化涉港澳民事诉讼程序,简化港澳诉讼主体证明手续及授权委托手续。四是推动建立健全立法机关、执法机关、司法机关、高等院校、科研院所、法律服务机构以及国际组织之间的涉外法治人才交流机制,加大复合型国际化涉外审判人才培养力度。"

未来中国国际商事法庭"一站式"纠纷解决机制的建设之路,有了明确的指导方向。

附 录 三

中国国际商事法庭的发展不仅需要顺应本国的涉外商事纠纷解决的现实需要，更要对标国际同类一流商事法庭的先进之处。因此，在附录三中，笔者将对其他知名国际商事法庭的最新制度发展与重要案例进行梳理，以期把握国际发展趋势。

一　新加坡国际商事法庭

（一）诉中调解机制：Litigation-Mediation-Litigation

在附录二中，笔者列举中国国际商事法庭与新加坡国际商事法庭签署了《通过诉中调解框架管理"一带一路"倡议背景下国际商事争议的合作谅解备忘录》。新加坡国际商事法庭在多元化纠纷解决机制的融合方面一直走在世界前列。新加坡力图打造世界商事争议解决中心，其国内的新加坡国际仲裁中心、新加坡国际调解中心与新加坡国际商事法庭一起，共同打造亚洲乃至世界领先的国际商事争议解决中心。

针对调解机制与其他争端解决机制的衔接，新加坡国际商事法庭的开拓值得中国借鉴。笔者将详细描述新加坡诉中调解机制（Litigation-Mediation-Litigation，LML）。2023年1月12日，新加坡国际商事法庭的主席 Philip Jeyaretnam 法官对新加坡国际商事法庭与新加坡国际调解中心的诉中调解机制进行了详细阐述。在 Jeyaretnam 法官看来，在诉讼中引入调解，无论从何种角度来说都是有利的，即使调解程序不能最终解决争议，但是它在某种程度上节省了当事人的时间与金钱。在法院的监督下，诉讼中调解制度的介入对当事人双方明确其权利义务、维护彼此的商业关系、节省时间成本与金钱成本等方面有着不可替代的优势。

Jeyaretnam 法官强调，在法院监督与支持下的诉讼中调解还有几个额外的好处。一是由于调解程序是由法院引入并监督的，因此双方相信调解程序的正义性。二是调解程序可以帮助当事人双方明确和界定他们案件的事实轮廓，充分了解争端的核心。

笔者详细查阅了新加坡国际商事法庭的 LML Protocol 规定，该 Protocol 将重要的程序性事项进行罗列，为中国国际商事法庭诉中调解制度的衔接提供相关国际资料。根据 LML Protocol 的规定，当事人在谈判合同时可以选择采用 LML 框架协议，将 LML 示范条款纳入其主合同。当事人也可以约定将合同中的部分争议适用 LML 框架协议。除签订主合同时将 LML 协议纳入，当事人可以在其他任何时候（例如在争端发生后）通过单独的协议采用 LML 框架协议。LML 协议规定当事人的争议将会被转移至新加坡国际调解中心进行处理，新加坡国际商事法庭将视调解成效决定诉讼程序的终结或继续。在调解开始后，SICC 的诉讼程序可暂停 8 周，并且法院可基于充分的理由予以延长。此外，LML 框架协议授权 SICC 发布临时措施以维护一方的权利。

在调解程序完成后，当事人双方若是希望将调解协议转变为诉讼判决的，应在最少 5 个工作日之前向 SICC 的案件管理会议提交。调解协议可以是部分通过调解程序达成的调解协议，不要求全部争议事项均由调解程序解决。当事人可就无法通过调解解决的争端在 SICC 进行诉讼。

新加坡国际商事法庭借助新加坡国际调解中心的机构优势，大胆创新，通力合作，建立了跨机构的诉中调解制度。目前，中国国际商事法庭也已将两批多家知名商事仲裁调解中心纳入"一站式"国际商事纠纷多元化解决机制，但是对于这些争端解决机构与中国国际商事法庭的程序衔接仍处于空白地带。此次新加坡国际商事法庭的 LML Protocol 为中国"一站式"纠纷解决平台的建设提供了有益思路。

（二）国际仲裁示范条款：SICC Model Clause for International Arbitration

除了诉中调解之外，新加坡国际商事法庭还充分利用新加坡国际仲裁中心的优势，出台了新加坡国际商事法庭国际仲裁示范条款，积极尝试将诉讼与仲裁的衔接变得更为高效，更加符合当事人的心理预期。

2023年1月12日，新加坡国际商事法庭（SICC）根据《国际仲裁法》推出了一个与国际仲裁有关的示范条款，确认当事人可以选择SICC作为仲裁裁决的监督法院。新加坡国际仲裁中心（SIAC）将其作为示范仲裁条款的一部分加以采用。该条文原文为："In respect of any court proceedings in Singapore commenced under the International Arbitration Act 1994 in relation to the arbitration, the parties agree (a) to commence such proceedings before the Singapore International Commercial Court ('the SICC'); and (b) in any event, that such proceedings shall be heard and adjudicated by the SICC."

在正文中，笔者曾详细介绍过新加坡国际商事法庭，SICC是新加坡高等法院的一个分支机构，成立于2015年，自身依法拥有审理国际商事案件的管辖权。一般来说，案件可以直接向SICC（如果是国际性质的）或高等法院的普通法庭提交，新加坡高等法院依职权将案件从普通法庭转到SICC。当事人也可以在合同的管辖条款中专门选择SICC进行管辖。此次最新的示范条款确认，当事人也可以选择SICC作为在新加坡进行的国际仲裁的监督法院。

在正文中，笔者指出，诉讼与仲裁的衔接，很重要的一点体现在诉讼对仲裁的支持与监督。中国国际商事法庭虽然致力于打通诉讼与仲裁的隔阂，但是因为《民事诉讼法》与《仲裁法》的规定，中国法院对涉外仲裁裁决的监督权基本集中在中级人民法院。笔者在正文中对于有管辖权的法院层级与"一站式"仲裁裁决的不匹配表达了担忧。因为中国国际商事法庭的创立时间短、制度准备不充分、案列数量较少、传统法律架构老化等问题，中国国际商事法庭所期待的高标准、高效率、无障碍的"一站式"纠纷解决平台的建设仍困难重重。此次新加坡国际商事法庭对于诉讼与仲裁的衔接尝试，为中国"一站式"平台的机制构建提供了一个难得的观察样本，具有重要的借鉴意义。

二　迪拜国际金融中心法院

在正文中，笔者对迪拜国际金融中心法院进行了相关介绍，但是主要集中于审级管辖方面，DIFC效仿英格兰及威尔士法律模式创设，是以伦敦商事法院为参考标准、以英文为官方语言的二审法院体系。因为本书的主题是围绕管辖制度，所以对于涉及判决执行方面的制度措施并未过多着墨。在判决的执行力方面，迪拜国际金融中心法院的做法也值得中国思考，在某种程度上也事关中国"一站式"纠纷解决平台的建设问题。

众所周知，一国法院的判决在境外获得承认和执行比较困难，而仲裁裁决依据《纽约公约》则可以顺利在163个国家申请承认与执行。在现有的框架机制下，将法院判决"转化"为仲裁裁决是赋予判决流通性与执行力的途径之一。在这个方面，新加坡与迪拜走在了实践的前沿。迪拜国际金融中心法院为了使法院判决能够在全世界执行，早在2014年就开始探讨将判决"转化"为DIFC-LCIA的仲裁裁决，继而依据《纽约公约》进行执行。在2015年，迪拜国际金融中心法院颁布了"Practice Direction 2 2015"，在遵守迪拜法律、国际公约的前提下，顺利解决这一法院判决跨境执行难题。

该规定原文为："Any Judgment Payment Dispute (as defined in DIFC Courts Practice Direction No 2 of 2015) that satisfies all of the Referral Criteria set out in the Practice Direction may be referred to arbitration by the judgment creditor, and such dispute shall be finally resolved by arbitration under the Arbitration Rules of the DIFC-LCIA Arbitration Centre, which Rules are deemed to be incorporated by reference into this clause. There shall be a single arbitrator to be appointed by the LCIA Courtpursuant to Article 5.4 of the DIFC-LCIA Arbitration Rules. The seat, or legal place of arbitration, shall be the Dubai International Financial Centre. The language to be used in the arbitration shall be English.

This agreement for submission to arbitration shall in all respects including (but not limited to) its existence, validity, interpretation, performance, discharge and applicable remedies be governed by and construed in accordance with the laws of the Dubai International Financial Centre."

迪拜的思路对中国国际商事法庭"一站式"纠纷解决平台的建设具有启发意义，有利于扩展中国的域外司法影响力。

三 英格兰与威尔士商事与财产法庭

在 2023 年 4 月 18 日,英格兰与威尔士商事与财产法庭发布了上一年度工作报告(The Commercial & Admiralty Court Report for the legal year 2021-2022),该报告是一份年度文件,包含对商事法院、海事法院和伦敦巡回商事法院处理的案件数量和类型的详细分析,以及有关这些法院的其他信息及其实践和程序的发展。

最新的英格兰与威尔士商事与财产法庭年度统计数据显示,2020—2021 年的发展趋势仍在继续。2022 年进入英格兰与威尔士商事与财产法庭的新诉讼数量持续减少,但伦敦巡回商事法院的数量增加。这反映了英格兰与威尔士商事与财产法庭在案件的级别管辖制度改革方面的成功,相应级别的商事案件被正确地分流至相应层级的商事法庭管辖。在 2021—2022 年,进入英格兰与威尔士商事与财产法庭新案件的数量为:商事法庭(the Commercial Court)723 件;海事法庭(the Admiralty Court)119 件;伦敦巡回商事法庭(the London Circuit Commercial Court)290 件。案件总数与 2020—2021 年的数字大致相当,庭前和解的案件数量略有减少。

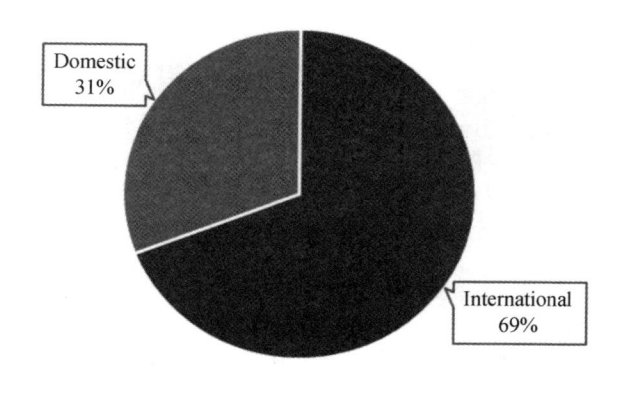

图 1 2021—2022 年英格兰与威尔士商事与财产法庭国际案件占比

与以往一样，在2022年年度，很大一部分的新受理案件为国际商事案件。根据年报，在商事法院约70%的案件中，一方或多方当事人都在英国领土范围以外。而根据《1996年仲裁法》中关于仲裁裁决司法审查的规定（Section 67、68、69），仲裁当事人诉求以英格兰与威尔士商事与财产法庭作为仲裁地在英格兰和威尔士的仲裁裁决的监督法院的数量在持续上升（25%）。虽然大多数对仲裁裁决提出撤销的申请败诉了，但是从中可以看出，法院对仲裁程序的司法监督管辖权的重要性。

关于英格兰与威尔士商事与财产法庭的案件管辖权依据，绝大部分案件为当事人协议选择英格兰与威尔士商事与财产法庭作为管辖法院。根据年报，国际案件的当事人出于对英国法的信任而在格式合同中特别选择英格兰与威尔士商事与财产法庭作为管辖法院。英格兰与威尔士商事与财产法庭虽然为英国的内国法院，但是在受案来源上却成为影响世界的国际商事法庭。根据官方统计，该院受理的商事案件，国际纠纷常年保持在70%左右。详情见图2。

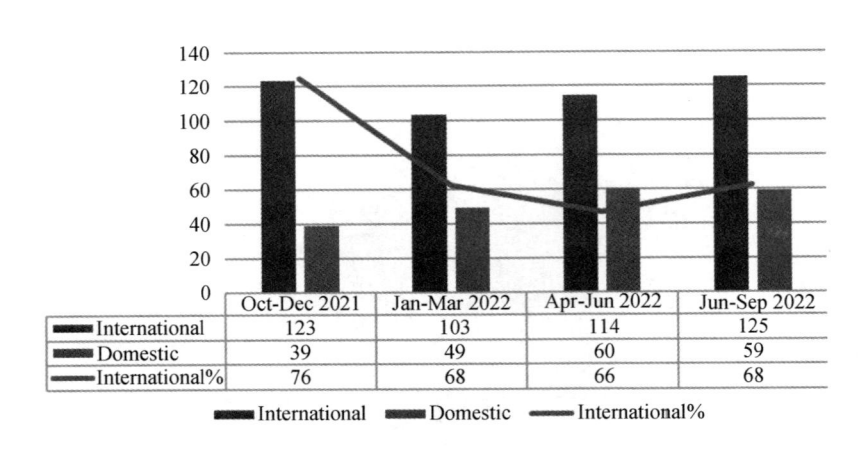

	Oct-Dec 2021	Jan-Mar 2022	Apr-Jun 2022	Jun-Sep 2022
International	123	103	114	125
Domestic	39	49	60	59
International%	76	68	66	68

图2　2021—2022年英格兰与威尔士商事与财产法庭国际案件数量与占比变化

从英格兰与威尔士商事与财产法庭的年度报告中可以看出，尽管英格兰与威尔士商事与财产法庭已经是全球首屈一指的国际商事法庭，但是其在自身的管辖制度的革新升级方面仍不遗余力，具体而言可以总结为以下几个方面。第一，持续优化不同层级法院的管辖权范围，做到管辖权配置的结构优化。将不同影响程度的国际商事案件合理分流至相应的下属法庭，从而确保司法资源的高效利用，避免高层级法院堆积过多的案件。第二，积极维护与推广英国法（同时包括实体法与程序法）在全球商事争议解决体系中的核心地位，通过高质量的国际商事纠纷审判服务，吸引全球的当事人主动选择英格兰与威尔士商事与财产法庭为管辖法院，既尊重了当事人的意思自治，又巩固了英国法在全球商事争议解决体系中的核心地位，形成良性循环。第三，重视司法对仲裁的支持与监督，在尊重仲裁制度独立地位的同时，也强调法院对仲裁的监督权与管辖权。英格兰与威尔士商事与财产法庭通过审慎行使《1996年仲裁法》所赋予的司法监督权，积极为仲裁活动提供司法支持，最终形成了其与国际商事仲裁活动良性互动、共同成长的有利局面。

因此，英国国际商事法庭在管辖制度方面的现有成果与革新之路，值得中国国际商事法庭仔细思考，以达到在"一带一路"倡议的建设进程中拓展中国司法影响力，为世界提供优质公共服务的重要目标。

参考文献

一 著作类

常怡主编：《比较民事诉讼法》，中国政法大学出版社 2002 年版。

陈荣宗：《国际民事诉讼与民事程序法》（第五册），三民书局有限公司 1998 年版。

程燎原、王人博：《赢得神圣——权利及其救济通论》，山东人民出版社 1998 年版。

［德］弗里德里希·卡尔·冯·萨维尼：《法律冲突与法律规则的地域和时间范围》，李双元等译，法律出版社 1999 年版。

［德］罗森贝克、施瓦布、戈特瓦尔德：《德国民事诉讼法》（下册），李大雪译，中国法制出版社 2007 年版。

邓杰：《商事仲裁法》，清华大学出版社 2008 年版。

丁伟：《国际私法学（第三版）》，上海人民出版社 2013 年版。

董立坤：《国际私法论》，法律出版社 2000 年版。

杜涛、陈力：《国际私法》，复旦大学出版社 2004 年版。

［法］莱昂·狄骥：《〈拿破仑法典〉以来私法的普通变迁》，徐砥平译，中国政法大学出版社 2003 年版。

［法］亨利·巴蒂福尔、保罗·拉加德：《国际私法总论》，陈洪武等译，中国对外翻译出版公司 1989 年版。

顾准：《顾准文存》，中国青年出版社 2002 年版。

韩德培主编：《国际私法新论》，武汉大学出版社 1997 年版。

韩德培、韩健：《美国国际私法（冲突法）导论》，法律出版社 1994

年版。

黄川：《民事诉讼管辖研究：制度、案例与问题》，中国法制出版社 2001 年版。

黄进主编：《国际商事争议解决机制研究》，武汉大学出版社 2010 年版。

江伟：《民事诉讼法学》，高等教育出版社 2000 年版。

李浩培：《国际民事程序法概论》，法律出版社 1996 年版。

李双元主编：《国际私法》，北京大学出版社 2000 年版。

李双元、欧福永：《国际私法》，北京大学出版社 2015 年版。

李旺：《国际私法》（第三版），法律出版社 2011 年版。

刘懿彤：《国际民事诉讼管辖权与和谐国际社会构建》，中国人民公安大学出版社 2012 年版。

柳华文主编：《国际法研究导论》，中国社会科学出版社 2021 年版。

吕世伦、公丕祥：《现代理论法学原理》，黑龙江美术出版社 2018 年版。

《法理学》编写组编：《法理学》，人民出版社、高等教育出版社 2020 年版。

［美］伯纳德：《美国法律史》，王军等译，中国政法大学出版社 1997 年版。

［美］埃德加·博登海默：《法理学：法律哲学与法律方法》，邓正来译，中国政法大学出版社 1999 年版。

［美］路易斯·亨金：《国际法：政治与价值》，张乃根等译，中国政法大学出版社 2005 年版。

泮伟江：《法律系统的自我反思——功能分化时代的法理学》，商务印书馆 2020 年版。

全国人民代表大会常务委员会法制工作委员会编：《中华人民共和国法律汇编（1979—1984）》，人民出版社 1985 年版。

沈宗灵主编：《法理学》（第四版），北京大学出版社 2014 年版。

宋连斌：《国际商事仲裁管辖权研究》，法律出版社 2000 年版。

王吉文：《我国统一协议管辖制度的适用问题研究》，中国政法大学出版社 2016 年版。

王利明：《司法改革研究》，法律出版社 2001 年版。

王启富、陶髦主编:《法律辞海》,吉林人民出版社 1998 年版。
习近平:《习近平谈治国理政(第二卷)》,外文出版社 2020 年版。
习近平:《习近平谈治国理政(第一卷)》,外文出版社 2020 年版。
夏勇:《中国民权哲学》,生活·读书·新知三联书店 2004 年版。
肖永平:《国际私法原理》,法律出版社 2007 年版。
熊秋红主编:《刑事诉讼法学的新发展》,中国社会科学出版社 2013 年版。
徐宏主编:《国家豁免国内立法和国际法律文件汇编》,知识产权出版社 2019 年版。
许军珂:《国际私法上的意思自治》,法律出版社 2006 年版。
杨荣新主编:《仲裁法理论与适用》,中国经济出版社 1998 年版。
[英]伊恩·布朗利:《国际公法原理》,曾令良、余敏友等译,法律出版社 2007 年版。
[英]詹宁斯、瓦茨修订:《奥本海国际法》,王铁崖等译,中国大百科全书出版社 1995 年版。
张建华:《仲裁新论》,中国法制出版社 2002 年版。
周鲠生:《国际法》(上册),武汉大学出版社 2009 年版。

二 期刊论文类

卜璐:《"一带一路"背景下我国国际商事法庭的运行》,《求是学刊》2018 年第 5 期。
蔡伟:《国际商事法庭:制度比较、规则冲突与构建路径》,《环球法律评论》2018 年第 5 期。
柴晔:《解密伦敦自由港》,《国际市场》2013 年第 6 期。
陈丽华、陈晖:《反垄断法域外适用的效果原则》,《当代法学》2003 年第 1 期。
陈兴良:《法官的使命》,《人民法院报》2000 年 4 月 15 日。
陈燕红、罗传钰、陈来瑶:《"一带一路"国际商事争端解决机制的队伍建设与机构完善——基于域外经验》,《广西大学学报》(哲学社会科学版)2020 年第 3 期。

邓杰：《论国际民事诉讼中的协议管辖制度》，《武汉大学学报》（社会科学版）2002 年第 6 期。

丁凤玲：《"一带一路"建设中创设中国国际商事法庭的理论探索》，《南京大学学报》（哲学·人文科学·社会科学）2018 年第 5 期。

丁祥高、陈诗华：《"一带一路"倡议下中国国际商事法庭审级制度评析》，《昆明理工大学学报》（社会科学版）2021 年第 3 期。

杜焕芳：《涉外民事诉讼协议管辖条款之检视——兼评最高人民法院（2009）民三终字第 4 号裁定书》，《法学论坛》2014 年第 4 期。

杜涛、叶珊珊：《论我国国际商事法庭管辖权制度的完善》，《中国国际私法与比较法年刊》2018 年第 1 期。

杜玉琼、黄子淋：《国际投资仲裁上诉机制构建的再审思》，《四川师范大学学报》（社会科学版）2021 年第 1 期。

范冰仪：《论我国国际商事法庭协议管辖规则——以比较法为视角》，《中国国际私法与比较法年刊》第 25 辑，法律出版社 2019 年版。

范愉：《以多元化纠纷解决机制保证社会的可持续发展》，《法律适用》2005 年第 2 期。

付子醒：《斯多葛辩证法及其对罗马法的影响》，《法学方法论论丛》第 3 辑，中国法律出版社 2016 年版。

谷浩、林玉芳：《中国国际商事法庭构建初探》，《大连海事大学学报》（社会科学版）2018 年第 4 期。

郭玉军、甘勇：《美国法院的"长臂管辖权"——兼论确立国际民事案件管辖权的合理性原则》，《比较法研究》2000 年第 3 期。

何晶晶：《打造国际商事法庭司法保障"一带一路"建设——专访最高人民法院民事审判第四庭副庭长高晓力》，《人民法治》2018 年第 2 期。

何其生课题组：《论中国国际商事法庭的构建》，《武大国际法评论》2018 年第 3 期。

赫荣平、秦富：《浅议一站式多元解纷机制》，《辽宁行政学院学报》2020 年第 1 期。

洪浩、杨瑞：《论民事上诉立案的实质性要件》，《法律科学》2007 年第 1 期。

胡仕浩：《中国特色多元共治解纷机制及其在商事调解中应用》，《法律适用》2019 年第 19 期。

黄惠康：《统筹推进国内法治和涉外法治》，《学习时报》2021 年 1 月 27 日。

黄惠康：《准确把握"涉外法治"概念内涵 统筹推进国内法治和涉外法治》，《武大国际法评论》2022 年第 1 期。

黄洋：《希腊城邦社会的农业特征》，《历史研究》1996 年第 4 期。

江平、张礼洪：《市场经济和意思自治》，《法学研究》1993 年第 6 期。

姜丽丽：《国际商事法庭的未来抉择》，《人民司法》2019 年第 10 期。

李广辉：《试论冲突法的历史发展》，《史学月刊》1993 年第 2 期。

李庆明：《论美国域外管辖：概念、实践及中国因应》，《国际法研究》2019 年第 3 期。

李秀娜：《制衡与对抗：美国法律域外适用的中国应对》，《国际法研究》2020 年第 5 期。

廖宇羿：《论"一带一路"倡议下中国国际商事法庭的定位》，《经贸法律评论》2019 年第 2 期。

林福辰：《中国国际商事法庭的运行机制研究》，《四川师范大学学报》（社会科学版）2022 年第 1 期。

林欣：《论国际私法中管辖权问题的新发展》，参见沈涓主编《国际私法的振扬之路》，社科文献出版社 2019 年版。

刘贵祥、沈红雨、黄西武：《涉外商事海事审判若干疑难问题研究》，《法律适用》2013 年第 4 期。

刘俊敏、童铮恺：《"一带一路"背景下我国国际商事法庭的建设与完善》，《河北法学》2019 年第 8 期。

刘力：《我国国际民事诉讼协议管辖中"实际联系"辨析》，《法律适用》2008 年第 12 期。

刘琳：《试论我国民事上诉条件的完善——以上诉利益为基点》，《西部法学评论》2009 年第 1 期。

刘晓红、周祺：《协议管辖制度中的实际联系原则与不方便法院原则——兼及我国协议管辖制度之检视》，《法学》2014 年第 12 期。

刘岩：《"一带一路"倡议下我国设立国际商事法庭的必要性》，《沈阳工业大学学报》（社会科学版）2018年第6期。

刘懿彤、周紫薇：《民法意思自治原则对国际私法的影响》，《京师法律评论》2016年第10期。

刘元元：《中国国际商事法庭司法运作中的协议管辖：挑战与应对措施》，《经贸法律评论》2020年第6期。

吕岩峰、吴寿东：《罗马法之国际私法论纲："适当—和谐论"的维度》，《社会科学战线》2015年第10期。

马德才：《论萨维尼的"法律关系本座说"在国际私法史上的影响》，《甘肃政法学院学报》2001年第2期。

毛晓飞：《独特的德国国际商事法庭模式——解析〈联邦德国引入国际商事法庭立法草案〉》，《国际法研究》2018年第6期。

彭奕：《我国国际民事诉讼协议管辖的立法重构——以海牙〈选择法院协议公约〉为视角》，《中国国际私法与比较法年刊》第16辑，法律出版社2016年版。

邱星美、唐玉富：《民事上诉程序中的利益变动》，《法学研究》2006年第6期。

沈伟：《国际商事法庭的趋势、逻辑和功能——以仲裁、金融和司法为研究维度》，《国际法研究》2018年第5期。

宋晓：《域外管辖的体系构造：立法管辖与司法管辖之界分》，《法学研究》2021年第3期。

覃斌武、高颖：《美国民事诉讼管辖权祖父案件——彭诺耶案的勘误与阐微》，《西部法学评论》2015年第6期。

覃华平：《"一带一路"倡议与中国国际商事法庭》，《中国政法大学学报》2019年第1期。

唐正东：《历史规律的辩证性质——马克思文本的呈现方式》，《中国社会科学》2021年第10期。

王海镇：《〈反垄断法〉与效果理论》，《政法论丛》2009年第6期。

王吉文：《涉外协议管辖中的"实际联系原则"评述》，《中国国际私法与比较法年刊》（第13卷），北京大学出版社2011年版。

王珺：《"一带一路"下，中国国际商事法庭的协议管辖制度》，《理论观察》2020 年第 6 期。

王磊：《试论我国涉外民事诉讼协议管辖规则体系的改进》，《武大国际法评论》2018 年第 2 期。

王涛：《英国商事法院的司法实践》，《人民法院报》2017 年 12 月 8 日。

王瑛、王婧：《国际商事法庭管辖权规则的不足与完善——基于我国国际商事法庭已审结案件的分析》，《法律适用》2020 年第 14 期。

吴永辉：《论国际商事法庭的管辖权——兼评中国国际商事法庭的管辖权配置》，《法商研究》2019 年第 1 期。

伍红梅：《"一带一路"国际商事争端解决机制之构建》，《司法体制综合配套改革与刑事审判问题研究——全国法院第 30 届学术讨论会获奖论文集（上）》，人民法院出版社 2019 年版。

肖永平：《"长臂管辖权"的法理分析与对策研究》，《中国法学》2019 年第 6 期。

肖永平、谭岳奇：《西方法哲学思潮与国际私法理论流变》，《政法论坛》2001 年第 1 期。

熊晨：《"一带一路"视野下中国国际商事法庭的构建》，《上饶师范学院学报》2019 年第 2 期。

薛源、程雁群：《以国际商事法庭为核心的我国"一站式"国际商事纠纷解决机制建设》，《政法论丛》2020 年第 1 期。

严存生：《自然法、万民法、世界法——西方法律全球化观念的历史渊源探寻》，《现代法学》2003 年第 3 期。

杨奕华：《萨维尼法律思想与其国际私法理论之比较》，《清华法学》2003 年第 2 期。

姚新华：《契约自由论》，《比较法研究》1997 年第 1 期。

尹田：《契约自由与社会公正的冲突与平衡——法国合同法中意思自治原则的衰落》，《民商法论丛》第 2 卷，法律出版社 1994 年版。

袁发强、瞿佳琪：《论协议管辖中的"实际联系地"——立法目的与效果的失衡》，《国际法研究》2016 年第 5 期。

袁发强：《自贸区仲裁规则的冷静思考》，《上海财经大学学报》2015 年第 2 期。

袁雪、刘春宇：《法律选择理论演进的法哲学渊源探讨》，《行政与法》2010 年第 1 期。

翟崑：《"一带一路"建设的战略思考》，《国际观察》2015 年第 4 期。

占茂华：《自然法观念在古希腊的产生与发展》，《外国法制史研究》第 21 卷。

张丽莎、王杨：《罗马法与国际法的发展》，《社科纵横》2006 年第 6 期。

张薇薇：《中世纪商人法初探：其范畴、渊源与法律特征》，《浙江社会科学》2007 年第 3 期。

张新庆：《中国国际商事法庭建设发展路径探析》，《法律适用》2021 年第 3 期。

张勇健：《国际商事法庭的机制创新》，《人民法院报》2018 年 7 月 14 日。

赵蕾、葛黄斌：《新加坡国际商事法庭的运行与发展》，《人民法院报》2017 年 7 月 7 日。

赵立行：《论中世纪的"灰脚法庭"》，《复旦学报》（社会科学版）2008 年第 1 期。

赵万一：《对民法意思自治原则的伦理分析》，《河南省政法管理干部学院学报》2003 年第 5 期。

赵秀文：《〈国际商事仲裁示范法〉对临时性保全措施条款的修订》，《时代法学》2009 年第 3 期。

赵旭东：《程序正义概念与标准的再认识》，《法律科学·西北政法学院学报》2003 年第 6 期。

周子琦、刘宁宁：《欧洲人权法院述评》，《理论界》2009 年第 2 期。

朱伟东：《国际商事法庭：基于域外经验与本土发展的思考》，《河北法学》2019 年第 10 期。

朱怡昂：《中国国际商事法庭管辖权研究》，《法律适用》2021 年第 7 期。

三　学位论文

许军珂：《国际私法上的意思自治》，博士学位论文，武汉大学，2006 年。

张烨:《论防止仲裁的诉讼化》,博士学位论文,对外经济贸易大学,2007年。

周祺:《国际民商事诉讼协议管辖制度研究》,博士学位论文,华东政法大学,2016年。

四 外文文献

Alejandro Carballo, "Law of the Dubai International Financial Centre: Common Law Oasis or Mirage within the UAE?" *Arab Law Quarterly*, Vol. 21, No. 1, 2007, pp. 91 – 104.

Allan Stitt, "The Singapore Convention: When Has a Mediation Taken Place", *Cardozo Journal of Conflict Resolution*, Vol. 20, 2019, pp. 1173 – 1179.

Amgad Husein, Jonathan Burns, "Choice of Forum in Contracts with Saudi Arabian Counterparties: An Analysis of the DIFC Common Law Courts from a Saudi Arabian Perspective", *The International Lawyer*, Vol. 48, No. 3, 2015, pp. 179 – 192.

Ana Alba Betancourt, "Cross border Patent Disputes: Unified Patent Court or International Commercial Arbitration", *Utrecht Journal of International and European Law*, Vol32, No. 82, 2016, pp. 44 – 58.

Andrew Godwin, Ian Ramsay, Miranda Webster, "International Commercial Courts: The Singapore Experience", *Melbourne Journal of International Law*, Vol. 18 (2), 2017, pp. 219 – 260.

Andrew Henderson, "Limiting the Regulation of Islamic Finance: Lessons from Dubai", *Law and Financial Market Review*, Vol. 1, 2007, pp. 213 – 220.

Andrey Kotelnikov, "Eleven Good Years for International Commercial Arbitration in Russia: The Legacy of the Supreme Commercial Court", *Russia Law Journal*, Vol. 3, 2015, pp. 152 – 158.

Anselmo Reyes, "Recognition and Enforcement of Interlocutory and Final Judgments of the Singapore International Commercial Court", *Journal of International and Comparative Law*, Vol. 2, 2015, pp. 337 – 358.

Antonio Cassese, Paola Gaeta, *Cassese's International Criminal Law*, Oxford:

Oxford University Press, 3nd edition, 2013.

Ash Gurbuz Usluel, "Mandatory or Voluntary Mediation? Recent Turkish Mediation Legislation and a Comparative Analysis with the EU's Mediation Framework", *Journal of Dispute Resolution*, Vol. 2020, 2020, pp. 445 – 467.

Benjamin H Sheppard Jr, Ethan V Torrey, Robert Osullivan, Mark A Garfinkel, "International Commercial Dispute Resolution", *The International Lawyer*, Vol. 39, 2005, pp. 235 – 257.

Bryant B Edwards, Timothy N Ross, Christian Adams, "Restructuring and Insolvency in the Dubai International Financial Centre", *Pratts Journal of Bankruptcy Law*, Vol. 6, 2010, pp. 195 – 209.

California Civil Procedure Code Section 410. 10.

Carlos Esplugues Mota, "The 2018 Singapore Convention on Mediation and the Creation of a Delocalized Enforceable Instrument: An Interesting Proposal Plenty of Difficulties", *Revista Española de Derecho Internacional*, Vol. 72, 2020, pp. 53 – 65.

Chien Yu Lung, "Violation of Mediators' Duties as a Ground of Non enforcement under the Singapore Convention", *Contemporary Asia Arbitration Journal*, Vol. 13, 2020, pp. 435 – 487.

Christina G Hioureas, "The Singapore Convention on International Settlement Agreements Resulting from Mediation: A New Way Forward", *Berkeley Journal International Law*, Vol. 37, 2019, pp. 215 – 225.

Christine Sim, "Conciliation of Investor – state Disputes, Arb – con – arb, and the Singapore Convention", *The Singapore Academy of Law Journal*, Vol. 31, 2019, pp. 670 – 713.

Dorcas Quek Anderson, "A Coming of Age for Mediation in Singapore", *The Singapore Academy of Law Journal*, Vol. 29, 2017, pp. 275 – 293.

Drossos Stamboulakis, "Blake Crook, Joinder of Non – consenting Parties: The Singapore International Commercial Court Approach Meets Transnational Recognition and Enforcement", *Erasmus Law Review*, Vol. 12, 2019, pp. 98 – 110.

"Dubai International Financial Centre (DIFC)", *Yearbook of Islamic and Mid-*

dle Eastern Law, Vol. 13, 2007, pp. 351.

Editorial Board, "Statutes: An Extension of Long – arm Jurisdiction", Minnesota Law Review, Vol. 52, 1968, pp. 743 – 753.

Elisabetta Silvestri, "The Singapore Convention on Mediated Settlement Agreements: A new string to the to the Bow of International Mediation", Revista Eletrônica de Direito Processual, Vol. 20, 2019, pp. 5 – 11.

Erik Peetermans, Philippe Lambrecht, "The Brussels International Business Court: Initial Overview and Analysis", Erasmus Law Review, Vol. 12, 2019, pp. 42 – 55.

Eugene K B Tan, "Commercial Judicial Review in Singapore: Strategic or Spontaneous?" Singapore Journal of Legal Studies, Vol. 20, 2020, pp. 448 – 478.

Eunice Chua, "Enforcement of International Mediated Settlements without the Singapore Convention on Mediation", Singapore Academy of Law Journal, Vol. 31, 2019, pp. 572 – 597.

Firew Tiba, "The Emergence of Hybrid International Commercial Courts and the Future of Cross Border Commercial Dispute Resolution in Asia", Loyola University Chicago International Law Review, Vol. 14, 2016, pp. 31 – 53.

Frank L Maraist, "Commercial Litigation in Federal Court", Commercial Law Journal, Vol. 81, 1976, pp. 123 – 131.

Gary F Bell, "The New International Commercial Courts – Competing with Arbitration? The Example of the Singapore International Commercial Court", Contemporary Asia Arbitration Journal, Vol. 11, 2018, pp. 193 – 204.

George, S K, "A Modern Dispute Resolution Centre in the Middle East: DIFC – LCIA", Court Uncourt, Vol. 5, No. 4, 2018.

Giesela Ruhl, "The Resolution of International Commercial Disputes – what Role (If Any) for Continental Europe?", American Journal of International Law Unbound, Vol. 115, 2021, pp. 11 – 16.

Gloria Lim, "International Commercial Mediation: The Singapore Model", Singapore Academy of Law Journal, Vol. 31, 2019, pp. 377 – 404.

Gordon Blanke, "Ruling of Dubai Court of First Instance Calls into Question UAE Courts' Recent Acquis on International Enforcement of Foreign Arbitral Awards", *Arab Law Quarterly*, Vol. 29, 2015, pp. 56 – 75.

Hal Abramson, "The New Singapore Mediation Convention: The Process and Key Choices", *Cardozo Journal of Conflict Resolution*, Vol. 20, 2019, pp. 1037 – 1062.

Herisi, Ahdieh Alipour, "Aftermath of the Singapore Convention: A Comparative Analysis between the Singapore Convention and the New York Convention", *American Journal of Mediation*, Vol. 12, 2019, pp. 19 – 38.

Ignacio de Castro, Panagiotis Chalkias, "Mediation and Arbitration of Intellectual Property and Technology Disputes: The Operation of the World Intellectual Property Organization Arbitration and Mediation Center", *Singapore Academy of Law Journal*, Vol. 24, 2012, pp. 1059 – 1081.

Ilias Bantekas, "The Rise of Transnational Commercial Courts: The Astana International Financial Centre Court", *Pace International Law Review*, Vol. 33, 2020, pp. 1 – 41.

International Shoe Company vs Washington, 326 U. S. 310 (1945).

Jason Coppel, "A Hard Look at the Effects Doctrine of Jurisdiction in Public International Law", *Leiden Journal of International Law*, No. 6, 1993, pp. 73 – 93.

Jean Francois, Iris Raynaud, "The Success of the DIFC Courts – When Common Law Makes Its Way into a Civil Law Region", *International Business Law Journal*, 2017, pp. 289 – 304.

Jeremy J Kingsley, Melinda Heap, "Dubai: Creating a Global Legal Platform", *Melbourne Journal of International Law*, Vol. 20, 2019, pp. 277 – 292.

Jerome A Cohen, "Law and Power in China's International Relations", *New York University Journal of International Law and Politics*, Vol. 52, 2019, pp. 123 – 156.

John C Byrnes, "Is this Belt One Size Fits All? China's Belt and Road Initiative", *The Penn State Journal of Law & International Affairs*, Vol. 8, 2020, pp. 723 – 756.

Joseph Chedrawe, "Enforcing Foreign Judgments in the UAE, The Uncertain Future of the DIFC Courts as a Conduit Jurisdiction", *Dispute Resolution International*, Vol. 11, 2017, pp. 133 – 142.

Joseph Lee, "Court – subsidiarity and Interim Measures in Commercial Arbitration: A Comparative Study of UK, Singapore and Taiwan", *Contemporary Asia Arbitration Journal*, Vol. 6, 2013, pp. 227 – 248.

Joseph W Glannon, *Civil Procedure—Examples and Explanations*, Wolters Kluwer Press, 2011.

Julien Chaisse, Xu Qian, "Conservative Innovation: The Ambiguities of the China International Commercial Court", *American Journal of International Law Unbound*, Vol. 115, 2021, pp. 17 – 21.

Justin Yeo, "On Appeal from Singapore International Commercial Court", *Singapore Academy of Law Journal*, Vol. 29, 2017, pp. 574 – 596.

Khory McCormick, Sharon S M Ong, "Through the Looking Glass: An Insider's Perspective into the Making of the Singapore Convention on Mediation", *Singapore Academy of Law Journal*, Vol. 31, 2019, pp. 520 – 547.

Kun Fan, "Mediation of Investor – state Disputes: A Treaty Survey", *Journal of Dispute Resolution*, Vol. 2020, 2020, pp. 327 – 343.

Lawrence Teh, "The Singapore International Commercial Court", *Dispute Resolution International*, Vol. 11, 2017, pp. 143 – 150.

Liang Zhao, "International Recent Developments: China", *Tulane Maritime Law Journal*, Vol. 42, 2019, pp. 569 – 592.

Lucy Reed, "International Dispute Resolution Courts: Retreat or Advance", *McGill Journal of Dispute Resolution*, Vol. 4, 2018, pp. 129 – 147.

L Vynokurova, "Procedure for Dispute Resolution in the International Commercial Arbitration Court", *Law of Ukraine Legal Journal*, Vol. 1, 2011, pp. 91 – 107.

Malcolm N. Shaw, *International Law*, Cambrideg: Cambridge University Press,

7th edition. 2014.

Manuela Sirbu, "Singapore Convention on International Settlement Agreements Resulting from Mediation – Legal Impact on National and European Regulations", *Revista Universul Juridic*, 2020, pp. 41 – 51.

Man Yip, "Singapore International Commercial Court: A New Model for Transnational Commercial Litigation", *Chinese (Taiwan) Yearbook of International Law and Affairs*, Vol. 32, 2014, pp. 155 – 177..

Marc J Goldstein, Andrea K Bjorklund, "International Commercial Dispute Resolution", *The International Lawyer*, Vol. 36, No. 2, 2002, pp. 401 – 421.

Margarida Narciso, Zisha Rizvi, "DIFC: A Jurisdictional Island", *Court Uncourt*, Vol. 4, 2017, pp. 10.

Mark L Movsesian, "International Commercial Arbitration and International Courts", *Duke Journal of Comparative and International Law*, Vol. 18, 2008, pp. 423 – 448.

Maryam Salehijam, "Mediation Clauses: Enforceability and Impact", *Singapore Academy of Law Journal*, Vol. 31, 2019, pp. 598 – 636.

Michael Stash, "The New Silk Road: The Chinese Supreme People's Court's "International Commercial Court" and Opportunities for Alternative Dispute Resolution", *Ohio State Journal on Dispute Resolution*, Vol. 35, 2019, pp. 109 – 132.

Nadja Alexander, "Ten Trends in International Commercial Mediation", *Singapore Academy of Law Journal*, Vol. 31, 2019, pp. 405 – 447.

Natalie Y Morris – Sharma, "Constructing the Convention on Mediation: The Chairperson's Perspective", *Singapore Academy of Law Journal*, Vol. 31, 2019, pp. 487 – 519.

Natalya Seyalova, "Foreign Court Judgments and International Arbitration Awards Enforcement", *International In – House Counsel Journal*, Vol. 12, 2019, pp. 1.

Noah Shaikh, "Dubai International Finance Center DIFC a Financial Free Trade Zone", *International In – House Counsel Journal*, Vol. 3, 2009, pp. 1399 – 1401.

O Frolov, "Reform of the National Procedural Legal System: Offers to the Draft Law No 6232 on Amendment of the International Commercial Court", *Law of Ukraine Legal Journal*, Vol. 6, 2017, pp. 164 – 192.

Omar Husain Qouteschat, Kamal Jamal Alawamleh, "The Enforceability of Electronic Arbitration Agreements before the DIFC Courts and Dubai Courts", *Digital Evidence and Electronic Signature Law*, Vol. 14, 2017, pp. 47 – 60.

Omar Husain Qouteshat, "Challenges of Authentication and Certification of E – Awards in Dubai and before the Dubai International Financial Centre Courts: The Electronic Signature", *Digital Evidence and Electronic Signature Law Review*, Vol. 13, 2016, pp. 97 – 112.

Pamela K Bookman, Matthew S Erie, "Experimenting with International Commercial Dispute Resolution", *American Journal of International Law Unbound*, Vol. 115, 2021, pp. 5 – 10.

Patrick M Norton, "Conflicts on the Belt & Road: China's New Dispute Resolution Mechanism", *Indian Journal of Arbitration Law*, Vol. 8, 2019, pp. 82 – 105.

Rajesh Sharma, "The Singapore Convention-a Drone's View", *Contemporary Asia Arbitration Journal*, Vol. 12, 2019, pp. 265 – 277.

Rini Agrawal, "Judicial Cooperation", *Court Uncourt*, Vol. 3, 2016, pp. 10.

Rules of the International Commercial Arbitration Court of the Chamber of Commerce and Industry of the Russian Federation, Approved by Order No. 76 of the Chamber of Commerce and Industry of the Russian Federation, October 18, 2005 as amended by the Order No 28 of the Chamber of Commerce and Industry of the Russian Federation of June 23, 2010.

Rupert Reece, Gabriel Hannotin, "A Critical View of the Protocols Relating to Proceedings before the International Chambers of the Commercial Court of Paris and the Paris Court of Appeal", *International Business Law Journal*, Vol. 2018, 2018, pp. 363.

Sai Ramani Garimella, M Z Ashraful, "The Emergence of International Commercial Courts in India: A Narrative for Ease of Doing Business", *Erasmus Law Review*, Vol. 12, 2019, pp. 111 – 121.

Saloni Kantaria, "The Enforcement of Foreign Judgements in the UAE and DIFC Courts", *Arab Law Quarterly*, Vol. 28, 2014, pp. 193 – 204.

Shouyu Chong, Felix Steffek, "Enforcement of International Settlement Agreements Resulting from Mediation under the Singapore Convention: Private International Law Issues in Perspective", *Singapore Academy of Law Journal*, Vol. 31, 2019, pp. 448 – 486.

S R Lutrell, "Choosing Dubai: A Comparative Study of Arbitration under the UAE Federal Code of Civil Procedure and the Arbitration Law of the DIFC", *Business Law International*, Vol. 9, 2008, pp. 254.

S R Luttrell, "The Arbitration Law of the Dubai International Finance Centre", *Journal of International Commercial Law and Technology*, Vol. 3, 2008, pp. 170 – 177.

Stephan Rammeloo, "Cross – border Commercial Litigation do We Need a Permanent European Commercial Court", *Law Series of the Annals of the West University of Timisoara*, Vol. 2019, 2019, pp. 19 – 34.

Stephan Wilske, "International Commercial Courts and Arbitration alternatives, Substitutes or Trojan Horse?", *Contemporary Asia Arbitration Journal*, Vol. 11, No. 2, 2018, pp. 153 – 192,

Steven Smith, Benjamin Smietana, Grant Gelberg, Ivana Cingel, "International Commercial Dispute Resolution", *The International Law*, Vol. 42, 2008, pp. 363 – 397.

Steven Smith, Ivana Cingel, Marcus Quintanilla, Benjamin Jones, "International Commercial Dispute Resolution", *The International Lawyer*, Vol. 46, No. 1 2012, pp. 113 – 121.

Timothy Schnabel, "The Singapore Convention on Mediation: A Framework for the Cross-border Recognition and Enforcement of Mediated Settlements", *Pepperdine Dispute. Resolution Law Journal*, Vol. 19, 2019, pp. 1 – 60.

Toni Deskoski, Vangel Dokovski, Ljuben Kocev, "The Birth and Rise of the

International Commercial Courts in Paris boosting Litigation or Alternative to Arbitration", I*ustinianus Primus Law Review*, Vol. 10, 2019, pp. 29 – 41.

Weixia Gu, "China's Belt and Road Development and a New International Commercial Arbitration Initiative in Asia", *Vanderbilt Journal of Transnational Law*, Vol. 51, 2018, pp. 1305 – 1352.

William W Park, Andrea K Bjorklund, Jack J Coe, "International Commercial Dispute Resolution", *The International Lawyer*, Vol. 37, 2003, pp. 445 – 456.

Xandra Kramer, John Sorabji, "International Business Courts in Europe and beyond: A Global Competition for Justice", *Erasmus Law Review*, Vol. 12, 2019, pp. 1 – 9.

Zachary Mollengarden, "One – stop Dispute Resolution on the Belt and Road: Toward an International Commercial Court with Chinese Characteristics", *UCLA Pacific Basin Law Journal*, Vol. 36, 2019, pp. 65 – 111.

Zain Al Abdin Sharar, Mohammed Al Khulaifi, "The Courts in Qatar Financial Centre and Dubai International Financial Centre: A Comparative Analysis", *Hong Kong Law Journal*, Vol. 46, 2016, pp. 529 – 555.

Z Lytvynenko, "Filing a Statement of Claim at the International Commercial Arbitration Court at the Chamber of Commerce and Industry of Ukraine", *Law of Ukraine Legal Journal*, Vol. 72, 2011, pp. 67 – 78.

五　网络文献

《普遍管辖权原则的范围和适用：秘书长根据各国政府评论和意见编写的报告》，A/65/181，https：//documents-dds-ny. un. org/doc/UNDOC/GEN/N10/467/51/PDF/N1046751. pdf？OpenElement。

《最高人民法院第一第二国际商事法庭开始正式办公》，最高人民法院网站，2018 年 6 月 29 日，https：//www. court. gov. cn/zixun-xiangqing-104752. html。

《已同中国签订共建"一带一路"合作文件的国家一览》，中国一带一路网，https：//www. yidaiyilu. gov. cn/gbjg/gbgk/77073. htm。

郭声琨：《坚持以习近平新时代中国特色社会主义思想为指导 进一步提升

新时代政法工作能力和水平》，求是官网，http：//www.qstheory.cn/dukan/qs/2019－06/01/c_1124561482.htm 。

六　法律法规类

《中华人民共和国宪法》
《中华人民共和国人民法院组织法》
《中华人民共和国民事诉讼法》
《中华人民共和国刑事诉讼法》
《中华人民共和国行政诉讼法》
《中华人民共和国涉外民事关系法律适用法》
《国务院关于印发中国（上海）自由贸易试验区临港新片区总体方案的通知》
《中国国际经济贸易仲裁委员会仲裁规则（2015版）》
《关于建立"一带一路"国际商事争端解决机制和机构的意见》
《最高人民法院关于设立国际商事法庭若干问题的规定》
《最高人民法院国际商事法庭程序规则（试行）》
《最高人民法院国际商事专家委员会工作规则（试行）》
《最高人民法院关于明确第一审涉外民商事案件级别管辖标准以及归口办理有关问题的通知》
《最高人民法院关于仲裁司法审查案件归口办理有关问题的通知》
《欧洲人权公约》
《纽约公约》
《海牙选择法院协议公约》
《新加坡公约》
《联合国商国际事仲裁示范法》

后　　记

　　看到眼前已经竣工的书稿，不禁热泪盈眶。这是我四年博士学习期间辛勤耕耘的成果，今天得以面世，心情无比激动。它是我人生收获的第一笔财富。

　　过去的四年确实不易。从迈进上海财经大学的雄心勃勃，到进入博士学位论文写作阶段的一筹莫展，人生就像过山车似的，正所谓不经一事不长一智。

　　好在我有一位令人内心敬仰的刘晓红老师做导师。刘老师是国际法学界的大咖，加上身兼数职，日理万机。百忙中始终不忘我这个在痛苦中折磨自己和挣扎的不争气的弟子，从论文题目的选定到论文提纲的梳理、论文写作的方向、论文中的每一个重要观点，甚至连论文中的文法，刘老师都一丝不苟地把关、审查、修正，让我这个做弟子的不仅羞愧难尽，更是肃然起敬。中国法学界，乃至世界法学界，正因为有了像我导师刘晓红教授这样的辛勤耕耘者，法学事业才能够不断地向前发展。我的终身理想就是做一个像刘老师这样的人，当然，我可能永远也达不到刘老师那样的学术境界，但我发誓，今后不论做什么工作，一定要把刘老师认真治学、宽待弟子的精神承继下去，不负进入刘门的一片赤心。

　　本书稿是在博士学位论文基础上进一步修改、补充、完善形成的。在即将付梓之时，有太多的老师要感谢，这里特别要提到的是几位在关键时期给了我无限希望的令我敬仰的老师，他们是上海财经大学的宋晓燕院长，中国社会科学院国际法研究所的刘敬东老师、李庆明老师、孙南翔老师，正是这些老师的指点迷津，我才能在刘晓红老师的悉心指导下，战胜一切困难，如期完成使命。本书稿能入选著名法学家莫纪宏研究员主编的《法治"一带一路"文库》更是三生有幸。在我治学的道路上，虽然充满艰辛，但有那么多的老师、贵人相助，我当加倍努力，不负众望，争取在学业上不断进步，做出一点成绩。

徐梓文

2023 年 7 月 1 日